Literaturreisen
Bodensee

Doris und Dieter Schiller

Ernst Klett Verlag für Wissen und Bildung

Herausgeber der Reihe Literaturreisen: Jürgen Wolff

1. Auflage 1990
Alle Rechte vorbehalten
© Ernst Klett Verlag für Wissen und
Bildung GmbH, Stuttgart 1990
Satz: Steffen Hahn, Kornwestheim
Karten: Günther Bosch, Stuttgart
Reproduktion: Gölz Repro Service, Ludwigsburg
Druck: Gutmann & Co, Heilbronn
Einband: Wilhelm Röck, Weinsberg
Einbandgestaltung: Eckart Roese, Stuttgart

CIP-Titelaufnahme der Deutschen Bibliothek

Schiller, Doris:
Literaturreisen Bodensee / Doris u. Dieter Schiller. — 1. Aufl. —
Stuttgart : Klett-Verl. für Wissen u. Bildung, 1990
(Literaturreisen — Wege, Orte, Texte)
ISBN 3-12-895150-0
NE: Schiller, Dieter:

Inhalt

Vorwort

Eine Reise auf den Spuren der Dichtung führt, auch in einer Landschaft, die man gut zu kennen glaubt, zu ganz neuen Entdeckungen und Begegnungen. Die Bodenseelandschaft ist für eine solche Literaturreise geradezu prädestiniert, denn es sind hier auf überschaubarem Raum vom frühen Mittelalter bis zur Moderne zahlreiche literarische Werke von Rang entstanden, so daß der Reisende im Bodenseegebiet der Dichtung von über einem Jahrtausend begegnen kann. Wie in einer lebendigen Chronik zur Literaturgeschichte findet man hier am See noch den Kräutergarten, den Walahfrid Strabo im 9. Jahrhundert beschrieben hat; es stehen noch die Reste der Burgen, auf denen die Lieder der Minnesänger entstanden sind; die Orte, die Hölderlin, Mörike und Annette von Droste-Hülshoff zu Gedichten inspirierten, können noch aufgesucht werden.

Auf vier überschaubaren, abgeschlossenen Routen wird die Bodenseegegend literarisch erschlossen. Jede Route führt in einen anderen Bereich der Seelandschaft und bietet jeweils die ganze Vielfalt der literarischen Bezüge. Die einzelnen Kapitel jeder Route sind zweigeteilt; ein erster Teil gibt biographische Hinweise und erläutert die Beziehungen, die den Dichter oder die Dichterin mit dem jeweiligen Ort verbinden. Das soll als Vorbereitung für den eigentlichen, den zweiten Teil dienen. In diesem zweiten Teil, dem Rundgang, stehen die dichterischen Texte im Vordergrund. Sie werden jeweils auf die entsprechenden Orte bezogen, und der Leser kann so die Bodenseelandschaft aus der Sicht der Dichter und Dichterinnen sehen und erleben.

Wir haben versucht, das weite Spektrum der Bodenseedichtung aufzuzeigen, trotzdem wird der intime Kenner vielleicht den einen oder anderen Namen vermissen, so zum Beispiel Emil Strauß, Wilhelm Schäfer, Wilhelm von Scholz. Aber der Umfang des Bandes erforderte eine gewisse Beschränkung.

Es bleibt uns zum Schluß noch der Wunsch, der Leser und die Leserin möge auf der Reise so viel Entdeckerfreude erleben und so viele Anregungen zur Lektüre bekommen wie wir bei der Vorbereitung zu diesem Band. Für die vielen freundlichen und hilfreichen Hinweise, die wir bei unserer Arbeit immer wieder erhielten, möchten wir uns an dieser Stelle noch einmal bedanken.

Stuttgart, im April 1990   Doris und Dieter Schiller

Routen-Übersicht

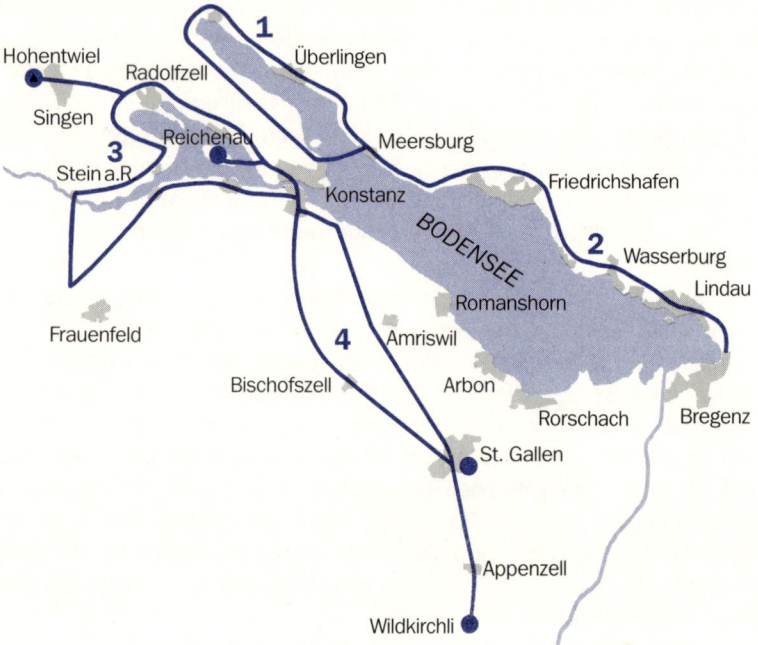

1. Route Überlinger See:
Meersburg – Hagnau – Birnau – Überlingen – Ruine Hohenfels –
Bodman – Dettingen – Burghof

2. Route Lindau/Obersee:
Lindau – Bregenz – Wasserburg – Langenargen

3. Route Thurgau/St. Gallen:
Konstanz – Münsterlingen – Eppishausen – St. Gallen – Wildkirchli – Hauptwil – Schloß Berg

4. Route Untersee:
Gottlieben – Arenenberg – Kartause Ittingen – Insel Werd – Stein
am Rhein – Kattenhorn – Gaienhofen/Höri – Radolfzell/Mettnau
– Insel Reichenau

Exkurs: Auf den Spuren „Ekkehards"

Route Überlinger See

Diese Route führt rund um den fjordartigen Überlinger See. Hier sind die Ufer steiler und höher als am übrigen Bodensee, und von den Höhen bieten sich immer wieder weite Ausblicke. Das literarische Spektrum dieser Route ist besonders groß, es reicht vom mittelalterlichen Minnesang bis in die Moderne.

Literarische Stationen:

MEERSBURG — Die Dichterin Annette von Droste--Hülshoff auf der Meersburg

HAGNAU — Der Pfarrer und Volksschriftsteller Hansjakob am Bodensee

BIRNAU — Handlungsort in „Auf den Marmorklippen"

ÜBERLINGEN — Spaziergang auf Ernst Jüngers „Marmorklippen"

RUINE HOHENFELS — Ein Minnesänger am See

BODMAN — Gustav Schwab als Bodmaner Chronist

DETTINGEN-BURGHOF — Ein ungewöhnlicher Minnesänger

MEERSBURG

Entfernungen (Orientierungswerte):

Meersburg – Hagnau	: 5 km
Hagnau – Birnau	: 14 km
Birnau – Überlingen	: 6 km
Überlingen – Ruine Hohenfels	: 5 km/14 km
Ruine Hohenfels – Bodman	: 8 km
Bodman – Dettingen-Burghof	: 17 km
Dettingen-Burghof – Meersburg	: 11 km

Route Überlinger See

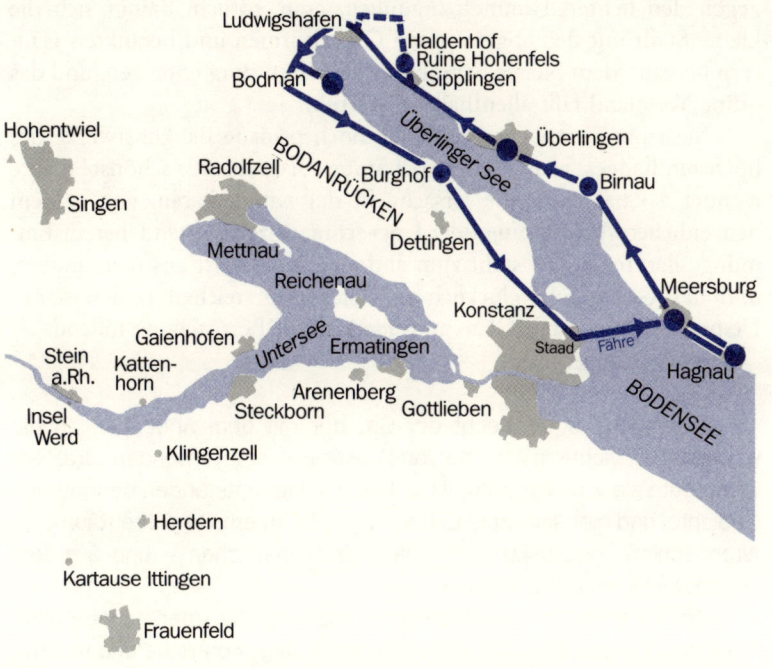

Meersburg – Annette von Droste-Hülshoff

Meersburg hebt sich mir felsig entgegen. Dies steile Aufstreben zur Höhe hat eine heroische Art, die sich wundersam mit der lieblichen Üppigkeit des Reben- und Obstgeländes vereinigt. Hellrot leuchtet das hohe Barockschloß, das Platen eine Wohnung der Götter genannt hat, gegen den lichten Himmel; bräunlich, grau, rötlich, drängt sich die kleine Stadt mit den abgetreppten Giebeltürmen und berankten Häusern bergauf, dem Neuen Schloß und der alten Burg entgegen, und das grüne Weinland faßt allenthalben das Bild.

Meersburg hat weder geistliche noch profane Baukunstwerke des höchsten Ranges; wenn es dennoch unter Deutschlands schönste Städte rechnet, so hat das seine Ursache in der wunderbaren, von keinem neuzeitlichen Aufschwung oder Ungeschmack zerrissenen Übereinstimmung aller Teile; eins steht zum andern, eins wächst aus dem andern, und das Ganze ruht glücklich und sicher im reichen Boden seines Ursprungs, Augen mit Glanz und Herzen mit Berauschung füllend.

(Werner Bergengruen)

Meersburg ist zu Recht der Ort, der mit dem Andenken an die westfälische Dichterin Annette von Droste-Hülshoff verbunden wird. Hier verbrachte sie wichtige Jahre ihres Lebens, hier entstanden bedeutende Gedichte, und hier sind viele Erinnerungsstätten erhalten: ihre Räume im Alten Schloß, ihr „Tuskulum" – das Fürstenhäuschen – und auf dem Friedhof ihre letzte Ruhestätte.

Dort ist auch die Grabstätte von Franz Anton Mesmer, dem berühmten Arzt und Naturforscher, der durch seine ungewöhnliche und umstrittene Lehre die Literatur nachhaltig beeinflußt hat.

Dreimal war die Droste zwischen 1841 und 1848 auf der Meersburg zu Besuch bei ihrer Schwester Jenny und ihrem Schwager Laßberg. Dieser hatte nach dem Verkauf von Schloß Eppishausen das Alte Schloß in Meersburg erworben. Insgesamt verbrachte die Droste dreieinhalb Jahre ihres Lebens am Bodensee; eine kurze Zeit, aber in diesen Monaten auf der Meersburg entstanden viele und vor allem die bedeutendsten ihrer Dichtungen. Dort erlebte sie die glückliche Zeit mit Levin Schücking; das Zusammensein mit ihm löste bei der Droste eine lange zurückgestaute dichterische Produktion aus. Bei ihrem dritten Besuch starb die Dichterin auf der Meersburg am 24. Mai 1848.

Die Droste, die zunächst nur mit mäßiger Begeisterung an den Bodensee reiste, nannte später in einem Brief an Levin Schücking die Zeit ihres ersten Aufenthaltes von September 1841 bis August 1842, in Anspielung an Schillers „Don Carlos", „die schönen Tage von Aranjuez". Auf ihr Betreiben kam im Oktober 1841 Levin Schücking, der Sohn ihrer verstorbenen Freundin, auf die Meersburg; er hatte von Laßberg den Auftrag erhalten, seine Bibliothek zu ordnen und zu katalogisieren.

Laßbergs berühmte Sammlung und seine detaillierten Kenntnisse von mittelalterlicher Geschichte und Dichtung, die er den Germanisten und allen Interessierten in großzügiger Weise zur Verfügung stellte, machten die Meersburg zu seiner Zeit zu einem Mittelpunkt der neu entstehenden germanistischen Wissenschaft für den süddeutschen Raum.

Die Droste, die für diese „Altertümelei" ihres Schwagers wenig Verständnis hatte, gab in ihren Briefen entsprechende Kommentare dazu: „Wir haben uns mit den Nibelungen zu Tische gesetzt und sind mit ihnen aufgestanden."

Bereits bei ihrem Besuch in Eppishausen (siehe Kapitel *Eppishausen*) hatte sich gezeigt, daß der einseitig an mittelalterlichen Texten interessierte Laßberg kein Verständnis für die dichterische Arbeit der Droste hatte. Sie hatte daher ganz bewußt für die Zeit ihres Aufenthalts auf der Meersburg den jungen und geistvollen Literaten Levin Schücking als Laßbergs Bibliothekar vorgeschlagen. Sie genoß die Leseabende, bei denen sie ihm und ihrer Schwester ihre neuen Gedichte vorlas, und die vielen Spaziergänge mit ihm am Seeufer, die Ausflüge zum Glaserhäuschen und nach Hagnau, zu denen sie sich oft an einer verabredeten Stelle außerhalb der Meersburg trafen.

Das tägliche Zusammensein mit dem 17 Jahre jüngeren Freund war für die Dichterin von entscheidender und einzigartiger Bedeutung. In diesen Monaten entstand eine große Anzahl von Gedichten, die zum Besten gehören, was die Droste geschrieben hat. Dank seiner literarischen Beziehungen sorgte Schücking für die Veröffentlichung ihrer Werke und war auch in literaturtheoretischen Diskussionen stets ein anregender Gesprächspartner.

Nur fünf Monate dauerte diese glückliche Zeit für die Droste; am 2. April 1842 verließ Schücking die Meersburg. In den Briefen, die sie ihm nach seiner Abreise schrieb, wird deutlich, was diese Trennung für sie bedeutete:

Guten Morgen, Levin! Ich habe schon zwei Stunden wachend gelegen und in einem fort an Dich gedacht; ach, ich denke immer an Dich, immer. Doch Punktum davon, ich darf und will Dich nicht weich stimmen, muß mir auch selbst Courage machen und fühle wohl, daß ich mit dem ewigen Tränenweidensäuseln sowohl meine Bestimmung verfehlen als auch Deine Teilnahme am Ende verlieren würde; denn Du bist ein hochmütiges Tier und hast einen doch nur lieb, wenn man was Tüchtiges ist und leistet. Schreib' mir nur oft, mein Talent steigt und stirbt mit Deiner Liebe; was ich werde, werde ich durch Dich und um Deinetwillen; sonst wäre es mir viel lieber und bequemer, mir innerlich allein etwas vorzudichten. Sobald ich diesen Brief geschlossen, geht's con furore ans Werk; ich bin wieder in der fruchtbaren Stimmung, wo die Gedanken und Bilder mir ordentlich gegen den Hirnschädel pochen und mit Gewalt ans Licht wollen, und denke, Dir die Beiträge sehr bald schicken zu können, obwohl gewiß der Psalm wieder um zwei Drittel zu lang werden wird, die Du dann mit wahrer Chirurgenkälte amputierst. Mich dünkt, könnte ich Dich alle Tage nur zwei Minuten sehen, – o Gott, nur einen Augenblick! – dann würde ich jetzt singen, daß die Lachse aus dem Bodensee sprängen, und die Möwen sich mir auf die Schulter setzten! Wir haben doch ein Götterleben hier geführt, trotz Deiner periodischen Brummigkeit! Ob ich Dir bös bin? Ach Du gut Kind, was habe ich schon für bittere Tränen darüber geweint, daß ich Dir noch zuletzt so harte Dinge gesagt hatte! Und doch war viel Wahres darin. Aber mich vergißt Du doch nicht, was die Zeit auch daran ändern mag; wenn der eine Haken bricht, so hält der andere; Dein Mütterchen bleibe ich doch, und wenn ich auch noch vierzig Jahre lebe; nicht wahr, mein Junge? mein Schulte, mein kleines Pferdchen, – was hängen alles für Erinnerungen, die nie verlöschen können, an diesen Titeln! Schreib' mir, daß Du mich lieb hast; ich habe es so lange nicht ordentlich gehört und bin so hungrig darauf, Du dummes, nichtswürdiges kleines Pferd!
(Brief an Levin Schücking vom 5. Mai 1842)

Im August 1842 kehrte die Droste nach Westfalen zurück. Die Monate ihres zweiten Meersburger Aufenthalts (1843/44) waren nach außen eine erfolgreiche Zeit: der Stuttgarter Verlag Cotta brachte 1844 eine Gesamtausgabe ihrer Gedichte heraus, und mit dem Honorar konnte die Droste das zum Verkauf anstehende „Fürstenhäuschen" mit den dazugehörigen Weinbergen hoch über Meersburg kaufen. Zur dichterischen Anerkennung in der Öffentlichkeit gesellte sich also durch den Erwerb ihres „Tuskulums" eine gewisse Selbständigkeit. Auch wenn das äußere Leben der Droste, bedingt durch die gesellschaftlichen Verhält- nisse, in herkömmlichen Bahnen verlief, hatte sie sich in ihrer dichteri- schen Arbeit inzwischen eine vollkommene Unabhängigkeit erworben, ein eigenständiges Lebensgefühl, das Form und Gehalt ihrer Dichtung bestimmte und das sie gegen gutgemeinte Ratschläge von außen verteidigte, wie aus ihrem Brief Anfang 1844 an L. Schücking hervorgeht:

> Sie sehen, Levin, ich möchte gern alles für Sie tun, was ich kann; nun geben Sie mir dagegen aber auch ein Versprechen, und zwar ein ernstes, unverbrüchliches, Ihr Ehrenwort, wie Sie es einem Manne geben und halten würden, daß Sie an meinen Gedichten auch nicht eine Silbe willkürlich ändern wollen. Ich bin in diesem Punkte unendlich empfindlicher, als Sie es noch wissen, und würde gerade jetzt, nachdem ich Sie so dringend gewarnt, höchstens mich äußerlich zu fassen suchen, aber es Ihnen nie vergeben und einer inneren Erkältung nicht vorbeugen können...
> (Brief an Levin Schücking vom 8. Januar 1844)

Trotz der zahlreichen positiven Aspekte war der zweite Meersburger Aufenthalt der Droste jedoch nicht von einer solchen inneren Hochstim- mung geprägt wie der vorangegangene. Im menschlichen Bereich fehlte etwas Wesentliches, es fehlte Levin Schücking. Er kam zwar im Mai 1844 zu dem versprochenen Besuch auf die Meersburg, aber er kam mit seiner jungen Frau. Das frühere vertraute Verhältnis war nicht mehr möglich, eine Entfremdung wurde spürbar. Nach der Abreise Schückings schrieb die Droste das Gedicht „Lebt wohl":

> Lebt wohl, es kann nicht anders sein!
> Spannt flatternd eure Segel aus,
> Laßt mich in meinem Schloß allein,
> Im öden geisterhaften Haus.
>
> Lebt wohl und nehmt mein Herz mit euch
> Und meinen letzten Sonnenstrahl;
> Er scheide, scheide nur sogleich,
> Denn scheiden muß er doch einmal!

Laßt mich an meines Sees Bord,
Mich schaukelnd mit der Wellen Strich,
Allein mit meinem Zauberwort,
Dem Alpengeist und meinem Ich!

Verlassen, aber einsam nicht,
Erschüttert, aber nicht zerdrückt,
So lange noch das heil'ge Licht
Auf mich mit Liebesaugen blickt.

So lange mir der frische Wald
Aus jedem Blatt Gesänge rauscht,
Aus jeder Klippe, jedem Spalt
Befreundet mir der Elfe lauscht.

So lange noch der Arm sich frei
Und waltend mir zum Äther streckt,
Und jedes wilden Geiers Schrei
In mir die wilde Muse weckt.
(A. v. Droste, Sämtl. Gedichte, S. 373)

Als die Droste im Herbst 1846 zum drittenmal an den Bodensee kam, war sie schwer krank. Es entstanden nur noch wenige Texte, sie konnte die Meersburg nicht mehr verlassen.

Am 24. Mai 1848 starb die Dichterin. Sie wurde auf dem Meersburger Friedhof beigesetzt. Ihr Leben und Werk stellt auch noch für zeitgenössische Dichter Vorbild und Bezugspunkt dar:

Der Droste würde ich gern Wasser reichen

Der Droste würde ich gern Wasser reichen
In alte Spiegel mit ihr sehen, Vögel
Nennen, wir richten unsre Brillen
Auf Felder und Holunderbüsche, gehn
Glucksend übers Moor, der Kiebitz balzt
Ach, würd ich sagen, Ihr Lewin –
Schnaubt nicht schon ein Pferd?

Die Locke etwas leichter – und wir laufen
Den Kiesweg, ich die Spätgeborne
Hätte mit Skandalen aufgewartet – am Spinett
Das kostbar in der Halle steht
Spielen wir vierhändig Reiterlieder oder
Das Verbotne von Villon
Der Mond geht auf – wir sind allein

Der Gärtner zeigt uns Angelwerfen
Bis Lewin in seiner Kutsche ankommt
Schenkt uns Zeitungsfahnen, Schnäpse
Gießen wir in unsre Kehlen, lesen
Beide lieben wir den Kühnen, seine Augen
Sind wie grüne Schattenteiche, wir verstehen
Uns jetzt gründlich auf das Handwerk Fischen
(Sarah Kirsch, 1972)

Meersburg.
Blick auf alte Burg. ▶

Rundgang/Literarische Spaziergänge:

Stadtplan Meersburg

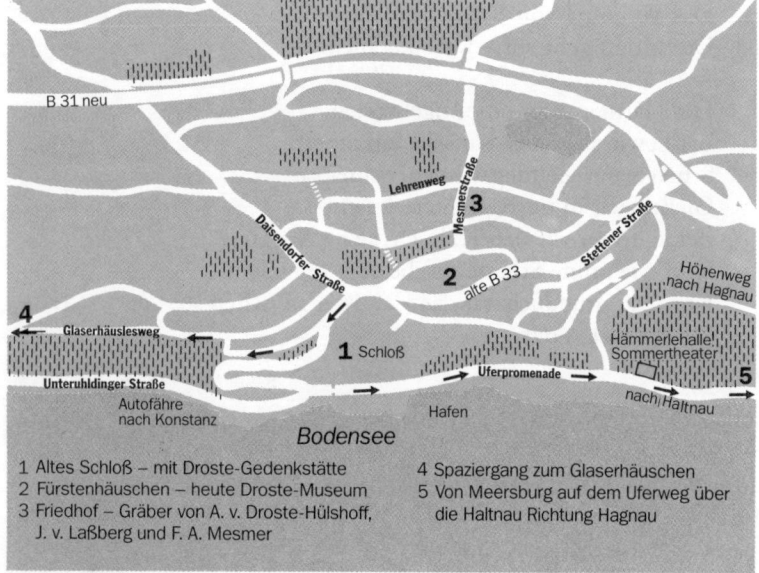

1 Altes Schloß – mit Droste-Gedenkstätte
2 Fürstenhäuschen – heute Droste-Museum
3 Friedhof – Gräber von A. v. Droste-Hülshoff,
  J. v. Laßberg und F. A. Mesmer

4 Spaziergang zum Glaserhäuschen
5 Von Meersburg auf dem Uferweg über
  die Haltnau Richtung Hagnau

1. Das Alte Schloß – mit Droste-Gedenkstätte

Bei jedem ihrer drei Aufenthalte wohnte die Droste in einem anderen Teil der weitläufigen Burganlage. Die Räume, die sie bei ihrem letzten Aufenthalt 1846–48 bewohnte und wo sie gestorben ist, sind als Droste-Gedenkstätte eingerichtet.

Wenn Sie bei der Burgbesichtigung dem vorgegebenen Rundweg folgen, kommen Sie zu allen Droste-Stätten in der Burg, die wir erwähnen.

Das Alte Schloß in Meersburg gilt als eine der ältesten Burganlagen Deutschlands. Ob allerdings der Merowingerkönig Dagobert (im Zusammenhang mit der fränkischen Eroberung und Christianisierung des Bodenseegebiets) bereits im 7. Jahrhundert diese Burg gegründet und der Karolinger Karl Martell sich hier aufgehalten hat, ist historisch nicht gesichert. Die Bezeichnung „Dagobertsturm" für den Bergfried stammt jedenfalls erst aus dem 18. Jahrhundert.

Die Burg wird im 12. Jahrhundert erstmals urkundlich erwähnt, sie befand sich von 1210 bis 1803 ununterbrochen im Besitz des Bistums Konstanz. Ihr heutiges Aussehen erhielt sie Anfang des 16. Jahrhunderts, als der bischöfliche Hof das protestantisch gewordene Konstanz verließ und nach Meersburg übersiedelte. Nach dem Bau des Neuen Schlosses (1740–50) diente sie noch bis zur Aufhebung des Fürstbistums Konstanz 1803 als Verwaltungssitz.

1838 kaufte Freiherr von Laßberg die Meersburg, die sich seitdem in Privatbesitz befindet. Wie dieses mittelalterliche Gemäuer auf die Droste wirkte, zeigt ihr Gedicht „Das alte Schloß":

Auf der Burg haus' ich am Berge,
Unter mir der blaue See,
Höre nächtlich Koboldzwerge,
Täglich Adler aus der Höh',
Und die grauen Ahnenbilder
Sind mir Stubenkameraden,
Wappentruh' und Eisenschilder
Sofa mir und Kleiderladen.

Schreit' ich über die Terrasse
Wie ein Geist am Runenstein,
Sehe unter mir die blasse
Alte Stadt im Mondenschein,
Und am Walle pfeift es weidlich,
– Sind es Käuze oder Knaben? –
Ist mir selber oft nicht deutlich,
Ob ich lebend, ob begraben!

Mir genüber gähnt die Halle,
Grauen Tores, hohl und lang,
Drin mit wunderlichem Schalle
Langsam dröhnt ein schwerer Gang.
Mir zur Seite Riegelzüge,
Ha, ich öffne, laß die Lampe
Scheinen auf der Wendelstiege
Lose modergrüne Rampe,

Die mich lockt wie ein Verhängnis
Zu dem unbekannten Grund;
Ob ein Brunnen? ob Gefängnis?
Keinem Lebenden ist's kund;
Denn zerfallen sind die Stufen,
Und der Steinwurf hat nicht Bahn,
Doch als ich hinab gerufen,
Donnert's fort wie ein Orkan.

Ja, wird mir nicht baldigst fade
Dieses Schlosses Romantik,
In den Trümmern ohne Gnade
Brech' ich Glieder und Genick;
Denn, wie trotzig sich die Düne
Mag am flachen Strande heben,
Fühl' ich stark mich wie ein Hüne,
Von Zerfallendem umgeben.
(A. v. Droste, Sämtl. Gedichte, S. 85 f.)

Etwas vom Unheimlichen dieser alten Burg empfand, wie die Droste, auch der junge Freund Schücking, als er an einem Herbstabend dort ankam:

Es war an einem Herbstabend jenes Jahres 1841, als ich durch die niedere und lange Wölbung des Torbogens der alten Meersburg schritt. Die Lampe des Pförtners warf ihren grellen, aber unsteten Schein auf das dunkle Gemäuer und fuhr über eine eigentümlich freundliche und ermunternde Malerei, die an der Wand angebracht war, fort. Man sah da den ausgestreckten Arm irgendeines, vom Maler gänzlich verschwiegenen und durch die Phantasie zu ersetzenden armen Sünders, dem die Hand mit einem scharfen Beile abgehauen wurde. Darunter stand mit einem warnenden Ausrufungszeichen zu lesen: Burgfrieden!

Es lag nicht im entferntesten in meiner Absicht, diesen Frieden zu stören. Dennoch schien ein großer Rüde von Ulmer Rasse, der mir wütend entgegenbellte, solche böse Vorsätze zu argwöhnen. Der Pförtner hatte zu tun, um ihn zu beruhigen. Ich habe später mich viel bemüht, die Gunst dieses Individuums mit dem schwarzen Felle und der schwarzen menschenfeindlichen Seele, das die wehrhafte Burgmannschaft bildete, zu gewinnen. Aber es ist mir nie recht gelungen.

Wir betraten einen innern Hof, der eine Art geräumiger Terrasse bildete. Vor mir in den dunklen Nachthimmel stieg der altersgraue Belfried, der Turm König Dagoberts, auf. Links, über eine Reihe niederer Mauerzinnen, dehnte sich weithin der graue dämmerige Spiegel des Bodensees.
(Levin Schücking, Annette v. Droste – Ein Lebensbild, S. 94 f.)

Die Tafel mit der abgehauenen Hand hängt heute noch im Torbogen der Burg. Rechts vom Eingang befindet sich der nicht zugängliche Kapellenturm; dort, über der ehemaligen fürstbischöflichen Kapelle, wohnte die Droste während ihres ersten Aufenthalts. Levin Schücking schildert in seiner Droste-Biographie, wie sie dort lebte:

Annette von Droste hatte ich auf der Meersburg in einem runden Turmgemach, rechts vom Eingang in die Burg, installiert gefunden, wo sie, von den Wohngemächern der Familie entfernt, wie eine einsame Turmschwalbe träumend, sinnend, selten mit irgendeinem nötigen Briefe oder irgend etwas anderem beschäftigt – „faul wie ein invalider Mops" sagte sie von sich selber – ihre meisten Stunden zubrachte. „Meine Schwester will mir auf meine Bitte", hatte sie darüber in einem ihrer Briefe gesagt, „ein ganz abgelegenes Zimmer in ihrem alten weiten Schlosse, worin sich doch die wenigen Bewohner verlieren wie einzelne Fliegen, einräumen, ein Raum so abgelegen, daß, wie Jenny einmal hat Fremde darin logieren und abends die Gäste hingeleiten wollen, sie alles in der wüstesten Unordnung und die Mägde weinend in der Küche getroffen hat, die vor Grauen daraus desertiert waren." Hier wäre denn volle Muße und Ruhe gegeben gewesen, ihren westfälischen Roman, das Buch „Bei uns zu Lande auf dem Lande", wie sie beabsichtigte, zu Ende zu bringen. Aber sie zog es vor zu sinnen, zu träumen, und wenn es hoch kam, einen nötigen Brief in die Heimat zu schreiben, am Vormittag einmal eine kleine Reise über allerlei Korridore und Treppen in meinen Bücherturm zu unternehmen.
(Levin Schücking, Annette v. Droste – Ein Lebensbild, S. 130 f.)

Unser literarischer Rundgang führt nun auf den vom Burgcafé aus zugänglichen großen Balkon. Dieser exponierte Standort bildet den Erlebnishintergrund für zwei eindrucksvolle Gedichte der Droste, die während ihres ersten und zweiten Aufenthalts entstanden. In beiden Gedichten wird viel vom Lebensgefühl der Dichterin spürbar:

Am Turme

Ich steh auf hohem Balkone am Turm,
Umstrichen vom schreienden Stare,
Und laß gleich einer Mänade den Sturm
Mir wühlen im flatternden Haare;
O wilder Geselle, o toller Fant,
Ich möchte dich kräftig umschlingen,
Und, Sehne an Sehne, zwei Schritte vom Rand
Auf Tod und Leben dann ringen!

Und drunten seh ich am Strand, so frisch
Wie spielende Doggen, die Wellen
Sich tummeln rings mit Geklaff und Gezisch
Und glänzende Flocken schnellen.
O, springen möcht ich hinein alsbald,
Recht in die tobende Meute,
Und jagen durch den korallenen Wald
Das Walroß, die lustige Beute!

Und drüben seh ich ein Wimpel wehn
So keck wie eine Standarte,
Seh auf und nieder den Kiel sich drehn
Von meiner luftigen Warte;
O, sitzen möcht ich im kämpfenden Schiff,
Das Steuerruder ergreifen
Und zischend über das brandende Riff
Wie eine Seemöwe streifen.

Wär ich ein Jäger auf freier Flur,
Ein Stück nur von einem Soldaten,
Wär ich ein Mann doch mindestens nur,
So würde der Himmel mit raten;
Nun muß ich sitzen so fein und klar,
Gleich einem artigen Kinde,
Und darf nur heimlich lösen mein Haar
Und lassen es flattern im Winde!
(A. v. Droste, Sämtl. Gedichte, S. 78)

Burggarten auf der Meersburg. Aquarell von C. Dopfinger.

Mondesaufgang

An des Balkones Gitter lehnte ich
Und wartete, du mildes Licht, auf dich.
Hoch über mir, gleich trübem Eiskristalle,
Zerschmolzen schwamm des Firmamentes Halle;
Der See verschimmerte mit leisem Dehnen,
Zerfloßne Perlen oder Wolkentränen?
Es rieselte, es dämmerte um mich,
Ich wartete, du mildes Licht, auf dich.

Hoch stand ich, neben mir der Linden Kamm,
Tief unter mir Gezweige, Ast und Stamm;
Im Laube summte der Phalänen Reigen,
Die Feuerfliege sah ich glimmend steigen,
Und Blüten taumelten wie halb entschlafen;
Mir war, als treibe hier ein Herz zum Hafen,
Ein Herz, das übervoll von Glück und Leid
Und Bildern seliger Vergangenheit.

Das Dunkel stieg, die Schatten drangen ein –
Wo weilst du, weilst du denn, mein milder Schein? –
Sie drangen ein wie sündige Gedanken,
Des Firmamentes Woge schien zu schwanken,
Verzittert war der Feuerfliege Funken,
Längst die Phaläne an den Grund gesunken,
Nur Bergeshäupter standen hart und nah,
Ein düstrer Richterkreis, im Düster da.

Und Zweige zischelten an meinem Fuß
Wie Warnungsflüstern oder Todesgruß;
Ein Summen stieg im weiten Wassertale
Wie Volksgemurmel vor dem Tribunale;
Mir war, als müsse etwas Rechnung geben,
Als stehe zagend ein verlornes Leben,
Als stehe ein verkümmert Herz allein,
Einsam mit seiner Schuld und seiner Pein.

Da auf die Wellen sank ein Silberflor,
Und langsam stiegst du, frommes Licht, empor;
Der Alpen finstre Stirnen strichst du leise,
Und aus den Richtern wurden sanfte Greise;
Der Wellen Zucken ward ein lächelnd Winken,
An jedem Zweige sah ich Tropfen blinken,
Und jeder Tropfen schien ein Kämmerlein,
Drin flimmerte der Heimatlampe Schein.

O Mond, du bist mir wie ein später Freund,
Der seine Jugend dem Verarmten eint,
Um seine sterbenden Erinnerungen
Des Lebens zarten Widerschein geschlungen,
Bist keine Sonne, die entzückt und blendet,
In Feuerströmen lebt, im Blute endet –
Bist, was dem kranken Sänger sein Gedicht,
Ein fremdes, aber o! ein mildes Licht.

(A. v. Droste, Sämtl. Gedichte, S. 301)

Bevor man in die Droste-Gedenkstätte kommt, geht man durch den Burggarten. Hier befand sich ursprünglich ein gepflasterter Burghof, den Jenny, eine große Gartenliebhaberin, in einen Burggarten mit Pfirsich-, Feigen- und Zitronenbäumen umwandeln ließ. In diesem Garten hielt sich die Droste besonders gern auf. Die Gedenkstätte besteht aus drei Räumen: dem Arbeitszimmer der Droste im Turm mit weitem Ausblick über den See, dem Sterbezimmer und einem weiteren Raum mit Erinnerungsstücken. Die Droste nannte diese Wohnung ihre „Spiegelei", eine Bezeichnung, die sich aber ganz prosaisch aus der Tatsache erklärt, daß, bevor Laßberg die Meersburg kaufte, in diesen Räumen ein Gefangenenwärter namens Spiegel wohnte. Von dieser „Spiegelei" berichtet sie an ihre Freunde in Westfalen:

Ich wohne hier sehr angenehm, nach meinem Wunsche wiederum in einem der Türme, aber dieses Mal durch einen gedeckten Säulengang mit dem Schlosse verbunden. (...) habe seit meiner Ankunft (2. Oktober) mein Zimmer nicht verlassen und nehme außer der Salm durchaus keinen Besuch an. Dennoch habe ich Gesellschaft genug in meiner Spiegelei. Laßberg kommt jeden Nachmittag auf eine Stunde, und Mama und Jenny bringen regelmäßig die Abende bei mir zu. Dann wird aber alles Aufregende im Gespräche vermieden, und ich höre, auf einen großen Lehnsessel an der Schattenseite des Ofens gekauert, ganz behaglich an, was von Tagesbegebenheiten, kleinen Abenteuern auf Spaziergängen et cet. vorgebracht wird. Überhaupt langweile ich mich gar nicht; meine Phantasie arbeitet nur zu sehr, und ich muß aus allen Kräften dagegen ankämpfen. Jede etwas unebene Stelle an der Wand, ja jede Falte im Kissen, bildet sich mir gleich zu, mitunter recht schönen, Gruppen aus, und jedes zufällig gesprochene etwas ungewöhnliche Wort steht gleich als Titel eines Romans oder einer Novelle vor mir, mit allen Hauptmomenten der Begebenheit. Sie sehn, wie überreizt ich noch bin. Gott! dürfte ich jetzt schreiben (d. h. diktieren), wie leicht würde es mir werden! Aber wie bald würde ich auch wieder alle viere von mir strecken! Meine Spiegelei ist ganz reizend, heizt sich vortrefflich, faßt jeden Sonnenblick auf und ist, durch ein Widerschein des Sees, selbst in den trübsten Tagen immer hell. Dazu vor mir auf dem Tische immer ein paar Töpfe in voller Blüte aus dem Treibhause. Wenn ich aufsehe, der immer lebendige, oft himmlisch beleuchtete See mit seinen Fahrzeugen und die Alpen.
(Brief an Pauline v. Droste-Hülshoff vom 14. 10. 1846)

Das Gedicht „Auf hohem Felsen...", das in diesen Räumen 1847 entstanden ist, kann als Abschiedsgedicht der kranken Dichterin verstanden werden:

Auf hohem Felsen lieg' ich hier,
Der Krankheit Nebel über mir
Und unter mir der tiefe See
Mit seiner nächt'gen Klage Weh,
Mit seinem Jubel, seiner Lust,
Wenn buntgeschmückte Wimpel fliegen,
Mit seinem Dräun aus hohler Brust,
Wenn Sturm und Welle sich bekriegen.

Mir ist er gar ein trauter Freund,
Der mit mir lächelt, mit mir weint,
Ist, wenn er grünlich golden ruht,
Mir eine sanfte Zauberflut,
Aus deren tiefen, klaren Grund
Gestalten meines Lebens steigen,
Geliebte Augen, süßer Mund
Sich lächelnd winkend zu mir neigen.

Wie hab' ich gar so manche Nacht
Des Mondes Widerschein bewacht,
Die klare Bahn auf dunklem Grün,
Wo meiner Toten Schatten ziehn,
Wie manchen Tag den lichten Hang,
Bewegt von hüpfend leichten Schritten,
Auf dem mit leisem Geistergang
Meiner Lebend'gen Bilder glitten.

Und als dein Bild vorüber schwand,
Da streckte ich nach dir die Hand,
Und meiner Seele ward es weh,
Daß dir verborgen ihre Näh';
So nimm denn meine Lieder nun,
Sie sind aus tiefer Brust erklungen,
Laß sie an deinem Busen ruhn
Und denk, ich hab' sie dir gesungen.
(A. v. Droste, Sämtl. Werke, Bd. 2, S. 28 f.)

2. Das Fürstenhäuschen – heute Droste-Museum

Die Bezeichnung „Fürstenhäuschen" geht auf den Erbauer, einen Fürstbischof von Konstanz, zurück, der dort im Sommer die Nachmittage zubrachte, „sowohl der herrlichen Aussicht wegen, als auch weil er kränklich war und die Luft dort so rein ist". Dieses „artige Gartenhaus" mit dem dazugehörenden Rebgut war nach der Auflösung des Bistums 1803 an den Großherzog von Baden gekommen, der es 1843 versteigern ließ. Die Droste steigerte mit und erwarb Haus und Grundstück für 700 Gulden, „lächerlich wohlfeil", wie sie ihrer Tante schrieb.

Das Fürstenhäuschen blieb bis 1960 im Besitz der Familie und wurde dann vom Land Baden-Württemberg übernommen. Bereits nach dem Ersten Weltkrieg wurde hier eine Droste-Gedenkstätte eröffnet. Die Museumsräume sind mit Möbeln aus dem Besitz der Dichterin bzw. ihrer Familie eingerichtet. Kostbar vor allem sind die Originalhandschriften der Dichterin, die Gemälde und Graphiken von ihr, ihrer Familie und ihrem Freundeskreis. Persönliche Dinge, wie Schmuck, Porzellane, Stücke aus ihrer Mineraliensammlung machen das Andenken an die Dichterin bis heute lebendig:

Das Fürstenhäusle. Zeichnung aus dem Kreis der Droste.

...Jetzt muß ich Ihnen auch sagen, daß ich seit acht Tagen eine grandiose Grundbesitzerin bin, ich habe das blanke Fürstenhäuschen, was neben dem Wege zum „Frieden" liegt – doch dort waren Sie nicht, aber man sieht es gleich am Tore liegen, wenn man zum Figel geht – nun, das habe ich in einer Steigerung nebst dem dazu gehörenden Weinberge erstanden – und wofür? – für 400 Rtlr. – dafür habe ich ein kleines, aber massiv aus gehauenen Steinen und geschmackvoll aufgeführtes Haus, was vier Zimmer, eine Küche, großen Keller und Bodenraum enthält, – und 5000 Weinstöcke, die in guten Jahren schon über zwanzig Ohm Wein gebracht haben, – es ist unerhört! aber keiner wollte bieten, dieses unglückliche Jahr bringt nur Verkäufer hervor. – Gottlob ist's kein armer Schelm, dem ich es abgekauft, sondern der reiche Großherzog von Baden, dem dies vereinzelte Stückchen Domäne lästig war. – Früher gehörte es den Bischöfen von Konstanz, und der letztverstorbene ließ dies artige Gartenhaus bauen, wo er manchen Tag soll gespeist haben, – die Aussicht ist fast zu schön, d. h. mir zu belebt, was die Nah- und zu schrankenlos, was die Fernsicht betrifft. – Es ist der höchste Punkt dieser Umgebungen – gleich am Fuße des Hügels zwei sich kreuzende Chausseen, – tiefer Stadt und Schloß Meersburg, die hier ganz niedrig zu liegen scheinen; als nächste Punkte darin und sich wunderschön präsentierend, rechts das alte Schloß, links das Seminar, von dem Nachmittags der schöne Chorgesang so deutlich aufsteigt, daß keine Note verloren geht, – tief unten der See mit seiner ganzen Rundsicht, die Insel Mainau, Konstanz, Münsterlingen, das Thurgau, St. Gallen, auf der einen Seite nur durch die Alpen beschränkt (von denen ich hier noch die ganze Tiroler Kette als Zugabe habe), von der andern durch die höchsten Kegel des Hegaus, – es ist eigentlich wunderbar schön, und die Meersburger halten dieses Fürstenhäuschen (auch der Hindelberg genannt) für eine unschätzbare Perle, – mir ist's aber fast zu viel und zauberhaft, und wie ich so droben die ganze Gegend kontrollieren kann, jeden Bürger, der auf die Gasse oder auch nur ans Fenster, jeden Bauern, der in seinen Hofraum tritt, so komme ich mir vor wie der Student von Salamanka, dem der hinkende Teufel die Hausdächer abgehoben hat, und mir ist beinahe sündlich zumute. – Vom Häuschen bis zur Chaussee hinunter führt eine Weintreppe mitten durch die Reben, die ich zum Laubengange machen und auf der Hälfte, mittelst zweier Ausbiegungen, mit ein paar niedlichen versteckten Ruhbänken versehen will, unten ist die Treppe schon durch ein hübsches Gatterpförtchen verschlossen, ich habe nichts zu tun, als die nächsten Rebenreihen aufranken zu lassen, und die kleine Rotunde in der Mitte zu besorgen, wozu ich nur drei oder vier Weinstöcke wegzunehmen und die dahinterstehenden zu benutzen habe, in zwei Jahren kann alles dicht und schattig sein. – Was sagen Sie dazu? – Die Reben hat der alte Bischof mir aufs beste gewählt, Burgunder, Traminer, Gutedel usw. und die eine (Sonnen-) Seite des Abhanges bringt solchen Wein, als Laßberg Ihnen vorgesetzt, die andern geringeren, – so kann ich also in guten Jahren auf zehn Ohm vortrefflichen, und ebensoviel mittelmäßigen Wein rechnen, – grad hinter dem Hause, wo der Schatten desselben den Reben sehr schadet, will ich diese ausroden, den Boden gleichmachen und eine kleine Blumenterrasse, nicht groß genug zum Spazierengehen, aber angenehm fürs Auge, mit lange und reichlich blühenden Blumen, Georginen, Rosen, Levkojen usw. bepflanzen lassen. O, Sie sollen sehen, ich mache ein kleines Paradies aus dem Nestchen! – schade, daß ich meine meiste Lebenszeit zweihundert Stunden davon zubringen werde! – oder vielmehr, gottlob, daß der heimische Boden und ich uns immer einander treu und sicher bleiben, und mir doch, falls mir von Zeit zu Zeit die hiesige Luft wieder nötig würde, bei allen denkbaren Wechselfällen ein niedliches Chez moi nicht fehlt.

Nun will ich Ihnen auch das Innere des Hauses beschreiben. Man geht mit einer hübsch geschweiften, etwa acht Stufen hohen Steintreppe in den unteren Stock, der nur das Paradezimmer und die Küche enthält, ersteres ein Gemach von angenehmer Größe, mit einem Erker, in dem das Kanapee mit Tisch und einigen Stühlen hinlänglich Raum haben, und das übrige Zimmer unbeengt lassen. Man sitzt dort wie in einem Glaskasten, ein Fenster im Rücken und zwei zu den Seiten, aber Besuchenden wird es himmlisch scheinen, der Aussicht wegen. In dies Zimmer tritt man unmittelbar von der Treppe, – die Küche daneben (wo ich einen zweiten Eingang werde brechen lassen) ist klein, doch nicht bis zur Unbequemlichkeit, und es läßt sich mit wenigen Gulden einrichten, daß das Herdfeuer zugleich den hübschen Kachelofen des Zimmers heizt, was im Winter sehr angenehm, und im Sommer durch Öffnung der Fenster nach der jedesmaligen Schattenseite, und Ladenschließung der übrigen leicht zu paralysieren ist, da mein Kochherd doch nicht allzu lange und stark brennen würde, und bei winterlichen Besuchen notwendig nachgeheizt werden müßte, – doch würde das Zimmer immer trocken und eine gelinde Temperatur darin erhalten werden, die die Besuche gleich hineinzuführen erlaubte. – Aus der

Küche führt eine Wendelstiege und Falltür in den oberen Stock, meine eigentliche Dachshöhle (oder Schwalbennest) – alles mit Zierlichkeit gemacht, die Stiege hübsch gewunden, die Falltür wie Getäfel geschnitzelt, und sich in die Wand fugend, so daß sie bei Tage nicht bemerkt, sondern für eine Verzierung gehalten wird; nachts, wenn sie geschlossen ist, paßt sie (mit der andern Seite) sehr genau in den Fußboden und macht das kleine obere Entree zu einem artigen Zimmerchen, wo im Hintergrunde, hinter anständigem weißen Vorhange, das Kammerjungfernbett verborgen sein, und diese auch in Sommertagen ihre Nähterei am Fenster beschicken kann, – hieran stößt dann mein eigentliches Quartier, ein heizbares Wohnzimmer, etwa um ein Drittel größer wie Ihr Kabinettchen, und ein Schlafzimmerchen, gerade groß genug für das Nötige, Bett, Waschtisch, Schrank, und noch einigen Raum zu freier Bewegung. – Sagen Sie selbst, Elise, was bedarf ich mehr? – Auch fällt mir eben ein, daß ich statt des Eisenofens im Wohnzimmer ja einen Kachelofen kann mauern lassen, der das Kammerjungfernzimmer mitheizt, so daß ich diese zu keiner Zeit um mich zu haben brauche, – der Keller geht unters ganze Haus her und ist sehr gut, so wie der Bodenraum unterm Dache überflüssig geräumig, und es ließe sich dort leicht ein Verschlag herrichten, wo ich, der Sicherheit wegen, meinen Winzer könnte schlafen lassen, einen Mann, der sonst in der Stadt wohnt und außer der Besorgung der Reben für ein Gewisses nicht in meinem Dienste steht, aber dann gern für eine Kleinigkeit zu Bestellungen und sonstiger Aushilfe bereit sein würde. Einen Brunnen habe ich nicht, aber ein Bleichplätzchen, und nicht hundert Schritte vom Hause eine Quelle, die Winter und Sommer fließt. – Kurz, ich sage Ihnen, es ist allerliebst; Laßberg sagt: „Je mehr man es untersucht, je besser wird es." Dach, Gemäuer, Fußböden, Türen, alles im besten Stande, von den Fensterläden nur zwei etwas schadhaft, aber in den Fenstern selbst vieles zu reparieren, und dieses die einzige etwas bedeutende Ausgabe. Lieb Lies, ich habe Sie gewiß ermüdet mit meiner Freude, wo Sie sich doch nicht recht hineindenken können. –

(Brief an Elise Rüdiger, 18. 11. 1843)

3. Friedhof – Grab von Annette v. Droste-Hülshoff

Das Grab der Droste befindet sich in der rechten oberen Ecke des Friedhofs, an der Mauer neben der Laßbergschen Familiengruft; das Grab Mesmers mit dem auffällig geformten Grabstein neben dem großen Kreuz. (Hinweistafel am unteren Friedhofeingang.)

4. Spaziergang zum Glaserhäuschen

Das „Glaserhäuschen" oder „Figels Häuschen" war zur Zeit der Droste ein kleines Gasthaus auf der Höhe westlich von Meersburg, das von ihr und Schücking auf ihren gemeinsamen Spaziergängen oft besucht wurde. Heute ist das Glaserhäuschen (Glaserhäusleweg Nr. 6) in Privatbesitz. Die Bezeichnung „Glaserhäusle" geht auf einen früheren Besitzer, den Glaser Kern, zurück, der 1784 erstmals die provisorische Genehmigung zum Weinausschank erhalten hatte.

Der Weg von Meersburg zum Glaserhäuschen, der zum Teil durch die Weinberge über dem See führt und herrliche Ausblicke bietet, ist wie zu Drostes Zeit auch heute noch sehr schön und reizvoll. Man überquert die Bundesstraße bei der katholischen Kirche und geht den „Himmelbergweg" (bezeichneter Wanderweg und Naturpfad) hinauf. Bereits nach wenigen Schritten der Mauer entlang hat man die Weinberge erreicht und geht nun den Weg bis zum Ende. Rechts führen Treppen hinauf zum Aussichtspunkt „Oedenstein" unter der alten Eiche. Von dort folgt man dem Glaserhäusleweg nach links, man hält sich an die Markierung des Naturpfads (N), folgt nicht dem rechts abgehenden Wanderweg, sondern bleibt zunächst den Waldrand entlang auf dem asphaltierten Sträßchen, bei der Rechtskurve geradeaus (den Zaun entlang) auf dem Waldweg weiter und erreicht dann das links etwas verborgen liegende Glaserhäuschen (Nr. 6). Um den Blick auf den See und evtl. auch auf die Rebenlaube des ehemaligen Gasthauses zu bekommen, geht man am Haus vorbei und, falls das Gatter links geöffnet ist, auf dem noch erkennbaren alten Weinbergweg einige Schritte zurück.

Bei einem der Spaziergänge zum Glaserhäuschen, die die Droste mit Levin Schücking im Herbst 1841 machte, entstand das Gedicht „Die Schenke am See". Schücking schreibt:

Den Rückweg vom Seeufer nahmen wir zumeist über die Höhe, durch einen Weinberg (...)
zu dem reizenden Punkt „Figels Häuschen", wo in einer, die Aussicht auf die Appenzeller Alpen, den Säntis, die sieben Kurfürsten und das Thurgau bietenden Rebenlaube einst rasch improvisiert das Gedicht: „Die Schenke am See" entstand.
(Levin Schücking, Annette v. Droste - Ein Lebensbild, S. 101, 133)

Glaserhäuschen. Zeichnung aus dem Kreis der Droste.

Die Schenke am See

Ist's nicht ein heit'rer Ort, mein junger Freund,
Das kleine Haus, das schier vom Hange gleitet,
Wo so possierlich uns der Wirt erscheint,
So übermächtig sich die Landschaft breitet;
Wo uns ergötzt im neckischen Kontrast
Das Wurzelmännchen mit verschmitzter Miene,
Das wie ein Aal sich schlingt und kugelt fast,
Im Angesicht der stolzen Alpenbühne?

Sitz nieder! – Trauben! – und behend erscheint
Zopfwedelnd der geschäftige Pygmäe;
O sieh, wie die verletzte Beere weint
Blutige Tränen um des Reifes Nähe;
Frisch, greif in die kristallne Schale, frisch!
Die saftigen Rubine glühn und locken;
Schon fühl' ich an des Herbstes reichem Tisch
Den kargen Winter nahn auf leisen Socken.

Das sind dir Hieroglyphen, junges Blut,
Und ich, ich will an deiner lieben Seite
Froh schlürfen meiner Neige letztes Gut,
Schau her, schau drüben in die Näh' und Weite;
Wie uns zur Seite sich der Felsen bäumt,
Als könnten wir mit Händen ihn ergreifen,
Wie uns zu Füßen das Gewässer schäumt,
Als könnten wir im Schwunge drüber streifen!

Hörst du das Alphorn überm blauen See?
So klar die Luft, mich dünkt, ich seh' den Hirten
Heimzügeln von der duftbesäumten Höh' –
War's nicht, als ob die Rinderglocken schwirrten?
Dort, wo die Schlucht in das Gestein sich drängt –
Mich dünkt, ich seh den kecken Jäger schleichen;
Wenn eine Gemse an der Klippe hängt,
Gewiß, mein Auge müßte sie erreichen.

Trink aus! – die Alpen liegen stundenweit,
Nur nah die Burg, uns heimisches Gemäuer,
Wo Träume lagern lang verschollner Zeit,
Seltsame Mär' und zorn'ge Abenteuer.
Wohl ziemt es mir, in Räumen schwer und grau,
Zu grübeln über dunkler Taten Reste;
Doch du, Levin, schaust aus dem grimmen Bau
Wie eine Schwalbe aus dem Mauerneste.

Sieh drunten auf dem See im Abendrot
Die Taucherente hin und wieder schlüpfend;
Nun sinkt sie nieder wie des Netzes Lot,

Nun wieder aufwärts mit den Wellen hüpfend;
Seltsames Spiel, recht wie ein Lebenslauf!
Wir beide schaun gespannten Blickes nieder;
Du flüsterst lächelnd: immer kömmt sie auf! –
Und ich, ich denke: immer sinkt sie wieder!

Noch einen Blick dem segensreichen Land,
Den Hügeln, Auen, üpp'gem Wellenrauschen.
Und heimwärts dann, wo von der Zinne Rand
Freundliche Augen unserm Pfade lauschen;
Brich auf! – da haspelt in behendem Lauf
Das Wirtlein Abschied wedelnd uns entgegen:
„– Geruh'ge Nacht – stehn's nit zu zeitig auf! –"
Das ist der lust'gen Schwaben Abendsegen.
(A. v. Droste, Sämtl. Gedichte, S. 76 f.)

5. Von Meersburg über die Haltnau Richtung Hagnau

Ihr Lieblingsspaziergang war am Strande des Sees entlang, wenn
dieser rauschend seine Wellen an das kiesige Ufer trieb und allerlei
Schneckengehäuse und Muscheln auswarf, welche sie emsig sammelte.
(Levin Schücking, Annette v. Droste – Ein Lebensbild, S. 99)

Eine dramatische Variante dieses sonst friedlichen Spaziergangs
schildert die Droste in einem Brief an ihre Freundin Elise Rüdiger:

...einen Sturm habe ich erlebt, o, einen Großpapa aller Stürme, und
habe Gott gedankt, daß ich ihn allein überstehen mußte. Es war in der
zweiten Woche nach Ihrer Abreise, ich hatte einen langen Spaziergang
weit über Haltenau hinaus gemacht und mich eben zum Rückwege
gewendet, als ein wahres Teufelswetter losbrach, – ohne Regen, nur
Sturm, aber um Berge zu versetzen, – bei jedem Ruck faßte er mein
dickes wattiertes Kleid, und wollte mich über die Mauer reißen, so daß
ich gleich bergan in die Reben flüchten mußte, wo ich mich kümmerlich
an den Pfählen fortlavierte bis Haltenau und dort wie ein verunglückter
Luftballon ins Haus mehr plumpste als flatterte, nämlich mit halbem
Überstürzen, was sich wahrscheinlich eher mitleidenswert als graziös
mag ausgenommen haben, die dicke Rebfrau konnte auch mit ihrem
„b'hütis Gott! b'hütis Gott!" gar nicht aufhören, und meinte, sie würde

jetzt „um fünf Gulden nicht über die Mauer nach Meersburg gehn." Was half das alles! ich mußte doch nach Hause, obwohl das Wüten draußen mit jeder Minute ärger wurde. – – – So ging ich wieder los und versuchte als letzten Ausweg mich gleich den Berg hinaufzuarbeiten, wo ich, schlimmstenfalls, doch nur bis in die nächsten Rebpfähle geschleudert werden konnte, – freilich, wenn's mit Vehemenz geschah, immer gefährlich genug, und zudem hätte ich, wie Sie wissen, Klippenwände passieren müssen, – vielleicht war's gut, daß der Versuch mißlang, – es war keine Möglichkeit, bei jedem Schritt höher konnte mich der Wind derber packen, ich mußte mehr kriechen als gehn, und bei jedem Ruck niederhocken, um nicht weggerissen zu werden, also wieder bergab! – Doch blieb ich zwischen den Reben, etwa dreißig Fuß über dem Mauerwege, – es war eine greuliche Arbeit, – ich habe über eine Stunde gebraucht, – die meiste Zeit saß ich in einem Klümpchen dicht zusammen und wartete die Pausen der Stöße ab, um dann zehn oder zwölf Schritte voranzuarbeiten. Was wir zusammen erlebt haben, kann Ihnen nicht mal einen schwachen Begriff davon geben, aber der See war unbeschreiblich schön, so durchsichtig und in allen Farben wechselnd, wie ich davon vorher keinen Begriff gehabt. – Die Sonne warf durch Wolkenlücken ein prächtiges falsches Licht darauf, und ich wurde fast geblendet durch das Blitzen der Springwellen, die unter mir wie eine endlose Reihe Fontänen aufstiegen, und zwar nicht, wie wir es kennen, nur diesseits der Mauer, sondern wenigstens vierzig Fuß höher, weit über mir und meinen Rebstöcken, niederplatschten, so daß ich nach ein paar Minuten keinen trocknen Faden mehr am Leibe hatte und mein Rock sich in einen gefüllten Schwamm verwandelt hatte, der mich niederzog wie Blei. – Ich kann Ihnen sagen, Elise, daß ich froh war, als ich das Tor über mir und meine bedenkliche Fahrt sich in eine klatrige durch die Unterstadt verwandelt hatte. Noch einmal hatte ich einen schweren Stand, die Stiegen hinauf, wo der Wind wieder alle Macht hatte und besonders auf der langen schmalen Brücke über den Mühlrädern, wo ich einmal keinen andern Rat wußte, als mich platt hinzuwerfen und doch wohl herabgeweht wäre, wenn nicht der Müller, der auch gerade genötigt war, die Brücke zu passieren, mich am Boden festgehalten und dann auch die letzte Stiege hinaufgeleitet hätte. Als ich ins Schloß kam, schnatternd und einen nassen Streifen hinter mir lassend, wie ein geschwemmter Hund, ward ich auch empfangen wie ein armer Hund. Es mißlang mir, in mein Zimmer zu schlüpfen, Laßberg stand zufällig im oberen Flur und erhob ein solches Geschrei: „Um Gottes willen! wo kommen Sie her! was haben Sie gemacht! was denken Sie auch!" Daß ich gleich auf eine sehr unerwünschte Weise en famille geriet. Mama war anfangs wirklich böse, glaubte mir aber doch sogleich, daß ich bei ganz leidlichem, spazierfähigem Wetter ausgegangen sei. – Laßberg konnte ich mich nicht begreiflich machen, er war tauber wie gewöhnlich, und ich habe ihn mitten in seinen Exklamationen über meine Unvernunft müssen stehn lassen, denn mich fror erbärmlich. Jenny sagte nichts, aber sie bestellte sogleich einen heißen Krug und Tee, nahm mich dann beim Arm und brachte mich in meinem Zimmer zu Bette. Meinen dicken Rock habe ich acht Tage lang nicht anziehn können, so lange hat er auf dem Boden trocknen müssen. – Da mir das Abenteuer nicht geschadet hat, ist's mir doch lieb, den See einmal in seiner tollsten Laune gesehn zu haben, um so mehr, da es nur für einmal im Leben ist, denn ein anderes Mal werde ich mich hüten! Ich mag die Lachsforellen und Gangfische viel lieber essen, als von ihnen gegessen werden, und es würde mir sogar nur wenig Trost bringen, wenn statt ihrer meine Lieblinge die Möwen mich aufpickten. Am nächsten Tage hörten wir von vielem Unglücke am See, – einem untergegangenen Schiffe und einigen einzeln Verunglückten – und mit dieser Trübsal muß ich für heute schließen, denn es schlägt eben acht, gute Nacht, lieb Herz, bis morgen, ich wollte, Sie träumten von mir.

(Brief an Elise Rüdiger vom 18. 11. 1843)

Auf diesem Uferweg kommt man am Ausgang von Meersburg auch an der ehemaligen Textilfabrik Hämmerle vorbei. Dort findet auf Anregung Martin Walsers seit 1985 jedes Jahr das Meersburger Sommertheater statt. Auf dem Programm steht immer auch ein Stück von Walser.

Das Gasthaus Haltnau liegt auf halbem Weg zwischen Meersburg und Hagnau, der nächsten literarischen Station unserer Route. Sie können nun auch zu Fuß den Uferweg weiter nach Hagnau gehen und von dort nach dem Hagnauer Rundgang eventuell mit dem Schiff zurückfahren. Andernfalls erreichen Sie Hagnau mit dem Auto von Meersburg über die B 31.

Hagnau – Heinrich Hansjakob/Gustav Schwab

Dem stattlichen Ort sieht man heute nicht mehr an, daß vor 120 Jahren, als der Volksschriftsteller Heinrich Hansjakob hier als Pfarrer wirkte, Hagnau noch ein armes Winzerdorf war. Hansjakob hat seine Pfarrkinder und ihr hartes Leben nicht nur in seinen Bodenseegeschichten beschrieben, sondern sich auch nachdrücklich und erfolgreich für die Verbesserung ihrer wirtschaftlichen Lage eingesetzt. Dafür halten die Hagnauer auch heute sein Andenken lebendig: am Pfarrhaus erinnert eine Tafel an seine Amtszeit, vor dem Winzerverein ziert er in persona einen Brunnen, nahe am See schließlich haben sie für ihn einen Gedenkstein gesetzt. Ein anderer Gedenkstein am Seeufer erinnert an einen alten Hagnauer Brauch, die Seeprozession nach Münsterlingen am Schweizer Ufer, wenn der See überfroren ist.

15 Jahre lang, von 1869 bis 1884, war Heinrich Hansjakob Pfarrer im Winzerdorf Hagnau. 1837 wurde er in Haslach im Schwarzwald geboren. Er studierte Theologie und Philosophie, erhielt 1863 die Priesterweihe, ging aber zunächst in den höheren Schuldienst. Wegen einigen radikalen kulturkritischen Veröffentlichungen sollte der streitbare Politiker, der in Waldshut die Höhere Bürgerschule leitete, zum „letzten Lehrer" zurückversetzt werden. Hansjakob verzichtete daraufhin auf eine weitere Lehrtätigkeit. Als er dann 1869 ein „Büchlein über das Impfen" veröffentlichte, war für die staatliche Behörde das Maß voll, er wurde wegen „Störung der öffentlichen Ruhe und Ordnung" zu vierwöchiger Festungshaft verurteilt. Danach erhielt er auf eigenen Wunsch die Pfarrstelle in Hagnau am Bodensee. Der eigenwillige Hansjakob kam dort mit seiner Gemeinde rasch in gutes Einvernehmen.

Er schilderte diese Hagnauer Jahre in seinen Bodenseegeschichten, die im 3. Band der „Schneeballen" zusammengestellt sind. Hansjakob war ein guter und unsentimentaler Beobachter seiner Umwelt, der Leser dieser Erzählungen erhält ein plastisches Bild vom Leben am Bodensee im 19. Jahrhundert. Neben den Bodenseegeschichten veröffentlichte er mehrere Bände mit Erzählungen aus seiner Schwarzwälder Heimat sowie umfangreiche Reiseberichte. 1913 ist Heinrich Hansjakob in seiner Heimat in Haslach gestorben.

Rundgang:

Stadtplan Hagnau

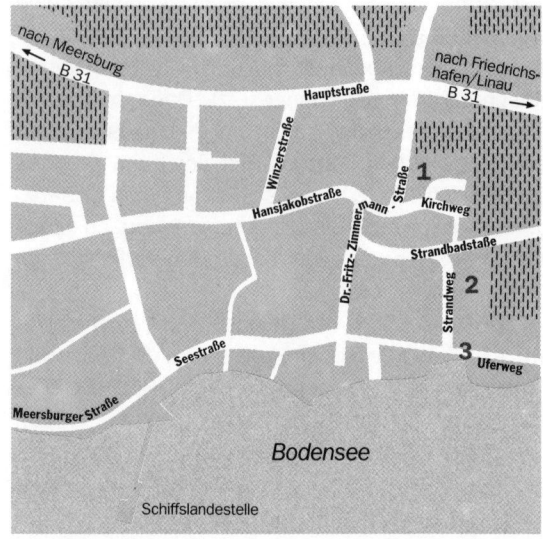

1 Pfarrhaus
2 Hansjakob-Denkmal
  mit Brunnen
  (beim Winzerverein)
3 Gedenkstein an die
  Seegfrörne 1963

1. Pfarrhaus

Das Pfarrhaus ist im wesentlichen noch so erhalten wie zu Hansjakobs Zeit. Von seinem Leben als Pfarrer gibt der folgende Textausschnitt aus einem Kapitel der „Schneeballen", das er seinem Sakristan gewidmet hat, ein lebendiges Bild. Diesem Sakristan Konrad Kübele, dem ehemaligen Hagnauer „Revoluzzer" von 1848/49, gehört Hansjakobs ganze Sympathie; er schildert ihn als „wahrhaft christlichen Philosophen":

Was mir an meinem Sakristan am meisten imponierte, war seine Liebe zur Einsamkeit. Ich sah ihn selten mit jemandem reden. Einsam und allein, Vorbeigehende nur kurz grüßend, wanderte er von seiner Hütte oberhalb des Pfarrhauses der Kirche zu und wieder zurück. Einsam ging er aufs Feld zur Arbeit und einsam und allein vom Felde heim. Ein Mensch von der Bildung eines Rebmanns, der sich allein genügt und auf die Unterhaltung anderer Menschen verzichtet, ist kein gewöhnlicher Mensch. „Alle Lumpen", meint Schopenhauer, „sind gesellig." „Und all' unsere Übel", sagt ein geistreicher Franzose, „kommen daher, daß wir nicht allein sein können." Und es ist merkwürdig, unsere Seele liebt sich selbst so sehr und ist doch nicht gerne mit sich allein. Aber eines hatte er sich angewöhnt bei seinem Alleinsein, der Konrad, er redete mit sich selber, ein Beweis, daß er lebhaft dachte. Unzähligemal hab' ich ihm abgelauscht, wenn ich im zweiten Stock unter dem Hausgangfenster meines Häuschens lag und er daher kam, die Hände mit den Kirchenschlüsseln auf dem Rücken, gebückt vor sich hin schauend und mit sich selbst redend. Längere Gespräche führte er nur mit mir, und zwar, die Winterszeit ausgenommen, drei- bis viermal des Tages. Morgens nach dem Gottesdienst besprachen wir, vor der Kirche stehend, zunächst das Wetter, wobei er über den See und die Alpen hinschauend, gestützt auf jahrelange Beobachtung, die trefflichsten Bemerkungen machte. Den Wolken über dem Säntis wie den leichtesten Winden über den See hin hatte er längst ihre Bedeutung abgelauscht. Von den Winden war ihm am verhaßtesten, selbst zur Sommerszeit, der Nordwind. Er nannte ihn „Bettlermacher" und fügte öfters spöttisch hinzu: „Der ‚Ordwind' kann nichts sein, denn er kommt aus dem Preußischen." Diese Malice tat er den Preußen an als den Mördern seiner einstigen Freiheitsideale. Und weil ich sie auch nicht leiden mochte, mit aus dem gleichen Grund, weil sie mich als Revolutionsknaben von anno 1849 verdemütigt, so haben wir oft über die Preußen räsoniert. Hatten wir dem Wetter seine Prognose gestellt, so zog indes von Konstanz her das erste Schiff, „der Morgendampf", vor unseren Augen seeaufwärts. Oft erzählte er beim Anblick des Dampfschiffes von dem Staunen der alten Fischer und Schiffer, als sie anfangs der dreißiger Jahre das erste Dampfschiff sahen. Nie hätten sie geglaubt, daß es möglich sei, gegen die Wellen zu fahren. Den Dampf nannte mein Sakristan neben dem Kaffee das stärkste „Element" des 19. Jahrhunderts, aber beide hielt er für schädlich. Der Kaffee habe die so gesunde Mehlsuppe und das noch gesündere „Brühmehl" überall verdrängt und der Dampf die Arbeitskraft der Menschen. War der „Dampf" hinter dem „Kippenhorn" verschwunden, so gingen auch wir auseinander von unserem Morgengespräch, jeder an seine Arbeit. Um elf Uhr schritt der groß' Kübele wieder vom Oberdorf her der Kirche zu, um „olfe z'lütte", den heiligen Glockenklang für alle Weibsleute, die in den Reben sind, damit sie heimgehen und Knöpfle machen. Zur Sommerszeit trat der Glöckner nach diesem Amt ins Pfarrhäusle, nahm aus der Kammer mein „Badezeug" unter den Arm und begleitete mich zum Bad in offener See hinter den Weiden unter dem Schloß Kirchberg.

Unterwegs ward politisiert. Ich hatte den Morgen über auch die Zeitungen gelesen, und da wollte er wissen, was es Neues gäbe. Da wir beide demokratisches Blut in den Adern hatten von anno 1848/49 her, so waren wir stets einig und schnitten uns die ganze Politik auf ein demokratisches Programm zu. Zum Glück hörte es nie ein Staatsanwalt, wie wir, namentlich in der Zeit des Kulturkampfes, auf unserem Weg am Seeufer hin auf demokratisch bis sozialdemokratisch politisierten, sonst wären wir beide hundertmal eingesperrt worden. Während ich in den Wellen des Sees mich erfrischte, saß der Alte am Ufer, und wir politisierten in der Regel auch so weiter. Er selbst badete nie und hatte seit seinen Knabenjahren nie mehr gebadet. Ältere Leute am See sind meist wasserscheu und fürchten das Wasser außen und innen. Wäre das schwäbische Meer ein Weinmeer, sie badeten Tag und Nacht darin, die lustigen und durstigen Seeleute. Da hört man heutzutag in allen Tonarten predigen, baden sei notwendig für die Gesundheit. Ich habe am Bodensee steinalte und kerngesunde Leute gekannt, die seit ihren Kinderjahren nie mehr gebadet hatten, und in Gebirgsgegenden wohnen und leben Hunderttausende, die nie zum Baden kommen. Man kann also auch alt werden und gesund sein, ohne zu baden, was nicht mehr als recht und billig ist. Wenn ich aus den Fluten kam, legte mir mein Badediener das an der Sonne gewärmte Leintuch um, und bis ich frottiert und angezogen war, politisierten wir abermals und auf dem Heimweg wieder. Unser stetes Bedauern beim Auseinandergehen war, daß wir beide nicht Meister seien, um die Welt nach unserem demokratischen Geschmack regieren zu können. Für die Badebegleitung und -bedienung bekam er jeden zweiten Tag eine Flasche Wein, deshalb wars ihm leid, sooft das Wetter oder mir die Lust fehlte, wenn er nach dem „Olfe-Lütte" kam und fragte: „Herr Pfarrer, badet mer (baden wir) heut' nit?" Eine Stunde nach der Badepromenade sahen wir uns wieder. Er kam, um „uis z' lütte", das heißt um ein Uhr vom Mai bis September das Wetterzeichen zu läuten, während dessen die Mannsleute den Hut abnehmen und alles betet um Abwendung von Hochgewitter, ein wahrhaft schönes, christliches Läuten. Der Pfarrer, eben mit seinem einfachen Mittagessen fertig, kam regelmäßig nach diesem Läuten zur Kirche hinüber, und wenn der Sakristan vom Turm herabgepoltert war, setzten wir uns eine halbe Stunde auf eine Bank vor meinem Hause oder auf eine solche an der südlichen Ecke der Kirche, wobei wir an beiden Orten eine herrliche Aussicht über See und Alpen vor uns hatten.

(Hansjakob, Schneeballen – Erzählungen vom Bodensee, S. 170–173)

2. Hansjakob-Denkmal mit Brunnen

Hansjakob beschränkte sich bei seiner Pfarrtätigkeit nicht nur auf die Seelsorge in seiner Gemeinde, er versuchte mit Ideenreichtum und Tatkraft auch die wirtschaftliche Not in dem damals sehr armen Dorf zu lindern. Er gründete in Hagnau den ersten Winzerverein auf genossenschaftlicher Basis, und er bemühte sich erfolgreich um den Bau einer Schiffsanlegestelle in Hagnau und Immenstaad, um die beiden Dörfer an die öffentlichen Verkehrswege anzuschließen.

3. Gedenkstein an die Seegfrörne 1963

Mit dem etwas ungefügen Wort „Seegfrörne" bezeichnen die Anwohner des Bodensees das seltene Naturereignis, wenn in einem strengen Winter der See mit einer tragfähigen Eisdecke überfriert. Ein solches Ereignis, das meist in die Fastnachtszeit fällt, feiern die Menschen in Freude und Ausgelassenheit, aber auch mit Prozessionen über den vereisten Bodensee. Nur dreiunddreißigmal seit der ersten bezeugten Seegfrörne im Jahr 875 hat sich dies wiederholt, das letztemal im Februar 1963. Die Namen der jungen Hagnauer, die am 6. 2. 1963 den See zu Fuß überquerten, sind auf dem Gedenkstein in der Anlage am See aufgezeichnet. Der Gedenkstein zeigt, daß die Überquerung der riesigen Eisdecke als kühnes Wagnis empfunden wird. In die Faszination, plötzlich über das Wasser gehen zu können, mischt sich das Grauen vor der damit verbundenen Gefahr. Ihre eindrucksvolle literarische Gestaltung fand die Seegfrörne in Gustav Schwabs Ballade „Der Reiter und der Bodensee". Anregung war eine Quelle aus dem 16. Jahrhundert. Der Chronist Reutlinger aus Überlingen berichtet, daß der Elsässer Postvogt Andreas Egglisperger am 5. Januar 1573 zu Pferd zweimal den Rhein und schließlich auch den zugefrorenen See überquerte und es sich dann in Überlingen in der „Krone" schmekken ließ.

Der Reiter und der Bodensee

Der Reiter reitet durch's helle Tal,
Auf Schneefeld schimmert der Sonne Strahl.

Er trabet im Schweiß durch den kalten Schnee,
Er will noch heut an den Bodensee!

Noch heut mit dem Pferd in den sichern Kahn,
Will drüben landen vor Nacht noch an.

Auf schlimmem Weg, über Dorn und Stein,
Er braust auf rüstigem Roß feldein.

Aus den Bergen heraus, ins ebene Land,
Da sieht er den Schnee sich dehnen wie Sand.

Weit hinter ihm schwinden Dorf und Stadt,
Der Weg wird eben, die Bahn wird glatt.

In weiter Fläche kein Bühl, kein Haus,
Die Bäume gingen, die Felsen aus;

So flieget er hin eine Weil' und zwei,
Er hört in den Lüften der Schneegans Schrei;

Es flattert das Wasserhuhn empor.
Nicht anderen Laut vernimmt sein Ohr;

Keinen Wandersmann sein Auge schaut,
Der ihm den rechten Pfad vertraut.

Fort geht's wie auf Samt, auf dem weichen Schnee,
Wann rauscht das Wasser, wann glänzt der See?

Da bricht der Abend, der frühe, herein:
Von Lichtern blinket ein ferner Schein.

Es hebt aus dem Nebel sich Baum an Baum
Und Hügel schließen den weiten Raum.

Er spürt auf dem Boden Stein und Dorn,
Dem Rosse gibt er den scharfen Sporn.

Und Hunde bellen empor am Pferd,
Und es winkt im Dorf ihm der warme Herd.

„Willkommen am Fenster, Mägdelein,
An den See, an den See, wie weit mag's sein?"

Die Maid, sie staunet den Reiter an:
„Der See liegt hinter dir und der Kahn.

Und deckt' ihn die Rinde von Eis nicht zu,
Ich spräch: aus dem Nachen stiegest du."

Der Fremde schaudert, er atmet schwer:
„Dort hinten die Ebne, die ritt ich her!"

Da recket die Magd die Arm in die Höh':
„Herr Gott! So rittest du über den See:

An den Schlund, an die Tiefe bodenlos,
Hat gepocht des rasenden Hufes Stoß!

Und unter dir zürnten die Wasser nicht?
Nicht krachte hinunter die Rinde dicht?

Und du wardst nicht die Speise der stummen Brut?
Der hungrigen Hecht' in der kalten Flut?"

Sie rufet das Dorf herbei zu der Mär',
Es stellen die Knaben sich um ihn her;

Die Mütter, die Greise, sie sammeln sich:
„Glückseliger Mann, ja, segne du dich!

Herein zum Ofen, zum dampfenden Tisch,
Brich mit uns das Brot und iß vom Fisch."

Der Reiter erstarret auf seinem Pferd,
Er hat nur das erste Wort gehört.

Es stocket sein Herz, es sträubt sich sein Haar,
Dicht hinter ihm grinst noch die grause Gefahr.

Es siehet sein Blick nur den gräßlichen Schlund,
Sein Geist versinkt in den schwarzen Grund.

Im Ohr ihm donnert's wie krachend Eis,
Wie die Well' umrieselt ihn kalter Schweiß.

Da seufzt er, da sinkt er vom Roß herab,
Da ward ihm am Ufer ein trocken Grab.

Gustav Schwab veröffentlichte diese Ballade mit anderen Bodensee-Gedichten als „Zugabe" zu seinem 1827 erschienenen Buch „Der Bodensee", einem „Handbuch für Reisende und Freunde der Natur, Geschichte und Poesie".

Birnau – Martin Walser/Ernst Jünger

Die nächste literarische Station auf unserer Route ist die Wallfahrts-kirche Birnau, zu erreichen über die B 31.

Die Wallfahrtskirche St. Maria gilt als die schönste und bedeutend-ste Barockkirche im Bodenseeraum. Sie steht in herrlicher Lage auf einer Terrasse, von der aus man den ganzen Überlinger See übersieht.

In dieser Landschaft hat Martin Walser, der in Nußdorf bei Überlin-gen lebt, seine Novelle „Ein fliehendes Pferd" angesiedelt. Die Personen dieser Novelle, Helmut und Sabine Halm, Klaus und Helen Buch, verbrin-gen ihren Urlaub am Überlinger See. Das Ehepaar Buch logiert im Hotel Seehalde, links unterhalb der Birnau, die Halms haben eine Ferienwoh-nung in Nußdorf gemietet. (Siehe dazu Kapitel *Überlingen*.)

Auch in Ernst Jüngers Roman „Auf den Marmorklippen" (siehe Kapitel *Überlingen*) ist die Klosterkirche Birnau, allerdings verfremdet, als Handlungsort zu erkennen. Im folgenden Textausschnitt beschreibt Ernst Jünger wohl einen Gang von seinem „Weinberghaus" in Überlingen, das im Roman als „Rautenklause auf den Marmorklippen" erscheint, zur Klosterkirche Birnau. Das Gnadenbild auf dem Hochaltar der Kirche, die „mater amabilis" (die liebreiche Mutter) wird im Text christlich als „Maria Lunaris" (Maria vom Mond), heidnisch als „Falcifera" (Sichelträgerin) bezeichnet:

An der Marinafront der Marmorklippen hingegen durften wir auf Beistand eines Christenmönches zählen, des Paters Lampros aus dem Kloster der Maria Lunaris, die man im Volke als die Falcifera verehrt...

Das Kloster lag uns so nahe, daß man von der Rautenklause die Spitze seines Turmes sah. Die Klosterkirche war Wallfahrtsort, und zu ihr führte der Weg durch sanfte Matten, auf denen die alten Bäume so herrlich blühten, daß kaum ein grünes Blättchen im Weiß erschien. Am Morgen war in den Gärten, die der Seewind frischte, kein Mensch zu sehen; und doch war durch die Kraft, die in den Blüten lebte, die Luft so geistig-wirkend, daß man durch Zaubergärten schritt. Bald sahen wir das Kloster vor uns liegen, das weit von einem Hügel schaute, mit seiner Kirche, die im heitren Stile errichtet war. Von ferne hörten wir bereits die Orgel tönen, die den Gesang, mit dem die Pilger das Bild verehrten, begleitete.

Als uns der Pförtner durch die Kirche führte, erwiesen auch wir dem Wunderbilde unseren Gruß. Wir sahen die hohe Frau auf einem

Wolkenthrone, und ihre Füße ruhten wie auf einem Schemel auf dem schmalen Monde, in dessen Sichel ein Gesicht, das erdwärts blickte, gebildet war. So war die Gottheit dargestellt als Macht, die über dem Veränderlichen thront und die man zugleich als Bringerin und Fügerin verehrt.

(Ernst Jünger, Sämtl. Werke, Bd. 15, Erzählende Schriften I, S. 290–292)

Von der Birnau aus fahren Sie auf der B 31 weiter nach Überlingen.

Gnadenbild vom Hochaltar der Basilika Birnau.

Überlingen – Heinrich Seuse/Martin Walser/Ernst Jünger

Die Reichs Statt Vberlingen ligt zwo Stund vnter Merspurg an dem tieffen Boden See mit fruchtbaren Bäumen vnd Weinbergen vmbfangen, vnnd ist von der Natur sonderbar begnadet...

Vmb die Weinberg ausserhalb d'Statt entspringen aller Orten frische Brunnquellen, insonderheit aber innerhalb der Ringmawren vnter obgedachtem Gallerberg ein gar heller frisch vnd gesunder Wasserfluß, welcher in wenig Teucheln zu einem hierin erbawten Badhauß verleytet vnd zu Frühlings vnnd Sommerszeit von Jnnheimischen und Frembden gebraucht wird.

(Max Schefold, Die Bodenseelandschaft, S. 148)

So beschrieb Matthäus Merian die Stadt Überlingen im Jahr 1643. Auch heute noch bietet das Stadtbild der ehemaligen Freien Reichsstadt viel Mittelalterliches, die gesunden Quellen fließen noch im heutigen Kneippbad Überlingen, die fruchtbaren Bäume und Weinberge sind allerdings von der sich ausbreitenden Stadt zurückgedrängt worden.

Sehr verschiedenartige literarische Spuren lassen sich hier verfolgen: Überlingen und seine Umgebung sind der äußere Rahmen für Martin Walsers Novelle „Ein fliehendes Pferd". In Ernst Jüngers Roman „Auf den Marmorklippen", der 1939 hier in Überlingen konzipiert und begonnen wurde, sind viele Elemente der Stadt und der Bodenseelandschaft in eklektizistischer Weise verarbeitet. Aus Überlingen stammte die Mutter des Dichters und Mystikers Heinrich Seuse (siehe Kapitel *Konstanz*). In dem Haus ihrer Familie (in der Susogasse) wurde ein Museum mit einer Susogedenkstätte eingerichtet, und auf der Hofstatt befindet sich das Denkmal des „Minnesängers unter den deutschen Mystikern".

Der 1895 in Heidelberg geborene Ernst Jünger kam in seinem wechselvollen Leben mit 41 Jahren an den Bodensee und lebte mit seiner Familie von Dezember 1936 bis April 1939 im „Weinberghaus" (damals) außerhalb von Überlingen, „zwar gar nicht entlegen, aber doch recht einsam, etwa zwanzig Minuten von der Stadt", wie er an seinen Bruder Friedrich Georg Jünger schreibt. Er rühmt dabei besonders den „köstlichen Blick nach Süden hinaus". Dieser drei Jahre jüngere Bruder, der häufig im „Weinberghaus" zu Gast war, der von 1941 bis zu seinem Tode 1977 hier lebte, hat diesem Haus (das heute nicht mehr steht, sondern einem Neubau zum Opfer fiel) ein literarisches Denkmal gesetzt:

Gehst du längs der Uferhügel,
Wirst das Haus am Hang du finden,
Wo sich seitwärts an dem Weinberg
Wiesenwege höher winden.

Wohlgeschützt liegt es am Hügel,
Der dem scharfen Nordwind wehrte,
Freien Blick hat es nach Süden,
Licht, so viel das Herz begehrte.

Licht von jedem graden Strahle,
Der vom Himmel niederbrannte,
Licht auch von dem Widerscheine,
Den das helle Wasser sandte.

Offen immer steht die Pforte,
Und der Freund weiss, der vertraute,
An der Treppe, feingefiedert,
Grünt das Jahr hindurch die Raute.

Wer durch Tor und Tür hier eintrat,
Jedem Freunde ein Gedenken!
Möge ihn das Jahr mit Licht und
Hellen Tagen reich beschenken.
(Friedr.-Georg Jünger, Sämtl. Gedichte 2, S. 69/70)

Dieses Haus ist das Vorbild für die „Rautenklause" in Ernst Jüngers Roman „Auf den Marmorklippen". Ort der Romanhandlung ist eine südliche Wald- und Seenlandschaft. Der Erzähler zieht sich mit seinem Bruder Otho an die friedlichen Ufer der Marina zurück, um sich in der „Rautenklause" der Kontemplation und der Botanik zu widmen. Erio, der Sohn des Erzählers, und dessen Großmutter gehören mit zum Haushalt. Im Garten lebt eine Brut von Lanzenottern. Hinter den Marmorklippen dehnen sich große Wälder, in denen der „Oberförster", ein früherer Kampfgenosse der Brüder, von dem sie sich aber getrennt haben, mit seinen bewaffneten Banden haust. Bei Gängen in diese Waldgebiete entdeckt der Erzähler Folter- und Todeskammern des Oberförsters. Der Terror breitet sich auch auf die Marina, das Land der Kultur, aus. Zwischen den Bewohnern der Marina und den barbarischen Horden kommt es zum Kampf. Die Siedlungen der Marina brennen ab, auch die Rautenklause wird vernichtet. Ihre Bewohner schiffen sich nach dem Hochland von Alta Plana ein, dessen Fürstensohn sie freudig empfängt. Dieses Werk, Jüngers bekanntester und berühmtester Roman, wurde als Dokument der Auflehnung gegen Unmenschlichkeit und Barbarei, als verschlüsselte Kritik am Herrschaftssystem des Nationalsozialismus gelesen und begrüßt. Die beiden Hauptgestalten sind allerdings keine aktiven Widerstandskämpfer; sie festigen in ihren wissenschaftlichen Studien eine private Gegenposition gegen den „Oberförster", bleiben Beobachter des Untergangs und fliehen in die Freiheit.

Der Roman wurde kurz vor Kriegsbeginn, im August 1939, abgeschlossen und erschien im Herbst desselben Jahres.

Martin Walser schreibt im Hinblick auf seinen Landsmann, den Dichter und Mystiker Heinrich Seuse: „Ich weiß nicht, ob ein Schriftsteller mit der Gegend, aus der er stammt, auch nichts zu tun haben könnte." Diese Überlegung läßt sich auf Walser selbst beziehen, er und sein Werk haben etwas mit dem alemannischen Raum und der Bodenseelandschaft zu tun: Er wurde 1927 in Wasserburg (Bodensee) geboren und lebt seit 1968 in Nußdorf. Für viele seiner Prosawerke bildet diese Gegend den äußeren Rahmen. Wesentlicher aber ist die Eigenart seiner Figuren. „Landschaft, Geschichte, Gesellschaft, in diesen Koordinaten definiert sich nach Walser eine Figur, und für seine Romanhelden sind der schwäbisch-alemannische Zungenschlag und die lokale Historie ebenso wichtig wie die berufliche Existenz." (Michael Töteberg). Seine Figuren, die Halms, Kristleins, Zürns, die in ihrer Alltäglichkeit vorgeführt werden, haben alle Probleme mit ihrer Identitätsfindung. Sie reagieren auf die vielfältigen Anforderungen durch Rückzug und entwickeln eine Überlebensstrategie des Sich-Verstellens. Zwei Versionen dieses Sich-Verstellens werden im „Fliehenden Pferd" dargestellt.

In der Novelle treffen sich durch Zufall zwei Ehepaare in einem Ferienort am Bodensee, es könnte in Überlingen sein. Die Männer waren Schul- und Studienfreunde, hatten sich aber seitdem aus den Augen verloren. Der Studienrat Halm hat seit Jahren resigniert und empfindet das Zusammentreffen als Störung, zumal „dieser Klaus Buch" versucht, die Halms in seinen lärmenden Aktionismus hineinzuziehen. Kern der Erzählung ist ein fast tödlich verlaufender Kampf zwischen den beiden Männern während einer Segelpartie bei einem schweren Sturm. Helmut Halm will in den sicheren Hafen, während Klaus Buch die gefährliche Situation ausleben will. Die Novelle erschien 1978 und wurde auch verfilmt.

Rundgang/Rundfahrt:

Stadtplan Überlingen und Umgebung

1 Susohaus
2 Susodenkmal (Hofstatt)
3 Seepromenade
4 Spaziergang bei der Gletschermühle
  auf den Spuren der „Marmorklippen"

1. Susohaus

In dem schönen mittelalterlichen Haus in der Susogasse sind Dokumente zu Heinrich Seuses Leben und kirchliche Kleinkunst, die das kulturelle Umfeld des Mystikers erschließen kann, zu sehen.

2. Susodenkmal

Die Hofstatt, ein schöner Platz mit Brunnen im Zentrum der Stadt, ist heute Fußgängerzone, und der Besucher hat Muße, die Brunnenfigur, die Heinrich Seuse darstellt, zu betrachten. Stehend und schreibend, um den Kopf einen Kranz von Rosen, so ist der Mystiker dargestellt. Die Rose ist als Symbol der Liebe und des Leidens sein kennzeichnendes Attribut.

3. Seepromenade

So wie in Überlingen gibt es auch in anderen kleinen Städten am Bodensee Seepromenaden mit Cafés, und die Situation, die Walser am Anfang der Novelle „Ein fliehendes Pferd" schildert, kann sich hier und anderswo so abspielen. Eingefangen ist eine typische Ferienatmosphäre am See, aber gleich nach den ersten Sätzen entwickelt sich aus der Situation heraus in den Überlegungen Helmut Halms die eigentliche Thematik des Werkes:

Plötzlich drängte Sabine aus dem Strom der Promenierenden hinaus und ging auf ein Tischchen zu, an dem noch niemand saß. Helmut hatte das Gefühl, die Stühle dieses Cafés seien für ihn zu klein, aber Sabine saß schon. Er hätte auch nie einen Platz in der ersten Reihe genommen. So dicht an den in beiden Richtungen Vorbeiströmenden sah man doch nichts. Er hätte sich möglichst nah an die Hauswand gesetzt. Otto saß auch schon. Zu Sabines Füßen. Er sah aber noch zu Helmut herauf, als wolle er sagen, er betrachte sein Sitzen, so lange Helmut sich noch nicht gesetzt habe, als vorläufig. Sabine bestellte schon den Kaffee, legte ein Bein über das andere und schaute dem trägen Durcheinander auf der Uferpromenade mit einem Ausdruck des Vergnügens zu, der ausschließlich für Helmut bestimmt war. Er verlegte seinen Blick auch wieder auf die Leute, die zu dicht an ihm vorbeipromenierten. Man sah wenig. Von dem wenigen aber zuviel. Er verspürte eine Art hoffnungslosen Hungers nach diesen hell- und leichtbekleideten Braungebrannten. Die sahen hier schöner aus als daheim in Stuttgart. Von sich selbst hatte er dieses Gefühl nicht. Er kam sich in hellen Hosen komisch vor. Wenn er keine Jacke anhatte, sah man von ihm wahrscheinlich nichts als seinen Bauch. Nach acht Tagen würde ihm das egal sein. Am dritten Tag noch nicht. So wenig wie die gräßlich gerötete Haut. Nach acht Tagen würden Sabine und er auch braun sein. Bei Sabine hatte die Sonne bis jetzt noch nichts bewirkt als eine Aufdünsung jedes Fältchens, jeder nicht ganz makellosen Hautstelle. Sabine sah grotesk aus. Besonders jetzt, wenn sie voller Vergnügen auf die Promenierenden blickte. Er legte eine Hand auf ihren Unterarm. Warum mußten sie überhaupt dieses hin- und herdrängende Dickicht aus Armen und Beinen und Brüsten anschauen? In der Ferienwohnung wäre es auch nicht mehr so heiß wie auf dieser steinigen, baumlosen Promenade. Und jede zweite Erscheinung hier führte ein Ausmaß an Abenteuer an einem vorbei, daß das Zuschauen zu einem rasch anwachsenden Unglück wurde. Alle, die hier vorbeiströmten, waren jünger. Schön wäre es jetzt hinter den geraden Gittern der Ferienwohnung. Drei Tage waren sie hier, und drei Abende hatte er Sabine in die Stadt folgen müssen. Jedesmal auf diese Promenade. Leute beobachten fand sie interessant. War es auch. Aber nicht auszuhalten. Er hatte sich vorgenommen, Kierkegaards Tagebücher zu lesen. Er hatte alle fünf Bände dabei. Wehe dir, Sabine, wenn er nur vier Bände schafft. Er wußte überhaupt nicht, was Kierkegaard in seinen Tagebüchern notiert hatte. Unvorstellbar, daß Kierkegaard etwas Privates notiert haben konnte. Er sehnte sich danach, Kierkegaard näherzukommen. Vielleicht sehnte er sich nur, um enttäuscht werden zu können. Er stellte sich diese tägliche, stundenlange Enttäuschung beim Lesen der Tagebücher Kierkegaards als etwas Genießbares vor. Wie Regenwetter im Urlaub. Wenn diese Tagebücher keine Nähe gestatteten, wie er fürchtete (und noch mehr hoffte), würde seine Sehnsucht, diesem Menschen näherzukommen, noch größer werden. Ein Tagebuch ohne alles Private, etwas Anziehenderes konnte es nicht geben. Er mußte Sabine sagen, daß er ab morgen die Abende nur noch in der Ferienwohnung verbringen werde. Er hätte zittern können vor Empörung! Er hier auf dem zu kleinen Stuhl, Leute anstierend, während er in der Ferienwohnung...

Ans Wasser wollte er Kierkegaard nicht mitnehmen. Das hatte er als Fünfzehnjähriger getan. *Zarathustra* hatte er auf dem Bauch liegend gelesen. Snob, der er war, hatte er die französische Übersetzung gelesen. *Ainsi parlait Zarathustra*.

Sabines Vergnügen an den Vorbeiströmenden hatte inzwischen ein Lächeln erzeugt, das sich nicht mehr änderte. Er genierte sich für Sabines Lächeln. Er berührte sie am Oberarm. Wahrscheinlich sollte

man reden miteinander. Ein alt werdendes Paar, das stumm auf Café-
stühlen sitzt und der lebendigsten Promenade zuschaut, sieht komisch
aus. Oder trostlos. Besonders, wenn die Frau noch dieses schon seit
längerem verstorbene Lächeln trägt. Helmut mochte es nicht, wenn die
Umwelt sich über Sabine und ihn Gedanken machen konnte, die
zutrafen. Egal, was die Umwelt über ihn und Sabine dachte, es sollte
falsch sein. Sobald es ihm gelang, Fehlschlüsse zu befördern, fühlte er
sich wohl. *Inkognito* war seine Lieblingsvorstellung. In Stuttgart mußte
er erleben, wie in der Nachbarschaft und in der Schule – und zwar bei
Kollegen und bei Schülern – die Kenntnis über ihn zunahm. An ihm
war der Spitzname *Bodenspecht* hängengeblieben. Das zeigte ihm, daß er
mit einer geradezu höheren Art von Genauigkeit erfaßt, durchschaut
und bezeichnet war. Jedesmal, wenn ihm das Erkannt- und Durch-
schautsein in Schule oder Nachbarschaft demonstriert wurde, die
Vertrautheit mit Eigenschaften, die er nie zugegeben hatte, dann wollte
er fliehen. Einfach weg, weg, weg. Die benützten Kenntnisse über ihn,
deren Richtigkeit er nicht bestätigt hatte. Sie benützten sie zu seiner
Behandlung. Zu seiner Unterwerfung. Zu seiner Dressur. Die wußten
ihn zu nehmen. Und je mehr die ihn zu nehmen wußten, desto größer
wurde seine Sehnsucht, wieder unerkannt zu sein. Wenn jemand von
ihm noch nichts wußte, war noch alles möglich. Leider hatte er das
nicht immer so genau gewußt. Deshalb hatte er jene Vertrautheiten
nicht verhindert. Jetzt blieb ihm nur noch die Flucht. Ein-, zweimal im
Jahr. Der Urlaub eben. Im Urlaub probierte er Gesichter und Beneh-
mensweisen aus, die ihm geeignet zu sein schienen, seine wirkliche
Person in Sicherheit zu bringen vor den Augen der Welt. Unerreichbar
zu sein, das wurde sein Traum.
(Martin Walser, Ein fliehendes Pferd, S. 9–13)

Die für Helmut Halm bezeichnende Haltung des Fliehens und Sich-
Zurückziehens ist ein von Walser immer wieder aufgenommenes Thema,
unter anderem auch in seinem 1986 veröffentlichten Gedicht „Rückzug":

Rückzug

Der graue Herbst entspricht mir sehr.
Im Nebel kann man schweigen lernen.
Solang ich noch Stimmen hör,
werd ich mich entfernen.
(Martin Walser, Heilige Brocken, S. 76)

4. Spaziergang bei der Gletschermühle – auf den Spuren der „Marmorklippen"

Um die Gletschermühle zu erreichen, fahren Sie durch die Bahnhofstraße am Bahnhof vorbei bis zur Abzweigung nach Goldbach. Links, zwischen Bahnlinie und Seeufer, liegt die kleine *Sylvesterkapelle*, bei der sich eine Besichtigung lohnt (Schlüssel am nördlichen Dorfende von Goldbach im Haus Nr. 10 bei Kuchler). Im Innern dieses Goldbacher Kirchleins sind Reste von wertvollen Fresken aus dem 10. Jahrhundert zu sehen. Es handelt sich um Werke aus der Reichenauer Malschule, wie in St. Georg in Reichenau-Oberzell ein seltenes Zeugnis ottonischer Monumentalmalerei (siehe Kapitel *Insel Reichenau*).

Von dem Goldbacher Kirchlein aus sind die sogenannten *Heidenhöhlen*, Wohnhöhlen aus prähistorischer Zeit, besonders gut zu sehen. Die steil aufsteigenden Molassefelsen an diesem besonders eindrucksvollen Uferabschnitt waren vor dem Bahn- und Straßenbau nur vom See her zu erreichen.

Sie fahren nun durch Goldbach, überqueren auf einer Brücke die B 31 und biegen gleich danach links in das kleine Sträßchen ein. Stellen Sie Ihren Wagen an geeigneter Stelle ab und gehen Sie auf dem bezeichneten Weg zur Gletschermühle. Die Gletschermühle ist ein in der Eiszeit entstandener Riesentopf, der von Gletscherstrudeln ausgemahlen wurde.

Der Spaziergang führt gleich hinter der Gletschermühle weiter auf den bezeichneten Wanderweg Richtung Hödingen und bietet immer wieder herrliche Aussichten über den See. Einen besonders schönen Aussichtspunkt erreichen Sie nach etwa 15 Minuten bei drei hohen Pappeln. Dieser literarische Spaziergang auf den Spuren der „Marmorklippen" folgt Ernst Jüngers eigenen Hinweisen:

Modelle zu den Marmorklippen: der Felsenhang beim Leuchtturm von Mondello, an dem ich mit dem Magister kletterte. Sodann der Gang von Korfu nach Kanoni, das Rodinotal auf Rhodos, der Blick vom Kloster Suttomonte hinüber nach Korcula, der Feldweg von der Gletschermühle nach Sipplingen am Bodensee...

Der Autor ist verpflichtet, viel zu reisen, um zu erfahren, was die Erde zu bieten hat. Dann aber müssen die Bilder sich mischen und verflüssigen wie Honig, der aus vielen Blüten eingetragen ist. Nur aus den *Elementen* der Erinnerung fließt dem Geist die Nahrung zu.

(Ernst Jünger, Sämtl. Werke, Bd. 2, Strahlungen I, S. 34)

Durch diese Vermischung entsteht im Roman eine bewußt gestaltete Kunstlandschaft. Auch wenn der Leser nur in Anspielungen erfährt, wo sich die „Große Marina" befinden könnte, lassen sich die typischen Elemente der Bodenseelandschaft deutlich erkennen: im Süden, jenseits der „Marina" – des Bodensees – das „freie Bergland von Alta Plana" – die Schweiz –, die Inseln der Marina – die Mainau –, am Ufer Städte aus der Römerzeit – Konstanz, Bregenz –, „altersgraue Merowingerschlösser" – Meersburg – und im Rücken, nach Norden die „Campagna" – das bäuerliche Hinterland des Bodensees.

Aussicht vom Wanderweg Gletschermühle – Hödingen.

Wenn man die Höhe der Marmorklippen erstieg, war das Gebiet, darin er (der Oberförster) die Gewalt erstrebte, in seinem vollen Umfang einzusehen. Um auf die Zinne zu gelangen, pflegten wir die schmale Treppe zu erklimmen, die bei Lampusas Küche in den Fels geschlagen war. Die Stufen waren vom Regen ausgewaschen und führten auf eine vorgeschobene Platte, von der man weithin in die Runde sah. Hier weilten wir manche Sonnenstunde, wenn die Klippen in bunten Lichtern strahlten, denn wo am blendend weißen Fels die Sickerwässer nagten, da waren rote und falbe Fahnen in ihn eingesprengt. In mächtigen Behängen fiel das dunkle Efeulaub von ihm herab, und in den feuchten Schrunden funkelten die Silberblätter der Lunaria.

Beim Aufstieg streifte unser Fuß die roten Brombeerranken und schreckte die Perlenechsen auf, die sich grünleuchtend auf die Zinnen flüchteten. Dort, wo der fette, mit blauem Enzian gesternte Rasen überhing, waren von Kristallen gesäumte Drusen in den Fels gebettet, in deren Höhlen die Käuzchen träumend blinzelten. Auch nisteten die schnellen rostbraunen Falken dort; wir schritten so nah an ihrer Brut vorbei, daß wir die Nüstern in ihren Schnäbeln sahen, die eine feine Haut gleich blauem Wachse überzog.

Hier auf der Zinne war die Luft erquickender als unten im Kessel, wo die Reben im Glaste zitterten. Zuweilen preßte die Hitze einen Windschwall hoch, der in den Schrunden sich melodisch wie in Orgelpfeifen fing und Spuren von Rosen, Mandeln und Melisse mit sich trug. Von unserem Felsensitze sahen wir das Dach der Rautenklause nun tief unter uns. Im Süden, jenseits der Marina, ragte im Schutze seiner Gletschergürtel das freie Bergland von Alta Plana auf. Oft waren seine Gipfel vom Dunst, der aus dem Wasser stieg, verhüllt, dann wieder war die Luft so rein, daß wir die Zirbelhölzer unterschieden, die dort bis hoch in die Gerölle vorgeschoben sind. An solchen Tagen spürten wir den Föhn und löschten im Haus die Feuer über Nacht.

Oft ruhte unser Blick auch auf den Inseln der Marina, die wir im Scherz die Hesperiden nannten und an deren Ufern Zypressen dunkelten. Im strengsten Winter kennt man auf ihnen weder Frost noch Schnee, die Feigen und Orangen reifen in freier Luft, die Rosen tragen das ganze Jahr. Zur Zeit der Mandel- und der Aprikosenblüte läßt sich das Volk an der Marina gern hinüberrudern; sie schwimmen dann wie helle Blumenblätter auf der blauen Flut. Im Herbst dagegen schifft man sich ein, um dort den Petersfisch zu speisen, der in gewissen Vollmondnächten aus großer Tiefe zur Oberfläche steigt und überreich die Netze füllt. Die Fischer pflegen ihm schweigend nachzustellen, denn sie meinen, daß selbst ein leises Wort ihn schreckt und daß ein Fluch den Fang verdirbt. Auf diesen Fahrten zum Petersfisch ging es stets fröhlich zu; und man versorgte sich mit Wein und Brot, da auf den Inseln die Rebe nicht gedeiht. Es fehlen dort die kühlen Nächte im Herbst, in denen der Tau sich auf die Trauben schlägt und so ihr Feuer durch eine Ahnung des Unterganges an Geist gewinnt.

An solchen Feiertagen mußte man auf die Marina blicken, um zu ahnen, was Leben heißt. Am frühen Morgen drang die Fülle der Geräusche hier herauf – ganz fein und deutlich, wie man Dinge im umgekehrten Fernrohr sieht. Wir hörten die Glocken in den Städten und die Böller, die den bekränzten Schiffen in den Häfen Salut entboten, dann wieder die Gesänge frommer Scharen, die zu den Wunderbildern wallten, und den Ton der Flöten vor einem Hochzeitszug. Wir hörten das Lärmen der Dohlen um die Wetterfahnen, den Hahnenschrei, den Kuckucksruf, den Klang der Hörner, wie sie die Jägerburschen blasen, wenn es zur Reiherbeize aus dem Burgtor geht. So wunderlich klang alles dies herauf, so närrisch, als sei die Welt aus buntem Schelmentuch gestückt – doch auch berauschend wie Wein am frühen Tag.

Tief unten säumte die Marina ein Kranz von kleinen Städten mit Mauern und Mauertürmen aus Römerzeiten, hoch von altersgrauen Domen und Merowingerschlössern überragt. Dazwischen lagen die fetten Weiler, um deren Firsten Taubenschwärme kreisten, und die von Moos begrünten Mühlen, zu denen man im Herbst die Esel mit den Maltersäcken traben sah. Dann wieder Burgen, auf hohen Felsenspitzen eingenistet, und Klöster, um deren dunkle Mauerringe das Licht in Karpfenteichen wie in Spiegeln funkelte.

Wenn wir vom hohen Sitze auf die Stätten schauten, wie sie der Mensch zum Schutz, zur Lust, zur Nahrung und Verehrung sich errichtet, dann schmolzen die Zeiten vor unserm Auge innig ineinander ein. Und wie aus offenen Schreinen traten die Toten unsichtbar hervor. Sie sind uns immer nah, wo unser Blick voll Liebe auf altbebautem Lande ruht, und wie in Stein und Ackerfurchen ihr Erbe lebt, so waltet ihr treuer Ahnengeist in Feld und Flur.

In unserm Rücken, gegen Norden, grenzte die Campagna an; sie wurde von der Marina durch die Marmorklippen wie durch einen Wall getrennt. Im Frühling dehnte dieser Wiesengürtel sich als ein hoher Blumenteppich aus, in dem die Rinderherden langsam weideten, wie schwimmend im bunten Schaum. Am Mittag ruhten sie im sumpfig kühlen Schatten der Erlen und der Zitterpappeln, die auf der weiten Fläche belaubte Inseln bildeten, aus denen oft der Qualm der Hirtenfeuer stieg. Dort sah man weit verstreut die großen Höfe mit Stall und Scheuer und den hohen Stangen der Brunnen, die die Tränken wässerten.

(Ernst Jünger, Sämtl. Werke, Bd. 15, S. 269–272)

Ruine Hohenfels – Burkhard von Hohenfels

Das nächste Ziel auf unserer Route ist die Ruine Hohenfels, die ehemalige Burg des Minnesängers Burkhard von Hohenfels. Sie erreichen diese Ruine von Sipplingen aus auf einem bezeichneten Wanderweg (Weg Nr. 4, gleichzeitig geologischer Lehrpfad) in einem etwa halbstündigen Aufstieg. Der Wanderweg beginnt am nordwestlichen oberen Ortsrand von Sipplingen. Sie können die Ruine Hohenfels aber auch auf einem kürzeren Weg von oben, vom Haldenhof her erreichen. Wenn Sie diesen Ausgangspunkt wählen, fahren Sie auf der B 31 weiter und biegen gleich hinter Ludwigshafen nach rechts ab in Richtung Bonndorf.

Kurz vor dem Ort führt ein Sträßchen rechts ab zum Gasthaus Haldenhof (ausgeschildert). Vom Haldenhof aus haben Sie die schönste Aussicht auf den Überlinger See. Direkt beim Gasthaus führt der Weg Nr. 4 zur Ruine Hohenfels hinunter.

Oberhalb von Sipplingen, hoch über dem See, stand die Burg der Herren von Hohenfels, Ministerialen des Bischofs von Konstanz. Von 1216 bis 1242 ist der Ritter und Minnesänger Burkhard von Hohenfels urkundlich bezeugt. Von der Burg, auf der er lebte und dichtete, stehen heute im Wald versteckt nur noch einige Mauerreste. Vom Leben Burkhards ist wenig überliefert, aber so, wie er sich in seinen Gedichten selbst charakterisiert, war er ein gewandter, aktiver und selbstbewußter Mann: „Ich kann Dinge ohnegleichen, ich kann jagen, schießen, schwimmen, ich kann alle Ritterschaft, ich kann werfen, rennen, klimmen, ich besitze List und Kraft."

Als Dichter ist Burkhard von Hohenfels unter den vielen epigonalen Minnesängern des 13. und 14. Jahrhunderts im Bodenseeraum eine originelle und lebensfrohe Gestalt; in seinen Liedern besingt er Liebe, Jagd, Tanz und Lebensfreude. Insgesamt 18 Lieder und eine Miniatur von ihm sind in der berühmten Heidelberger Liederhandschrift, der sogenannten Manessischen Handschrift, überliefert. Diese Handschrift wurde Anfang des 14. Jahrhunderts, wohl auf Anregung des kunstsinnigen Zürcher Patriziers Rüdeger Manesse, zusammengestellt; sie ist die umfangreichste und kostbarste der großen Sammelhandschriften des Minnesangs.

Natur und Liebe, dies sind auch die Themen in Burkhards Frühlings-Tanzlied, einem mittelalterlichen „reien". Unter der Devise von Freude und Freiheit schildert Burkhard ein Tanzvergnügen. Er beginnt mit einer ungewöhnlichen Naturschilderung, einem Frühlingsgewitter, das er mythisch überhöht zur „Heiligen Hochzeit" von Himmel und Erde. Die Frucht dieser „Hochzeit" ist der Frühlingsschmuck der Erde. Mit dem Perspektivenwechsel der zweiten Strophe beginnt die lebendige Schilderung einer Tanzszene in der Scheune. Die Schlußstrophe weist wieder zum Anfang zurück, die blumenbekränzte Geliebte korrespondiert mit der blumengeschmückten Erde:

Dô der luft mit sunnen fiure
wart getempert und gemischet,
Dar gab wazzer sîne stiure,
dâ wart erde ir lîp erfrischet.
Dur ein tougenlîchez smiegen
wart sî vreuden frühte swanger:
daz tet luft, in wil niht triegen,
schowent selbe ûz ûf den anger:
fröide unde frîheit
ist der werlte für geleit.

Uns treib ûz der stuben hitze,
regen jagte uns în ze dache;
Ein altiu riet uns mit witze
in die schiure nâch gemache.
Sorgen wart dâ vil vergezzen,
trûren muose fürder strîchen:
fröide hâte leit besezzen
dô der tanz begunde slîchen.
fröide unde frîheit
ist der werlte für geleit.

Diu vil süeze stadelwîse
kunde starken kumber krenken.
Eben trâtens unde lîse:
mengelîch begunde denken
Waz im aller liebest waere.
swer im selben daz geheizet,
dem wirt ringe sendiu swaere:
guot gedenken fröide reizet.
fröide unde frîheit
ist der werlte für geleit.

Heinlîch blicken, sendez kôsen
wart dâ von den megden klâren.
Zühteclîch sî kunden lôsen,
minneclîch was ir gebâren.
Hôher muot was dâ mit schalle
nâch bescheidenheite lêre:
wunderschoene wârens alle.
fröide unde frîheit
ist der werlte für geleit.

Sûsâ wie diu werde glestet!
sîst ein wunneberndez bilde,
sô sî sich mit bluomen gestet:
swer sî siht, demst trûren wilde;
Des giht manges herze und ougen.
ein dinc mich ze fröiden lücket:
sîst mir in mîn herze tougen
stahelherteclîch gedrücket.
fröide unde frîheit
ist der werlte für geleit.

Als die Luft mit Sonnenfeuer
ward erwärmet und gemischt,
bracht auch Wasser seine Steuer,
hat der Erde Leib erfrischt.
Von dem heimlichen Umfangen –
Luft vermochts, bei meinem Schwur –
hat sie Freuden-Frucht empfangen:
seht es draußen auf der Flur!
Frohes, freies Leben
ist der Welt gegeben.

Triebs uns aus der dumpfen Stube,
jagt uns Regen unters Dach,
Da wies listig eine Alte
uns die Scheune als Gemach.
Da war aller Harm vergangen,
Kummer mußt sich fortbewegen,

Freude hielt das Leid gefangen:
Tanz begann sich nun zu regen.
Frohes, freies Leben
ist der Welt gegeben.

In der Scheun die frohe Weise
scheucht den Kummer nun von hinnen.
Gleichen Trittes gings und leise,
jeder fing nun an zu sinnen,
was das Liebste wär von allem.
Wer das bei sich selbst bedacht,
wird wohl kaum in Schwermut fallen:
Rechtes Denken Freud entfacht!
Frohes, freies Leben
ist der Welt gegeben.

Heimlich Zwinkern, zart Verlangen
fand ich bei den Mägdlein hier,
sittsam wurde umgegangen,
Anmut war ihr' schönste Zier.
Frohsinn wurde dort mit Schalle
zur Bescheidenheit gesellt.
Wunderlieblich waren alle.
Frohes, freies Leben
ist der Welt gegeben.

Heißa, wie die Schönste glänzet!
Welch ein Anblick aller Wonnen,
wie sie sich mit Blumen kränzet,
da ist aller Schmerz zerronnen,
das gesteht manch Herz und Blick.
Eines macht mich froh bewegt,
daß sie heimlich meinem Herzen
fest wie Stahl ist eingeprägt.
Frohes, freies Leben
ist der Welt gegeben.
(zitiert nach Wentzlaff-Eggebrecht, Dichtung des Bodenseegebiets, S. 98–101)

Bodman – Gustav Schwab

Die literarische Route führt nun nach Bodman, das Sie über Ludwigshafen erreichen. So wie J. Riegel den Ort Bodman auf seinem Stich wiedergibt, hat Gustav Schwab das Dorf auf seiner Bodenseereise 1825 gesehen. Zwei Jahre später erschien sein Bodensee-Handbuch, in dessen „poetischem Anhang" das folgende Gedicht veröffentlicht wurde:

Bodman mit Ruine Hohenbodman und Schloß Frauenberg, um 1860.

Im kupfernen Kessel von Bodmann zu singen.

Im Kessel zu Bodmann, da steh' ich zur Stund',
Soll leeren Becher bis auf den Grund,
Den Becher, gefüllet mit Königswein,
Herr Karol ihn pflanzt' auf dem Felsengestein.

Und was gezogen der mächtige Frank',
Ein freyer Schwabe jetzt erndet's mit Dank,
Er sperrt's in den Keller nicht feindlich ein,
Er ruft den Fremdling zum Trunk herein.

Und wie in den Becher mein Auge schaut,
Das Dunkel der alten Geschichten ihm graut,
Und wie der Wein an die Lippe mir schwillt,
Die Sage hervor schon, die sprudelnde quillt.

Sie saßen zu Bodmann beym fröhlichen Mahl,
Der Vater, die Mutter, die Kinder im Saal,
Die Söhne, die Töchter, wie Rosen und Schnee,
Das edelste, schönste Geschlecht am See.

Viel Gäste beglänzet vom Sonnenschein,
Sie tranken und sangen beym Königswein,
So wie ich heut trink' und heut singe mein Lied;
Der Abend von festlicher Lust sie nicht schied.

Die Nacht kam heran mit Wetter und Wind,
Des stürmischen Sees verstohlenem Kind,
Die Wolken sammeln sich über dem Haus,
Doch gehen die Lampen im Schlosse nicht aus.

Die Gäste sie tanzen Thür' aus und Thür ein,
Die Wolken auch führen den nächtlichen Reihn,
Es sprühen die Fackeln in Gang und Saal,
Die Blitze die spähen mit bleichem Strahl.

Und in der Schalmey und der Flöte Gesang
Spielt heimlich des Donners begleitender Klang,
Noch rauschet im Saale das Spiel und der Witz,
Da schlägt durch die Decke der zackigte Blitz.

Und Flammen umwölken den mächtigen Saal,
Ersticken die Gäste, verzehren das Mahl,
O Wasser und Himmel, wie glänzt ihr so hell,
O herrlich Geschlecht, wie vergehst du so schnell!

Der Vater, die Mutter, sie liegen schon;
Ach, dringt zu der Thüre kein blühender Sohn?
Die zuckende Flamme läßt keinen hinaus,
Es fällt auf die Leichen das wankende Haus.

Da dringt durch Flammen und Feuers Schwal
Die Amme, die treue, heraus auf den Wall,
Sie hat es enthoben der Wiege geschwind,
Sie trägt auf den Armen ein wimmerndes Kind.

Sie stößt einen Kessel durch Glut und Flamm',
Im Schloß ist verlodert der edle Stamm,
Da schließt sie besonnen ins eherne Haus
Das Zweiglein, das letzte, und schleudert's hinaus.

Es rollet der Kessel den Berg hinab;
O Kind ist's dein Wieglein, ist's nicht dein Grab?
Die Dienerin folgt ihm mit Mutterblick,
Und sinkt in die Flammen des Hauses zurück.

In Trümmern die Burg lag ein manches Jahr,
Bis daß das Knäblein erwachsen war,
Da baute stolz über Schutt und Graus
Der letzte Bodmann sein steinernes Haus.

Der letzte Bodmann der erste ward,
Er zeugte Söhne von edler Art,
Und liebliche Töchter und Enkel so hold,
Die Flamm' hat im Kessel geläutert das Gold.

Und Vater und Mutter beim fröhlichen Mahl,
Und Kinder noch heut in dem festlichen Saal,
Sie sitzen, sie trinken vom Königswein,
Sie schenken dem Wandrer ihn freundlich ein.

Im Kessel, daraus ist erblühet das Haus,
Im Kessel soll er ihn trinken aus,
Er soll der versunkenen Ahnen mit Fug,
Soll der Amme gedenken bey jedem Zug.

Mein Lied ist gesungen, wie wird mir zu Muth?
Ich träume von Flammen, ich spüre die Glut,
Es drehet der Kessel, der eherne, sich,
Wald, Himmel und Wasser umtaumeln mich.

Doch heißet im Kopf mich der Königswein,
Getrost bey dem Wunder, dem seltsamen, seyn;
Er rettet mich glücklich durch jede Gefahr,
Der Kessel steht stille, mein Auge wird klar.

Es schauet die Burg und den See und das Land,
Gott hüte Haus und Geschlecht vor Brand!
Und will er Flammen ja senden hinein,
So seyen es Ströme von Königswein!
(Gustav Schwab, Der Bodensee, S. 510–512)

Schwab hat in dieser Ballade eine lokale historische Begebenheit aufgegriffen. Die Stammburg der Herren von Bodman, die damals auf dem Frauenberg stand, wurde am 16. September 1307 Schauplatz einer Katastrophe. Ein Blitzschlag setzte die Burg in Brand, die Familie kam im Feuer um, nur der Erbe Johannes von Bodman, damals noch ein Säugling, wurde von seiner Amme gerettet, indem sie das Kind in einen ehernen Kessel packte und den steilen Burgberg hinabrollen ließ. Später wurde auf der Brandstätte auf dem Frauenberg eine Marienkapelle errichtet. 1612 erfolgte der Bau des noch heute stehenden Schlosses Frauenberg, in der barocken Schloßkapelle sind Reste der gotischen Kapelle erhalten. Ihre Burg aber, heute eine eindrucksvolle Ruine, bauten die Herren von Bodman auf dem benachbarten Wartberg wieder auf.

Dieser „Königswein", den Schwab im Gedicht zum Wohle derer von Bodman trinkt, wird auch heute noch auf dem gleichen Weinberg in Bodman gezogen und kann in der Schloßkellerei Bodman probiert und gekauft werden. Der eherne Kessel aber ist nicht mehr zu besichtigen, er wird im Schloß von Bodman aufbewahrt.

1. Königsweingarten (Kaiserpfalzstr.)

Bodman war seit dem 8. Jahrhundert eine karolingische Kaiserpfalz. Kaiser Karl III., der Dicke, ließ bereits im 9. Jahrhundert in seinem Bodmaner Weingarten die aus Burgund eingeführte blaue Spätburgunderrebe anbauen. Das Königsgut Bodman wurde im 13. Jahrhundert samt dem Königsweingarten den Herren von Bodman übertragen, die auch heute noch hier den blauen Spätburgunder ziehen.

2. Schloß Frauenberg

Das Schloß Frauenberg erreichen Sie entweder von Bodman aus in einer halben Stunde auf einem bezeichneten, steilen Wanderweg, der hinter dem Schloß beginnt, oder bequemer von oben, vom Wanderparkplatz beim Gut Bodenwald aus in etwa 15 Minuten. Dieser Wanderparkplatz liegt dicht an der Strecke zur nächsten Station der Route (s. S. 65).

In der auf dem Gelände der einstigen Burg stehenden spätbarocken Schloßkapelle befindet sich links neben dem Chor ein Wandbild des Stuttgarter Malers Gutekunst von 1846, auf dem die Errettung des kleinen Johannes von Bodman dargestellt ist. Ein großes Tafelbild aus dem 19. Jahrhundert, an der Rückwand der Kapelle, erinnert an die beim Brand umgekommenen Burgbewohner.

Dettingen-Burghof – Heinrich von Tettingen

Verlassen Sie Bodman Richtung Radolfzell und biegen Sie nach etwa 2 km nach links Richtung Liggeringen/Dettingen ab. Wer das Schloß Frauenberg von oben her erreichen will, fährt auf der Höhe beim Waldaustritt das kleine Sträßchen scharf nach links bis zum Wanderparkplatz beim Gut Bodenwald, wo der Wanderweg nach Frauenberg beginnt.

Im andern Fall fahren Sie weiter bis Dettingen. An der Kreuzung im Ort biegen Sie nach links in Richtung Wallhausen und parken kurz vor Wallhausen links am Waldrand auf dem Waldparkplatz „Eulenbach". Auf dem schönen und bequemen „Burghofweg" (Weg Nr. 11) kommen Sie in etwa 20 Minuten zu dem mit seinem Staffelgiebel schon von weitem sichtbaren kleinen Schlößchen aus dem 17. Jahrhundert. Ein kleiner Pfad führt rechts um das Anwesen herum zu den Resten der alten Burg des Minnesängers Heinrich von Tettingen, steil über dem See gelegen.

Ungefähr ein halbes Jahrhundert nach Burkhard von Hohenfels, zwischen 1258 und 1300 urkundlich bezeugt, lebte am Südufer des Überlinger Sees der Minnesänger Heinrich von Tettingen. Von seiner Burg, von der noch Graben und Mauerreste erhalten sind, konnte man im Mittelalter, als die Burgberge nicht bewaldet waren, am gegenüberliegenden Uferhang die Burg des Hohenfelsers sehen. Von Heinrich von Tettingen sind nur zwei Lieder überliefert. In der Manessischen Handschrift, in der jedem Minnesänger ein ehrenvolles und typisches Bild gewidmet ist, erscheint Heinrich von Tettingen in der schmachvollsten Lage, in die ein Ritter geraten kann: gefangen und entehrt wird er von zwei bewaffneten Knechten abgeführt. Warum er in diese Situation, die offensichtlich noch Jahrzehnte später bei der Entstehung der Sammelhandschrift bekannt war, gekommen ist, kann nur vermutet werden. Möglicherweise war er in einen urkundlich nachgewiesenen Streit mit dem Deutschorden verwickelt, vielleicht hängt seine Gefangennahme aber auch mit einer in Urkunden erwähnten Brandstiftung zusammen.

In dem aus dem 17. Jahrhundert stammenden, idyllisch hoch über dem See gelegenen Schlößchen „Burghof", das heute als Dienst- und Wohnhaus des Försters dient, gibt es einige Gästezimmer.

Fahren Sie nun über Wallhausen und Litzelstetten zum Fährhafen Konstanz-Staad und mit der ständig verkehrenden Autofähre zurück nach Meersburg. Genießen Sie die kurze Fahrt (etwa 15 Minuten) über den See und den schönen Blick auf Meersburg und das Glaserhäuschen, das Sie links von der Stadt am Hang entdecken.

Route Lindau/Obersee

Die Weite des „Schwäbischen Meeres", das ist der landschaftlich bestimmende Eindruck auf dieser Fahrt entlang den Ufern des Obersees. Mittelpunkt der literarisch vielgestaltigen Route ist die Stadt Lindau. Von dort aus schlagen wir zwei Fahrten vor: einmal in die österreichische Stadt Bregenz und zum andern nach Westen über Wasserburg, Selmnau bis Langenargen.

Literarische Stationen:

LINDAU –	Die Stadt des „Lieben Augustin"
BREGENZ –	Raabes Erzählung aus dem Dreißigjährigen Krieg
WASSERBURG –	Martin Walser: „Von Wasserburg an"
ANTONIUSKAPELLE	Mörikes „Idylle vom Bodensee"
bei SELMNAU –	
LANGENARGEN –	Annette von Droste-Hülshoffs „romantisches Bodensee-Erlebnis"
LINDAU	

Entfernungen (Orientierungswerte):

Lindau – Bregenz	: 10 km
Bregenz – Wasserburg	: 16 km
Wasserburg – Antoniuskapelle	: 3 km
Antoniuskapelle – Langenargen	: 9 km
Langenargen – Lindau	: 17 km

Route Lindau/Obersee

Lindau – Horst Wolfram Geißler/August Strindberg/ Friedrich Hölderlin

„Es gibt keinen größeren Gegensatz als der zwischen Frascati und Lindau ist, aber auch hier ist ein Paradies" schrieb der von italienischen Landschaften verwöhnte Ferdinand Gregorius 1868 während eines Aufenthalts in Lindau auf dem Weg nach Rom. Die besondere Lage der Stadt auf einer Insel im See und die gartenhafte Umgebung verleihen Lindau einen heiteren, freundlichen Charakter.

Horst Wolfram Geißler, der ein Gespür für das Atmosphärische eines Ortes und einer Landschaft hatte, wählte Lindau als Wohnort seines lieben Augustin. Der schwedische Dichter August Strindberg, der ein Jahr in Lindau lebte, gestaltete in seiner kurzen Erzählung „Der letzte Schuß" eine Episode aus der Belagerung der Stadt durch die Schweden im Dreißigjährigen Krieg. Für den schwäbischen Dichter Hölderlin war Lindau der erste heimatliche Ort bei seiner Rückkehr aus der Schweiz.

Hölderlin kam im April 1801 im Ruderboot über den See. Er befand sich auf der Heimreise von Hauptwil nach Nürtingen (siehe Kapitel *Hauptwil*). Trotz seiner bedrückenden äußeren Lage war er offenbar in einer seelischen Hochstimmung, die den Charakter der großen Elegie „Heimkunft" bestimmt.

August Strindberg lebte mit seiner Familie fast ein Jahr lang, von Februar bis Spätherbst 1887 auf dem Eichbühl in Lindau, er war damals 38 Jahre alt. Er hatte 1882 in einer radikalen Polemik „Das neue Reich" die schwedische Gesellschaft angegriffen und sich so unbeliebt gemacht, daß er im folgenden Jahr Schweden verließ und mit seiner Frau und seinen zwei Töchtern sechs Jahre lang durch Frankreich, die Schweiz, Deutschland und Dänemark reiste. Die Zeit in Lindau war für Strindberg persönlich eine schwere und kritische Zeit; in seiner Ehe kam es zur Krise, drei Jahre später wurde sie geschieden. Diese Krise spiegelt sich in der im Februar 1887 in Lindau entstandenen Tragödie „Der Vater", ein autobiographisches Stück der Selbstanalyse und des Frauenhasses. Erstaunlich ist, daß in der Lindauer Zeit auch sein heiterstes und unbeschwertestes Buch entstand, „Die Leute von Hemsö", ein Roman, der das Leben in den schwedischen Schären schildert, ein „Intermezzo scherzando", wie Strindberg selbst schrieb. Auf die Eindrücke der Lindauer Zeit geht auch die kurze Erzählung „Der letzte Schuß" zurück, die allerdings erst 1890, nach der Rückkehr Strindbergs nach Schweden, geschrieben wurde. Sie wurde in der Reihe „Schwedische Schicksale und Abenteuer" veröffentlicht, einem großangelegten Novellenzyklus, in dem Strindberg eine zusammenhängende schwedische Kulturgeschichte vom Mittelalter bis zur Neuzeit vorlegen wollte. Allerdings wurde nur der erste Band vollständig ausgeführt, schon der zweite Band, zu dem „Der letzte Schuß" gehört, blieb fragmentarisch, schließlich gab Strindberg den ehrgeizigen Plan auf.

„Der letzte Schuß" spielt am Ende des Dreißigjährigen Krieges während der Belagerung Lindaus durch die Schweden. Schauplatz der Handlung ist das Gasthaus „Zur Krone" in Lindau. Im Gegensatz zu Raabes Erzählung aus dem Dreißigjährigen Krieg, „Der Marsch nach Hause" (siehe Kapitel *Bregenz*), in der die humorvollen, versöhnlichen Aspekte überwiegen, betont Strindberg in seiner Erzählung die Untaten und Greuel des Krieges. In der seit Wochen belagerten Stadt Lindau machen sich Hunger und Verzweiflung unter den Bürgern breit, und der Wunsch, die Stadt zu übergeben, wird immer drängender. Aber der Bürgermeister verweigert die Schlüssel zur Übergabe, denn er, der bei einem früheren Überfall auf schreckliche Weise seine Frau und seine Tochter verloren hat, fürchtet mehr als Hunger und Verzweiflung die Übergriffe der schwedischen Soldaten und will die Ehre der Stadt und ihrer Bürger nicht preisgeben. Er behält mit seinem unbeugsamen Verhalten recht, denn die schwedische Kanonenkugel, die an diesem Tag im Gasthaus „Krone" einschlägt, ist die letzte; nach 30 Jahren trifft die Nachricht vom Friedensschluß ein.

Bei der Verleihung des Goldenen Bürgerrings der Stadt Lindau an Horst Wolfram Geißler 1968 sagte der Schriftsteller in seiner Dankrede über die Gestalt des lieben Augustin: „Es läßt sich nicht verkennen, daß diese Gestalt auf fast wunderbare Weise sich in die Tradition Lindaus eingefügt hat, ohne sie würde irgend etwas fehlen." Lindau ist aber nur eine, wenn auch die wichtigste Station am Bodensee, wo die fast volkstümlich gewordene Romanfigur, der liebe Augustin, lebt. Wasserburg, Meersburg und Bregenz sind weitere Schauplätze der Handlung.

Den Plan zu diesem Bodensee-Roman, dem erfolgreichsten seiner Bücher, hatte der junge Schriftsteller 1919 gefaßt, als er zum erstenmal am See war. Über die Konzeption und Entstehung des Romans schrieb er 30 Jahre später:

Der Bodensee, den ich im Frühjahr 1919 zum ersten Male sah, wirkte auf mich doppelt stark, denn wenige Monate vorher war ich noch Soldat gewesen. Nun aber waren Krieg und Zwang vorüber, eine friedliche und überaus sanfte Weite umleuchtete mich mit allen Farben, hier begegneten sich, je nach der Tageszeit weich ineinander übergehend, der silberne Frühdunst des Nordens mit dem entschiedenen Glanze des Südens, vor den noch schneebedeckten Gipfeln der Schweizer Berge schimmerte der große See, überspielt von den zartesten Tönungen eines Lichts, das von grünen Hügeln gleich freudig aufstieg, wie es aus jener Gipfelferne und den wunderbar geordneten Wolken herabfloß.

Als Gast in einem Uferschlößchen auf der Insel Reichenau, mir selbst überlassen, erlebte ich den schönsten Frühling auf einsamen Fahrten und Wanderungen, nicht nur von der wahrhaft süßen Landschaft immer tiefer bezaubert, sondern auch mehr und mehr umdrängt von der Geschichte vieler Jahrhunderte und ihren Gestalten, die ja am Bodensee gegenwartsnäher erscheinen als anderswo, weil der Unter- und Hintergrund sich nicht ändert: der See, nach menschlichem Ermessen ewig. Mit welch tiefem, stillem Erleben sah ich das Münster auf der Reichenau, den Hohentwiel, den weit über den See hinblickenden Friedhof zu Meersburg mit den Gräbern von Mesmer und Annette, während tief unten winzige weiße Segel auf dem blauen Glanze standen!

Dies alles klang in der sanftesten Harmonie zusammen noch wohltuender gewiß durch das unmittelbar vorhergegangene Erlebnis des Krieges.

Ob man dieses ganze Wesen, die Landschaft in einem Buche wiedergeben könnte?

Mit einer Beschreibung ist es nicht getan, man müßte versuchen, eben jenes Gesamtwesen ins Menschliche zu übersetzen – eine Erzählung also, vielleicht ein Roman, dessen Personen die Eigenart dieser besonderen Welt verkörpern und also deutlich werden lassen.

Es ist vielleicht nicht unnötig, zu bemerken, daß ich damals sechsundzwanzig Jahre alt war. In solcher Jugend traut man sich vieles zu, worüber man sich später wundert. Die Anregung war also da, die Landschaft mußte den Ausgangspunkt und ihre Wiedergabe das Ziel bilden. Wieviel aber lag zwischen Ausgangspunkt und Ziel! Die Landschaft des Bodensees ist alles – heroisch aber ist sie nicht. Wollte ich einen Menschen bilden, in dem die Landschaft sich wesentlich spiegelt, so durfte er gewiß kein Held im hergebrachten Sinne sein. Aber damit wurde die Sache nur noch schwieriger. Wie muß ein Held aussehen, der keiner ist?

Es bedurfte mehrerer Monate, bis ich mir darüber einigermaßen klar wurde. Man geht da so herum, abwesend, scheinbar zerstreut, in Wirklichkeit gesammelt wie sonst selten, nichts paßt einem, aus nichts wird etwas – tatsächlich: aus dem Nichts formt sich langsam ein Etwas. Während des Herbstes und des Winters war ich in München und las in der Staatsbibliothek über den Bodensee und seine Geschichte, was immer mir verwertbar erschien. Die Chronik der Stadt Lindau erwies sich als besonders ergiebig, in ihr begegnete mir die siebzehnjährige Tochter des Kurfürsten von Bayern, die Fürstäbtissin Friederike von Bretzenheim.

Eine siebzehnjährige Fürstäbtissin? Ich möchte den Schriftsteller sehen, der hier nicht hängen bleibt. Wann lebte sie? Um das Jahr 1800. – Friederike war die erste greifbare Gestalt des Romans. Von dieser Gegebenheit aus – und immer auf das klingende Wesen der Bodenseelandschaft lauschend – mußte das männliche Gegenstück erfaßt werden, sehr behutsam, nicht sehr heldisch, von diesem festen Punkt aus wurden die Fäden vor und zurück gespannt, die notwendigen Nebenfiguren stellten sich aus dem Historischen nahezu von selber ein. Im Frühjahr 1920 fuhr ich wieder an den Bodensee, diesmal mit ziemlich fest umrissenen Vorstellungen. Damals beschloß ich, meinen Freund, der noch keinen Namen hatte, in dem kleinen gelben Hause Dammgasse Nr. 8 wohnen zu lassen, an dem schon wenige Jahre später die Tafel „Zum lieben Augustin" angebracht wurde. Aber da war eben noch eine bedenkliche Lücke: ich wußte nicht, wie ich meinen Freund nennen sollte; gerade solche Äußerlichkeiten machen einem oft das größte Kopfzerbrechen, zumal wenn der gesuchte Name einigermaßen dem geplanten Charakter entsprechen soll. Ein wenig mißvergnügt fuhr ich in den nahen Schwarzwald, und da, bei einem Spaziergang in der Nähe von Kirchzarten, las ich auf einem Wirtshausschild: Inhaber Augustin Sumser. Damit war auch diese letzte Schwierigkeit behoben. Wie der wirkliche Augustin Sumser ausgesehen hat, weiß ich nicht, wollte es auch gar nicht wissen, da ich doch recht genau wußte, wie er bei mir auszusehen hatte.

Und so, wie ich die Stimmung der Landschaft empfand, wurde auch der Charakter der Hauptgestalt: ein Mensch, dem es zeitlebens gar nicht besonders gut geht, der sich aber mit allem auszusöhnen weiß und schließlich sogar findet, daß ihn das Leben grenzenlos verwöhnt hat.

(H. W. Geißler, Der liebe Augustin, S. 241–244)

Die Zeit des ausgehenden Rokoko bildet den Hintergrund für die „Geschichte des leichten Lebens" von Augustin Sumser. Als sechsjähriges Kind kommt der verwaiste Augustin zu seinem Onkel, dem Pfarrer Knöpfle, nach Wasserburg am Bodensee. Nach dessen Willen soll er Geistlicher werden und geht auf das Seminar nach Meersburg. Augustin zieht es aber nach dem Tod des Onkels vor, das Geigenbauhandwerk zu erlernen, und läßt sich später in Lindau als Spieldosenmacher nieder. Nach mehreren Liebesabenteuern begegnet er hier seiner großen Liebe, der 17jährigen Fürstäbtissin Friederike. Die Trennung von ihr nach glücklichen gemeinsamen Tagen in Bregenz stürzt ihn in tiefe Melancholie. Ein Ausflug Augustins auf die politische Bühne bleibt nur ein kurzes Zwischenspiel, er kehrt in seinen kleinen Lindauer Lebenskreis zurück, heiratet und verbringt mit seiner lebensklugen Frau Susanne glückliche Jahre, bis sie kurz vor der Geburt ihres ersten Kindes stirbt. Als geachteter Bürger lebt Augustin noch viele Jahre still in Lindau. Bei einer selbstlosen Rettungsaktion erleidet er eine tödliche Verletzung. Er hat, ohne es zu ahnen, seine Friederike gerettet, in ihren Armen stirbt er.

Diese „Geschichte eines leichten Lebens" ist in Wirklichkeit die Geschichte eines schweren Lebens, das leicht genommen wurde. Augustin, auf naive Art weise, gewinnt auch Enttäuschungen und Schicksalsschlägen Wertvolles ab und bietet dadurch dem Leser einen befreienden, humorvollen und leicht faßlichen Trost. Dies ist auch ein Grund für den ungeheuren Erfolg dieses mit Geschmack und leichter Hand geschriebenen Unterhaltungsromans, der 1921 erschienen ist und dessen deutsche Ausgabe inzwischen fast in einer Million Exemplaren verkauft wurde.

Daß für den Autor die Bodenseelandschaft zeit seines Lebens wichtig geblieben ist, zeigt sich daran, daß er, der bis zu seinem Tode 1983 in Oberbayern gelebt hat, auf eigenen Wunsch auf dem Friedhof bei der Wasserburger Kirche beerdigt wurde.

Rundgang auf der Insel:

Stadtplan Lindau

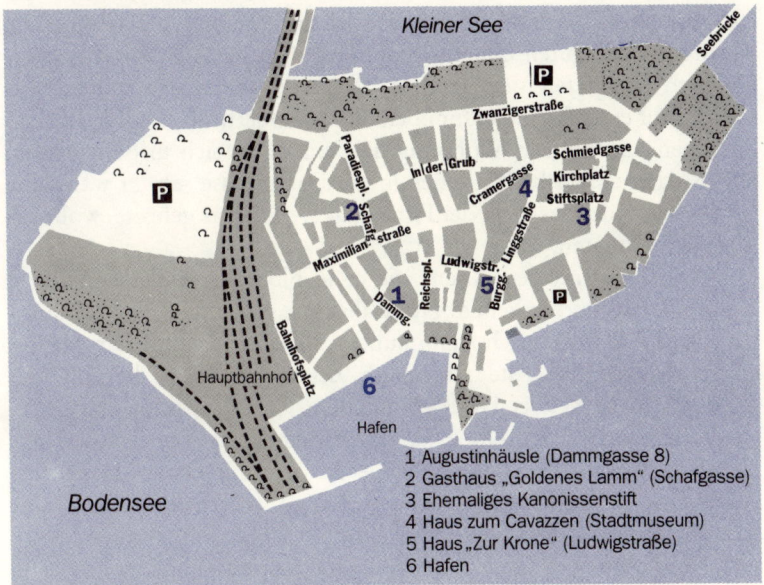

1 Augustinhäusle (Dammgasse 8)
2 Gasthaus „Goldenes Lamm" (Schafgasse)
3 Ehemaliges Kanonissenstift
4 Haus zum Cavazzen (Stadtmuseum)
5 Haus „Zur Krone" (Ludwigstraße)
6 Hafen

1. Augustinhäusle

Das kleine gelbe Häuschen, Dammgasse Nr. 8, stellte sich Horst Wolfram Geißler als passende Wohnung für seinen „Helden" vor. Der Autor quartiert ihn, nachdem er nach seiner Geigenbaulehre in Mittenwald wieder an den Bodensee kommt, hier ein:

Wo in Lindau die Dammgasse auf den Hafenplatz mündet, steht ein winziges, uraltes, gelbes Haus; auf dem vorgebauten ersten Stockwerke sitzt das hohe spitzgiebelige Dach, und das ganze Ding schaut in die Welt, als ob es sein Lebtag nur lustige Leute gesehen habe.

Es war undenkbar, daß der liebe Augustin dieses Häuschen erblickte, ohne sogleich der Überzeugung zu sein, es habe all die Jahrhunderte her auf ihn, nur auf ihn gewartet.

Mit einem Herzen voll Seligkeit hatte er seinen Bodensee wiedergesehen. Es war zwar ein wenig später geworden, als er gewollt, und die Kirschenbäume trugen statt ihrer weißen Blütenhemdchen schon das grüne, rotgetupfte Gewand des Sommers. Aber das änderte nichts an Augustins Glück.

Einen Tag lang hatte er in dem Wasserburger Pfarrhause freundliche Aufnahme gefunden, wo die Rosl noch immer herrschte. Dem Nachfolger des guten Oheims Knöpfle gefiel der Gustl, und er hätte ihn gern länger bei sich gesehen. Augustin aber hatte keine Ruhe. Gleich fuhr er nach Lindau hinüber, durchwanderte die Stadt nach einer hübschen und billigen Wohnung und entschloß sich in dem Augenblicke, da er das gelbe Häuschen in der Dammgasse sah. Er war dahin gewiesen worden; es hieß, der Fischer, dem das Haus gehörte, wolle ein Zimmer vermieten.

Augustin fand den Alten, wie er in biblischer Gelassenheit vor seiner Tür saß und an einem Netze flickte.

Der Gustl setzte sich zu ihm und verschaffte sich bei dem Manne, da er sogleich über die schlechten Zeiten zu klagen begann, das Ansehen eines weltverständigen Jünglings. Ganz richtig: die Zeiten waren miserabel! Der Krieg, ja, der Krieg... Der Teufel sollte den Fischfang holen: Die Netze wurden leerer von Jahr zu Jahr; die Felchen vollends waren heuer fast ganz ausgeblieben. Überhaupt! Man mußte schauen, wo man das Geld herbekam.

Nun, sagte der Gustl, er würde was darum geben, wenn er in einem so hübschen Hause wohnen könne.

Das könnte der Herr leicht haben! antwortete der Alte. Das ganze Haus gäb' er her, wenn nur für ihn und seine Frau noch ein wenig Platz bliebe.

So? Augustin ging vorsichtig weiter, klug wie eine Schlange, denn es kam ihm darauf an, seine Wohnung recht billig zu haben. Die Verhandlungen zogen sich dadurch zwar in die Länge, aber er konnte mit dem Erfolge zufrieden sein:

Er mietete das ganze erste Stockwerk. Der Fischer behielt das Erdgeschoß.

Das ganze obere Stockwerk – das klang ungemein großartig. In Wirklichkeit aber waren das zwei kleinwinzige Zimmer – so puppenhaft war das Haus. Zwei Zimmer um einen Preis, dessen sich Augustin hinterher fast selbst schämte, so gering war er.

Abgemacht.

Er schlief die letzte Nacht in Wasserburg, ließ sich von der Rosl die fünfundsiebzig Gulden geben, die von seinem Erbteil noch übrig waren, und betrat am ersten Juli des Jahres 1796 in weihevoller Stimmung endgültig den Lindauer Boden. Was er sich als Kind vorgenommen hatte: in Lindau zu wohnen, das hatte er nun erreicht. Außerdem freilich noch nichts – aber der Gustl war weise und bescheiden. (...)

Alsdann hielt er Einzug in seine Wohnung.

Dies war sehr einfach. Denn sein ganzes Gepäck bestand aus einem Rucksack und einem großen Bündel, und die zwei Stuben waren vollkommen leer. So leer, daß nicht einmal ein Stäubchen auf dem Fußboden zu sehen war.

Besagter Einzug bestand also lediglich darin, daß Augustin Sumser seinen Rucksack und sein Bündel hübsch nebeneinander in eine Ecke legte.

Dann beschaute er vergnügt seine vier Wände – nichts weiter als Wände! – trat ans Fenster, erblickte den Hafen und sagte händereibend: „Es ist fabelhaft gemütlich bei mir!" (...)

Er steckte die Hände in die Hosentaschen und wanderte glückselig in seinem neuen Reiche hin und her, zufrieden bis in den letzten Winkel seines Herzens. Zur Einweihung stellte er Anna Holidays Spieldose auf den Tisch und ließ sie Musik machen. Unterdessen saß er am offenen Fenster, betrachtete den See, der im Abendschein leuchtete, und war überzeugt, daß es auf der ganzen Welt niemanden gäbe, mit dem er tauschen möchte. Denn obwohl Augustin Sumser den Genüssen des Lebens von Natur aus keineswegs abgeneigt war, hatte er doch die glückliche Gabe, mit dem Geringsten zufrieden zu sein, wenn es nicht anders ging.

(H. W. Geißler, Der liebe Augustin, S. 78–81)

Augustinhäusle.

2. Gasthaus „Goldenes Lamm"

Im Gasthaus „Lamm" in der Schafgasse, das seit dem 15. Jahrhundert besteht und dessen Gaststube zu den schönsten und ältesten Süddeutschlands gehört, kreierte der liebe Augustin seinen berühmten Landler „Ach, du lieber Augustin, ..." Er reagierte damit auf eine konkrete politische Situation. Die freie Reichsstadt Lindau hatte sich in den Wirren der Koalitionskriege Ende des 18. Jahrhunderts mit dem Vorbild Preußens entschieden, einen Sonderfrieden nach Frankreich abzuschließen, der die Stadt jedoch am Ende teuer zu stehen kam. Mit seinem Landler wurde Augustin Sumser mit einem Schlag in Lindau eine populäre Figur:

Wenn der Gustl abends sehr bescheiden und niemandem bekannt sein Viertel Wein trank, hörte er die Bürger ganz laut davon reden: daß man endlich einen Mut haben und es den Preußen nachmachen solle! Der Gustl erlaubte sich, als er diese böse Wirkung des bösen Beispiels sah, eine Privatmeinung und dachte: die Malefizpreußen! – aber er behielt sie klugerweise für sich. Indessen kam durch die öffentliche Meinung der Stein ins Rollen: Der Herzog Eugen von Württemberg schloß im Juli seinen Sonderfrieden mit Moreau, und Lindau folgte bereitwillig der Einladung, das gleiche zu tun. Die Stadt gedachte, dadurch aller Schwierigkeiten ledig zu werden. Aber es kam sehr bald ganz anders.

Zunächst freilich war die Freude groß, und man glaubte, ebenso klug gewesen zu sein wie die Preußen. Jeder einsichtige Lindauer trank sich einen Rausch an und Augustin Sumser sogar einen besonderen, teils zur Gesellschaft, teils auch weil eben an diesem Tage des Friedensschlusses seine Hölzer und seine Messingwalzen angekommen waren und er nun die Arbeit beginnen konnte; der Tiefenbrunner, der ihm herzlich zugetan war, hatte ihm eine hübsche Gitarre mitgeschickt, auf deren Deckel sauber die Worte eingebrannt standen: „Dem lieben Augustin." Und als nun die Gesellschaft, die sich am Tage des Friedensschlusses im „Lamm" versammelt hatte, immer lustiger wurde und die Polizeistunde immer gründlicher mißachtete, lief der Gustl, bereits nicht mehr ganz nüchtern, nach Hause und holte seine Gitarre, mit der er als Geigen- und Lautenmacher gut umzugehen wußte.

Im Lamm stieg er auf einen Stuhl und präludierte so kunstvoll, daß die Bürger sich wohlgefällig um ihn scharten, die Schoppengläser in der Hand, und im Takte mitsummten und stampften. Und dann kam der Gustl in virtuosen Kadenzen auf seinen ewig geliebten Landler und sang dazu einen ganz neuen Text:

Ach, du lieber Augustin,
alles is hin, alles is hin:
d'Schuh san hin, 's G'wand is hin,
's Geld is hin, 's Land is hin,
ach, du lieber Augustin,
alles is hin!

In seinem boshaften Übermute sagte er damit den Lindauern, was er von ihrem feinen Friedensschlusse nach preußischem Muster hielt, aber er fürchtet sich nicht vor den Folgen seiner Offenheit, denn er sah: sie hatten alle schon das Gesicht voll Rausch, der neue Text paßte ihnen gerade. Und wahrhaftig jauchzte die ganze Bande, schrie „Vivat!", wiederholte das schöne Lied, bis es auch in die langsamsten Gehirne eingerammt war, spottete ihrer selbst und wußte nicht wie.

Der Gustl wurde der Held dieser Nacht, mußte sich ungezählte Schoppen zahlen lassen, geriet in eine herrliche Laune, spielte und sang, so oft man's von ihm verlangte, und sank schließlich vollkommen glückselig und ebenso vollkommen betrunken mit unnachahmlicher Grazie von dem Stuhle, auf dem er gerade zum fünfzigsten Male das neue Augustinlied zum besten gegeben hatte. Er zog den Kopf zwischen die Schultern und dachte noch: Wenn es nur gut ausgeht! – Im selben Augenblicke fühlte er sich von kräftigen Armen aufgefangen, schloß zufrieden die Augen – da schlief er auch schon wie ein Murmeltier.

(H. W. Geißler, Der liebe Augustin, S. 84, 85)

3. Ehemaliges Damenstift

Das ehemalige Lindauer Damenstift (heute Landratsamt) spielt im Leben der Romanfigur Augustin Sumser eine entscheidende Rolle. Hier lernt er bei einem Besuch die 17jährige Fürstäbtissin Friederike von Bretzenheim kennen.

4. Haus zum Cavazzen

In dem prachtvollen Patrizierhaus am Marktplatz, das seinen Namen von den Besitzern des Vorgängerbaus, der italienischen Familie da Cavazzo, hat, ist das Städtische Museum mit sehr sehenswerten Sammlungen untergebracht.

In dem „Horst-Wolfram-Geißler-Zimmer", im 1. Stock, befindet sich das Porträt der Friederike von Bretzenheim, für den Schriftsteller Horst Wolfram Geißler „die erste greifbare Gestalt" seines entstehenden

Romans. Er kannte das Lindauer Porträt und war, als er Jahrzehnte später von den wirklichen Lebensumständen dieser Fürstäbtissin erfuhr, stolz darauf, daß er dieses „zierliche, kapriziöse Persönchen… auffallend richtig eingeschätzt habe: ein Luderchen, aber ein allerliebstes".

Ein ganz anderes Exponat dieses Museums ist für Erzählungen des 19. Jahrhunderts wichtig gewesen. Es handelt sich um die schwedische Kanonenkugel aus dem Dreißigjährigen Krieg, die in der sogenannten Schwedengalerie, ebenfalls im 1. Stock, ausgestellt ist. Diese mit 20 Pfund Pulver gefüllte Kanonenkugel schlug bei der Belagerung Lindaus im damaligen Gasthaus „Zur Krone" ein, glücklicherweise ohne zu explodieren und größeren Schaden anzurichten. Als Kuriosum hing sie noch im 19. Jahrhundert von der Decke der Gaststube, wo sie, neben dem Bild des schwedischen Feldmarschalls Wrangels, die Schriftsteller Wilhelm Raabe und August Strindberg zu ihren Erzählungen „Der Marsch nach Hause" bzw. „Der letzte Schuß" inspirierte.

5. Haus „Zur Krone" (Ludwigstraße)

Dieses alte und ehemals berühmteste Gasthaus Lindaus, in dem Gelehrte, Künstler und Fürsten abstiegen, ist zwar in seiner äußeren Gestalt erhalten, dient aber heute anderen Zwecken. Zur Erinnerung an vergangenen Glanz hängt noch die Krone als Wirtshausschild vor dem Haus. Dieses Haus spielt bei Raabes „Der Marsch nach Hause" (siehe Kapitel *Bregenz*) und Strindbergs „Der letzte Schuß" eine wichtige Rolle.

Der folgende Textausschnitt ist der Schluß von Strindbergs Erzählung. Der Bürgermeister steht auf der Dachterrasse des Gasthauses „Krone", um das schwedische Lager bei Aeschach zu beobachten. Der Stadtkommandant und die Bürger bedrängen ihn, die Schlüssel zur Übergabe der Stadt herauszugeben:

– Die Schlüssel her! Oder wir kommen und holen sie! brüllt der Major.

– Kommt nur und holt sie!

Eine Menge Köpfe krochen durch die Dachluke und anhaltendes Geschrei nach den Schlüsseln der Stadt ertönte.

– Geht herunter vom Dach; sie zielen auf uns! rief der Bürgermeister dem Volk zu, das auf die Mauern zu klettern begann, um sein Drohen in Tat umzusetzen.

Im nächsten Augenblick verschwand die Fahnenstange, zersplittert wie ein Kienspan, und die Splitter folgen der Kugel nach, die durchs Dach schlug.

Der Bürgermeister drehte sich halb herum und wäre gefallen, wenn er sich nicht auf sein großes Schlachtschwert gestützt hätte.

Nun richtete er sich auf und blieb auf der obersten Platte stehen wie eine steinerne Statue auf einer Domkirche. Das Volk jedoch, welches das mutige Benehmen seines Bürgermeisters mit einem Jubelruf begrüßt hatte, wurde von neuem von seiner Furcht getrieben, einen Anlauf gegen den zu wagen, der die Schlüssel der Stadt besaß, ohne die eine förmliche Übergabe der Stadt nicht geschehen konnte.

Mit Hilfe der Unzufriedenen wagte der Major einen letzten Angriff gegen den unerschütterlichen Bürgermeister. Dazu stieg er die gefährliche Treppe hinan, zog sein Schwert und forderte den Bürgermeister auf, herunter zu steigen oder sich zu verteidigen, wo er stand.

Aber es zeigte sich bald, daß dessen Stellung uneinnehmbar war, und überzeugt von der Unmöglichkeit, ihn zur Übergabe zu zwingen, wandte sich der Major an die Volksmenge und fragte drei Male hinter einander, ob sie ihm das Recht einräumten, die Stadttore aufbrechen und die weiße Flagge hissen zu lassen.

Und als seine Frage mit brausenden Jarufen beantwortet wurde, ging er denselben Weg zurück, den er gekommen war, um sich, vom Volkshaufen begleitet, auf die Wälle zu begeben.

Der Bürgermeister, der allein zurückgeblieben war und einsah, daß alle Hoffnung auf Rettung der Stadt aus war, schien zuerst zusammenzubrechen; doch gleich richtete er sich wieder auf, als habe er einen Entschluß gefaßt. Mit zitternder Hand öffnete er die Tasche, nahm die großen Schlüssel heraus, und, nachdem er ein Kreuz geschlagen hatte, warf er sie so weit in den See hinaus, wie er konnte. Als sie in der Tiefe verschwunden waren, fiel er wieder auf die Knie und faltete die Hände zu einem langen leisen Gebet.

Er hätte sich in dieser Stunde taub machen mögen, doch während er Gott und die heilige Jungfrau anrief, war es ihm, als hörte er Axthiebe gegen das Stadttor, durch das die Feinde herein kommen würden, um zu plündern und zu schänden, zu hängen und zu brennen.

Nach einer Weile leisen Betens gewahrte er jedoch, daß auf der ganzen Stadt Stille lag und die Kanonade aufgehört hatte. Nur von den Wällen her war ein schwaches Geräusch zu hören, als sprächen alle auf einmal; das Summen verstärkte sich und ward zu einem Getöse, das gleich darauf in ein Jubelgeschrei ausbrach.

Er erhob sich aus seiner knienden Stellung und sah eine weiße Fahne im schwedischen Hauptquartier wehen. Dann erklang ein Trompetenstoß und ein Paukenwirbel, was in gleicher Weise von den Wällen Lindaus beantwortet wurde. Und dann waren die Axthiebe gegen das Tor zu hören. Ein Boot stieß ab vom schwedischen Lager. Die Feldmusik spielte auf dem andern Ufer. Und nun ging ein Ruf durch die Straßen der Stadt; zuerst undeutlich, wie die Wogen sich an den Uferklippen brechen, Lärm ohne Bedeutung, Schreien ohne Sinn. Aber es kam näher, und nun konnte er das letzte Wort „geschlossen" unterscheiden, ohne noch zu wissen, ob damit die Kapitulation gemeint war oder was sonst.

Schließlich erklang der Ruf immer deutlicher, da die Volksmenge sich in die Uferstraße wälzte, und Hüte und Mützen schwenkend, riefen sie zu ihrem mutigen Bürgermeister hinauf:

– Der Friede ist geschlossen!

Te Deum laudamus! wurde am Abend in der Franziskanerkirche gesungen, während die Einwohner der Stadt sich an den Weinfässern berauschten, die man von den Dörfern am Ufer geholt hatte.

Als die Messe zu Ende war, saßen der Bürgermeister und der Major bei einer Kanne „Seewein" in der „Krone".

Im Dachbalken, mitten im Saal, sah man die schwarze Kugel, welche die Fahnenstange niedergerissen hatte und durch Dach und Zwischendecke gedrungen war.

Der Bürgermeister betrachtete die dunkle Kugel, die mit ihren blanken Schrammen dem Vollmond glich, der aus sturmzerrissenen Wolken hervortritt, und er lächelte, lächelte zum ersten Male seit zehn Jahren. Doch gleich fuhr er zusammen, als habe er etwas Böses getan.

– Der letzte Schuß! sagte er. Lange her seit dem ersten in Prag, ein ganzes Menschenalter. Und seitdem hat Böhmen zwei Millionen Menschen von seinen drei verloren; und in der Rheinpfalz ist nur der fünfzigste Teil der Einwohner übrig geblieben; Sachsen verlor eine Million von zwei; Augsburg zählt nicht mehr als achtzehn von seinen achtzigtausend. Und in unserm armen Bayerland verschwanden vor zwei Jahren hundert Dörfer in Rauch und Flammen. Hessen betrauert siebzehn Städte, siebenundvierzig Schlösser und vierhundert Dörfer. Alles wegen der Augsburgischen Konfession! Wegen der Augsburgischen Konfession ward Deutschland verwüstet, zerstückelt, von allen Meeren abgesperrt, ohne Luft gelassen, erstickt, vernichtet. Finis Germaniae.

– Es war wohl nicht die Augsburgische Konfession, die das getan hat, wandte der Major ein. Hört nur den Franzosen dort im schwedischen Lager, wie er seine Messe hält als guter Katholik, und sagt dann, ob Luther und der Papst den Krieg veranlaßt haben! Nein, es war wohl etwas Anderes!

– Ja, es mag wohl auch etwas Anderes gewesen sein! antwortete der Bürgermeister, leerte sein Glas und ging heim, um ruhig zu schlafen – zum ersten Male seit dreißig Jahren – seit dreißig langen furchtbaren Jahren!

(August Strindberg, Schwedische Schicksale und Abenteuer, S. 404–407)

6. Hafen

Ein Hafen war und ist in der Literatur eine Metapher für Ankunft und Heimkunft. Dazu kommt bei Hölderlin die konkrete Situation seiner Ankunft im Lindauer Hafen im April 1801.

In seiner letzten großen Elegie „Heimkunft" preist er das „glückselige Lindau" als „eine der gastlichen Pforten des Landes", blickt zurück zu den hinter ihm liegenden Alpen, voraus in „die schönen Tale des Nekkars" und entwickelt aus dieser Situation seine Vision von Heimkunft:

Hafen von Lindau 1832.

Heimkunft

Drin in den Alpen ists noch helle Nacht und die Wolke,
Freudiges dichtend, sie deckt drinnen das gähnende Tal.
Dahin, dorthin toset und stürzt die scherzende Bergluft,
Schroff durch Tannen herab glänzet und schwindet ein Strahl.
Langsam eilt und kämpft das freudigschauernde Chaos,
Jung an Gestalt, doch stark, feiert es liebenden Streit
Unter den Felsen, es gärt und wankt in den ewigen Schranken,
Denn bacchantischer zieht drinnen der Morgen herauf.
Denn es wächst unendlicher dort das Jahr und die heiligen
Stunden, die Tage, sie sind kühner geordnet, gemischt.
Dennoch merket die Zeit der Gewittervogel und zwischen
Bergen, hoch in der Luft weilt er und rufet den Tag.
Jetzt auch wachet und schaut in der Tiefe drinnen das Dörflein
Furchtlos, Hohem vertraut, unter den Gipfeln hinauf.
Wachstum ahnend, denn schon, wie Blitze, fallen die alten
Wasserquellen, der Grund unter den Stürzenden dampft,
Echo tönet umher, und die unermeßliche Werkstatt
Reget bei Tag und Nacht, Gaben versendend, den Arm.

Ruhig glänzen indes die silbernen Höhen darüber,
Voll mit Rosen ist schon droben der leuchtende Schnee.
Und noch höher hinauf wohnt über dem Lichte der reine
Selige Gott vom Spiel heiliger Strahlen erfreut.
Stille wohnt er allein und hell erscheinet sein Antlitz,
Der ätherische scheint Leben zu geben geneigt,
Freude zu schaffen, mit uns, wie oft, wenn, kundig des Maßes,
Kundig der Atmenden auch zögernd und schonend der Gott
Wohlgediegenes Glück den Städten und Häusern und milde
Regen, zu öffnen das Land, brütende Wolken, und euch,
Trauteste Lüfte dann, euch, sanfte Frühlinge, sendet,
Und mit langsamer Hand Traurige wieder erfreut,
Wenn er die Zeiten erneut, der Schöpferische, die stillen
Herzen der alternden Menschen erfrischt und ergreift,
Und hinab in die Tiefe wirkt, und öffnet und aufhellt,
Wie ers liebet, und jetzt wieder ein Leben beginnt,
Anmut blühet, wie einst, und gegenwärtiger Geist kömmt,
Und ein freudiger Mut wieder die Fittige schwellt.

Vieles sprach ich zu ihm, denn, was auch Dichtende sinnen
Oder singen, es gilt meistens den Engeln und ihm;
Vieles bat ich, zu lieb dem Vaterlande, damit nicht
Ungebeten uns einst plötzlich befiele der Geist;
Vieles für euch auch, die im Vaterlande besorgt sind,
Denen der heilige Dank lächelnd die Flüchtlinge bringt,
Landesleute! für euch, indessen wiegte der See mich,
Und der Ruderer saß ruhig und lobte die Fahrt.
Weit in des Sees Ebene wars Ein freudiges Wallen
Unter den Segeln und jetzt blühet und hellet die Stadt
Dort in der Frühe sich auf, wohl her von schattigen Alpen
Kommt geleitet und ruht nun in dem Hafen das Schiff.
Warm ist das Ufer hier und freundlich offene Tale,
Schön von Pfaden erhellt, grünen und schimmern mich an.
Gärten stehen gesellt und die glänzende Knospe beginnt schon,
Und des Vogels Gesang ladet den Wanderer ein.
Alles scheinet vertraut, der vorübereilende Gruß auch
Scheint von Freunden, es scheint jegliche Miene verwandt.

Freilich wohl! das Geburtsland ists, der Boden der Heimat,
Was du suchest, es ist nahe, begegnet dir schon.
Und umsonst nicht steht, wie ein Sohn, am wellenumrauschten
Tor und siehet und sucht liebende Namen für dich,
Mit Gesang, ein wandernder Mann, glückseliges Lindau!
Eine der gastlichen Pforten des Landes ist dies,
Reizend hinauszugehn in die vielversprechende Ferne,
Dort, wo die Wunder sind, dort, wo das göttliche Wild
Hoch in die Ebnen herab der Rhein die verwegene Bahn bricht,
Und aus Felsen hervor ziehet das jauchzende Tal,
Dort, hinein, durchs helle Gebirg, nach dem Como zu wandern,
Oder hinab, wie der Tag wandelt, den offenen See;
Aber reizender mir bist du, geweihete Pforte!
Heimzugehn, wo bekannt blühende Wege mir sind,
Dort zu besuchen das Land und die schönen Tale des Neckars,
Und die Wälder, das Grün heiliger Bäume, wo gern
Sich die Eiche gesellt mit stillen Birken und Buchen,
Und in Bergen ein Ort freundlich gefangen mich nimmt.

Dort empfangen sie mich. O Stimme der Stadt, der Mutter!
O du triffest, du regst Langegelerntes mir auf!
Dennoch sind sie es noch! noch blühet die Sonn und die Freud euch,
O ihr Liebsten! und fast heller im Auge, wie sonst.
Ja! das Alte noch ists! Es gedeihet und reifet, doch keines,
Was da lebet und liebt, lässet die Treue zurück.
Aber das Beste, der Fund, der unter des heiligen Friedens
Bogen lieget, er ist Jungen und Alten gespart.
Törig red ich. Es ist die Freude. Doch morgen und künftig,
Wenn wir gehen und schaun draußen das lebende Feld
Unter den Blüten des Baums, in den Feiertagen des Frühlings
Red und hoff ich mit euch vieles, ihr Lieben! davon.
Vieles hab ich gehört vom großen Vater und habe
Lange geschwiegen von ihm, welcher die wandernde Zeit
Droben in Höhen erfrischt, und waltet über Gebirgen,
Der gewähret uns bald himmlische Gaben und ruft
Hellern Gesang und schickt viel gute Geister. O säumt nicht,
Kommt, Erhaltenden ihr! Engel des Jahres! und ihr,
Engel des Hauses, kommt! in die Adern alle des Lebens,
Alle freuend zugleich, teile das Himmlische sich!
Adle! verjünge! damit nichts Menschlichgutes, damit nicht
Eine Stunde des Tags ohne die Frohen und auch
Solche Freude, wie jetzt, wenn Liebende wieder sich finden,
Wie es gehört für sie, schicklich geheiliget sei.
Wenn wir segnen das Mahl, wen darf ich nennen, und wenn wir
Ruhn vom Leben des Tags, saget, wie bring ich den Dank?
Nenn ich den Hohen dabei? Unschickliches liebet ein Gott nicht,
Ihn zu fassen, ist fast unsere Freude zu klein.
Schweigen müssen wir oft; es fehlen heilige Namen,
Herzen schlagen und doch bleibet die Rede zurück?
Aber ein Saitenspiel leiht jeder Stunde die Töne,
Und erfreuet vielleicht Himmlische, welche sich nahn.
Das bereitet und so ist auch beinahe die Sorge
Schon befriediget, die unter das Freudige kam.
Sorgen, wie diese, muß, gern oder nicht, in der Seele
Tragen ein Sänger und oft, aber die anderen nicht.

(F. Hölderlin, Werke und Briefe, Bd. 1, S. 119–122)

Besser als jede herkömmliche Interpretation kann ein Text von Martin Walser dieses Gedicht erschließen:

Hölderlin auf dem Dachboden

Plötzlich zählt man zu den Erwachsenen. Plötzlich darf man nur noch sagen, was den Namen „Meinung" verdient. Man stellt fest, daß auch die anderen sich ununterbrochen in Urteilssätzen ergehen. Geht man mit Literatur um, das heißt, geht man mit Leuten um, die auch mit Literatur umgehen, dann bemerkt man, daß jede Frage, die irgendeiner stellt, nur noch mit Bekenntnissen zu beantworten ist. Jeder trägt Ranglisten der Qualität mit sich herum, und was man sagt, das sollte man auch noch beweisen können.

Heute, nach fast fünfzehn Jahren Erwachsenseins, bemerke ich, daß die seit fünfzehn Jahren auf mich herabprasselnden Urteile über diesen und jenen Dichter ohne Wirkung geblieben sind. Die tiefsinnigsten Interpretationen, die ich in Büchern gelesen habe, habe ich genauso vergessen wie die Fanfarenstöße irgendeines Rezensenten, der in der Samstagbeilage regelmäßig verkündet, daß mit diesem Buch des Herrn Sowieso ein neues Kapitel in der Literaturgeschichte beginne. Das geht alles so ungeheuer rasch. Ich bedaure jeden, der durch seinen Beruf gezwungen wird, schon am Nachmittag zu sagen, daß das, was er am Vormittag las, gut oder schlecht sei. Der Intellekt müßte als ein verschlafener Wiederkäuer organisiert sein. Sobald man über ein Buch oder über ein Gedicht eine Meinung hat, ist das Buch oder das Gedicht aller weiteren Wirkungsmöglichkeiten beraubt. Dabei hat wahrscheinlich jeder schon die Erfahrung gemacht, daß Literatur in der Naturgeschichte eines Lebens eine Rolle spielen kann, die so wichtig ist wie die Rolle des Vaters, des ersten Gewitters oder der ersten Eisenbahnfahrt.

Hölderlin hat zum Beispiel bei mir eine solche Rolle gespielt. Ich wußte allerdings nicht, daß die Gedichte von Hölderlin waren, die ich im Alter von fünfzehn Jahren in einer Kiste auf dem Dachboden entdeckte. Ein Stoß Kriegervereins-Zeitschriften und ein Stoß Cotta'sche Handbibliothek fielen mir in die Hände. 30 Pfennig, 25 Pfennig, 60 Pfennig stand auf den Umschlägen der Cotta-Bibliothek; Grillparzer, Lenau, Gottfried Keller stand auf diesen Taschenbüchern der Jahrhundertwende, und ein Bändchen, ein Bündel zerfledderter Blätter hatte keinen Umschlag mehr, auch keine Titelseite mehr, es begann mitten in einem Gedicht. Ich weiß noch sehr genau, daß es Hochsommer war, als ich diese Kiste entdeckte und die Cotta-Bändchen mit immer staubigeren Fingern durchblätterte, bis ich in dem umschlaglosen Gedichtbündel auf ein Gedicht stieß, das geschrieben war, als hätte der Schreiber von eben dem Standpunkt aus in die Alpen gesehen, auf dem ich mich befand.

Später an der Universität habe ich natürlich auch gelesen, was alles Heidegger im „liebenden Streit" und der Freudiges dichtenden Wolke Hölderlins entdeckt hat, aber ich muß gestehen, daß ich sowohl Heideggers wie auch anderer Leute Interpretationen immer wieder vergessen habe. Sie haben auf mich sozusagen keinen Eindruck gemacht, während ich den August, den ich mit diesem namenlosen Blätterbündel verbrachte, nicht mehr vergessen habe. Ich weiß nicht, ob es eine Herabwürdigung solcher Gedichte ist, wenn man sie zum Vehikel privater Erinnerung macht, ich hoffe aber, daß Hölderlin weniger entrüstet gewesen wäre als einer seiner Interpreten, wenn er mich damals beobachtet hätte, wie ich – komisch vor Ernst – auf alle möglichen kleinen Hügel lief und seine Gedichte wie ein Baedeker benützte, um die Landschaft am Bodensee kennenzulernen. Eine Landschaft, die mich seit eh und je umgeben hatte, auf die ich aber jetzt erst aufmerksam und sogar stolz wurde, weil in diesen Gedichten so feierlich und so verständlich von ihr gesprochen wurde. Ganz sicher habe ich diese Gedichte nicht durch und durch verstanden, aber die Zeilen, die ich nicht mit unmittelbarer Anschauung erfüllen konnte, waren mir nicht weniger wert als die direkten Hinweise auf das Rheintal oder das „glückseelige Lindau". Ich wußte nicht, wer die „Engel des Jahres" sind, hatte keine rechte Vorstellung vom „Unschiklichen", das ein Gott nicht liebt, und die Sorge, die ein Sänger oft in der Seele tragen muß, „aber die anderen nicht", diese Sorge war für mich nichts als ein Gesichtsausdruck meiner Mutter. Ich fürchte auch fast, daß mir die Interpretationen, die ich später kennenlernte, schon darum keinen Eindruck machen konnten, weil sie meine Erinnerung an die spezielle Dunkelheit dieser Zeilen nicht auszulöschen vermochten. Das „Unschikliche" war und ist für mich alles, was an Angst und Unruhe und schlechtem Gewissen in jener Zeit lebendig war. Und die „Engel des Jahres", und der „Fund, der unter des heiligen Friedens Bogen lieget", das war zwar alles so nah, daß man glaubte, man könne es einatmen oder mit der Hand danach greifen, aber wenn man danach griff, war es doch nicht da, war etwas wie Zukunft, oder wie Como jenseits des hellen Gebirges. Begegnete man einem Bauern am Feldrand, dann grüßte man ihn zwar mit Namen, aber man wußte, daß er eigentlich aus zwei Gedichtzeilen aufgewachsen war, rannte man eine Treppe hinauf, so hämmerte in den klopfenden Schläfen plötzlich etwas aus einem Gedicht mit und beruhigte sich dann, als wär's eine letzte Zeile.

Von heute aus gesehen, hat man nichts begriffen von der Ausgewogenheit des Gedichts, dazu war man zu fürchterlich ernst, zu aufgeregt, zu süchtig nach Beziehungen, den Kopf voller Gewittervögel und heiliger Bäume. „Fittige" schien einem das allergewöhnlichste Wort für jeden Spatzenflügel, und zwischen zwei besseren Maulwurfshügeln sah man und hörte man schon das „jauchzende Thal".

So fängt es an: man bekommt Namen geschenkt für eine Umgebung, die man so auswendig zu kennen glaubt, daß die bekannten Namen schon gar keine Namen mehr sind, sie heißen nichts mehr; dann kommt plötzlich einer, der lauter neue Namen austeilt, und alle passen, alle kann man gebrauchen, und das Klima, die Wolken, der Sonntag, alles paßt plötzlich zusammen; alles erhält aber mit der Namensmusik eine Entfernung, denn das spürt man sofort: zwar ist das da drüben zweifellos das „glückseelige Lindau", und die „scherzende Bergluft" hat man schon geatmet und den Rhein kennt man vom Ausflug her, aber Lindau ist verändert seit es das „glückseelige Lindau" heißt, und der Rhein, der plötzlich das „göttliche Wild" heißt und sich „verwegene Bahn bricht", ist mehr als der Fluß, den man vom Ausflug her kennt. Weil man selbst nicht darauf gekommen wäre, solche Namen auszuteilen, glaubt man, daß das Gedicht von früher spricht, von einer Zeit, in der nichts selbstverständlicher war, als vom „glückseeligen Lindau" zu sprechen und den Rhein „ein göttliches Wild" zu nennen, und man stutzt plötzlich, denn zum ersten Mal bemerkt man, daß es so etwas wie Vergangenheit gibt, bemerkt es, weil die Gedicht-Namen nicht der Gegenwart angehören können, obwohl sie so gut passen. Und dann ist von „Feiertagen des Frühlings" die Rede, von „Komo", jenseits „des hellen Gebirgs", von „Rosen", droben im „leuchtenden Schnee" und von jenen „Engeln des Jahres", von der „wandernden Zeit": das alles ist nichts als Glockengeläut, verbindet sich mit nichts Bekanntem, aber es kommt der Ahnung entgegen; ohne daß man es weiß und genau sagen kann, hat man Zukunft gespürt. Das ist wahrscheinlich die Wirkung gewesen: das Gedicht als Baedeker, und dann die Entdeckung, daß die Dinge Schatten werfen, zurück in die Vergangenheit und irgendwohin, wo man lediglich mit Ahnungen tasten kann, heute weiß man, daß es die Zukunft war.

(M. Walser, Versuch ein Gefühl zu verstehen, S. 3–4, 8–13)

Bregenz – Horst Wolfram Geißler/Hugo von Montfort/ Wilhelm Raabe

Von Lindau aus führt die Route nach dem österreichischen Bregenz. Noch vor der Innenstadt, an der Bundesstraße zwischen Lochau und Bregenz liegt bei der sogenannten Klause, dem efeuumrankten malerischen Klausturm, auf einem Hügel die Villa Gravenreuth, unsere erste literarische Station.

Der Bodensee

An der Gränze des schwäbischen Ufers erwartet den Wanderer noch ein grosser Naturgenuss in Bregenz.

Schon bei der Begrenzer Clause wird er stille halten und sich an dem unendlichen Wasserspiegel erfreuen, der hier ungefähr mit denselben Ufern, wie auf der Karlsschanze zu Lindau sich vor seinem Auge hinaus dehnt, während dicht in seinem Rücken die steilen Felswände des Bregenzerwaldes ansteigen. Zur Seite hat er das in Bergausläufer hineingebaute alte Städtchen Bregenz, hinter dem unmittelbar das Gebirge anhebt. Im Grunde der Stadt schauen von zwei grünen, runden, lieblichen Hügeln herab, von dem einen ein schlossartiges Gebäude... von dem andern die Hauptkirche, als grüssten sie sich gegenseitig einander an. Schon diese Hügel, wo Reben, Wiesen, Tannen und Obstbäume lieblich auf verschlungenen Anhöhen wechseln, gewähren sehr schöne Durchblicke über die italienisch-flachen Dächer der Stadt hin, nach dem weiten See. Der schönste Standpunkt weit und breit aber ist der Sanct Gebhardsberg mit dem Kirchlein gleichen Namens, der einst an dessen Stelle das feste Schloß Hohenbregenz trug.

...Dieser Berg bildet eine Art von Eckstein am Bregenzerwalde gegen das Rheintal; er ist drei Viertelstunden von Bregenz entfernt, mit dunklen Tannen malerisch bewachsen und mit einem jähen Felsen gekrönt, der das Kirchlein trägt, dessen Grundmauern noch von der alten Veste herzurühren scheinen. Von den Fenstern eines kleinen Vorgebäudes aus, das nach drei Seiten freien Ausblick gewährt, geniesst hier der Wanderer eine unaussprechlich schöne Aussicht auf die ganze Länge des Sees, eine Weite von 18 Stunden auf das ganze schwäbische Ufer von Bregenz und Lindau an bis Sernatingen; über Constanz weg bis an den Untersee, und links auf den Ausfluß des Rheines und einen

Strich des Schweizerufers bis Rheineck, wo die Vorberge Sanctgallens in den See hinauslaufend die weitere Aussicht versperren. Ganz neu und überraschend aber ist hier der Einblick in das von den höchsten Bergen rechts und links umschlossene Rheintal, dessen Anfang man hier in der nächsten Nähe vor sich hat; auch die Appenzelleralpen verschieben sich hier zu ganz neuen Formen.

(Gustav Schwab, 1827)

Bregenz, die Landeshauptstadt von Vorarlberg, ist heute eine moderne, lebhafte Stadt, die aber vieles aus ihrer Vergangenheit bewahren konnte. Diese Vergangenheit reicht weit zurück. Von den keltischen Brigantiern, die um 400 v. Chr. hier ihr befestigtes oppidum anlegten, hat die Stadt bis heute ihren Namen.

Der Gebhardsberg, direkt über der Stadt, bietet eine der großartigsten Aussichten am Bodensee. Wilhelm Raabe nannte ihn „einen Aussichtsberg von europäischer Berühmtheit".

In Bregenz finden sich literarische Zeugnisse aus verschiedenen Jahrhunderten. Hugo von Montfort, aus dem Bregenzer Grafengeschlecht, war um 1400 einer der letzten Minnesänger; Wilhelm Raabe machte im 19. Jahrhundert die Eroberung und Plünderung von Stadt und Burg durch die Schweden im Dreißigjährigen Krieg zum Thema einer Erzählung; in Horst Wolfram Geißlers 1921 entstandenem Roman „Der liebe Augustin" ist Augustin Sumser in der Villa Gravenreuth auf dem Klausberg zu Gast. (Zu Horst Wolfram Geißlers Roman „Der liebe Augustin" siehe Kapitel *Lindau*.)

Der Minnesänger Hugo von Montfort (1357–1423), aus dem mächtigen Grafengeschlecht von Montfort, Herr von Bregenz, war ein vielbeschäftigter, in der Landespolitik tätiger Mann. Er hat, wie er selbst sagt, oft „ze rossen" gedichtet: „So han ich vil geticht in welden und in owen / Und darzuo geritten."

Er ist einer der letzten Vertreter des Minnesangs. In die traditionellen Formen nimmt er sein persönliches Erleben, die Themen und Probleme seiner Zeit auf. Seine Minnelieder und Minnebriefe sind nicht mehr an eine unerreichbare Dame, sondern an seine Ehefrauen (er war dreimal verheiratet) gerichtet. Seine Dichtung befaßt sich auch mit religiösen Themen, sowohl persönlicher wie politischer Art. Er äußert sich zum Schisma der Kirche, zu Mißständen und zu den verschiedenen religiösen Strömungen seiner Zeit. Andererseits beschäftigt ihn die persönliche Frage des Widerstreits zwischen Lebensgenuß und Seelenheil.

Wilhelm Raabes Erzählung „Der Marsch nach Hause", eine Geschichte aus dem Dreißigjährigen Krieg, geht auf Eindrücke und Anregungen während eines Ferienaufenthalts in Bregenz am Bodensee zurück. Der norddeutsche Schriftsteller – er wurde 1831 im Herzogtum Braunschweig geboren – lebte nach seiner Hochzeit acht Jahre lang in Stuttgart. Vom 16. Juli bis 27. August 1869 verbrachte die Familie Raabe Sommerferien in Bregenz. Sie logierten zunächst im „Schwarzen Adler", zogen aber später in ein billigeres Privatquartier um. Den ersten Anstoß zu seiner Erzählung erhielt Raabe bei einem Besuch in der „Krone" in Lindau, dort hing von der Decke eine schwedische Kanonenkugel aus dem Jahr 1647 und daneben ein Bild des schwedischen Feldmarschalls Wrangel (siehe Kapitel *Lindau*). Im „Vorarlberger Volkskalender" von 1852/53 fand er den Aufsatz „Die Schweden in und um Bregenz und ihre Aufreibung durch die mannhaften Weiber des Bregenzer Waldes". Die Schauplätze im Bregenzerwald, Alberschwende und die Lorena, lernte er auf Ausflügen von Bregenz aus kennen. Noch während seines Ferienaufenthalts begann Raabe die Arbeit an seiner „Bregenzer Novelle", die dann im Februar des folgenden Jahres in Stuttgart abgeschlossen wurde: „Ihr ‚Held' ist ein schwedischer Korporal, dessen Kumpane allesamt in einem Scharmützel am Rande der schwedischen Einnahme von Bregenz 1647 durch einen Trupp beherzter Frauen totgeschlagen wurden. Er selbst wurde als einziger verschont und tut beinahe dreißig Jahre lang als Kindermädchen, Kuhhirt und wieder Kindermädchen Dienst bei der Wirtin zur Taube im Dorf Alberschwende und auf der Lorena, bis ihn die Begegnung mit einem ebenso gezähmten früheren Kameraden zum ‚Marsch nach Hause' verleitet, hin zur schwedischen Armee des alten Wrangel, dem er 1675 die Schlacht bei Fehrbellin verlieren hilft. Kümmerlich schlägt er sich durch, wiederum ‚nach Hause', zur Tauben-Wirtin in seine Almhütte auf der Lorena." (Wilhelm Raabe, Eine Chronik seiner Stuttgarter Jahre)

In der Erzählung gelingt es Raabe, auf eine heiter-humorvolle Weise ein ernstes Problem darzustellen: Der Krieg macht die Menschen heimatlos und einen „Marsch nach Hause" unmöglich. Trotzdem kommt Raabe zu einem versöhnlichen Schluß, denn als der alte, enttäuschte schwedische Korporal von seinem vergeblichen „Marsch nach Hause" in den Bregenzerwald zurückkehrt, nimmt ihn die Taubenwirtin wieder auf mit den Worten: „Na, weil es denn eben so ist und ich es doch nicht ändern kann, so – grüeß di Gott daheim, du alter Schwed!"

Rundgang:

Stadtplan Bregenz

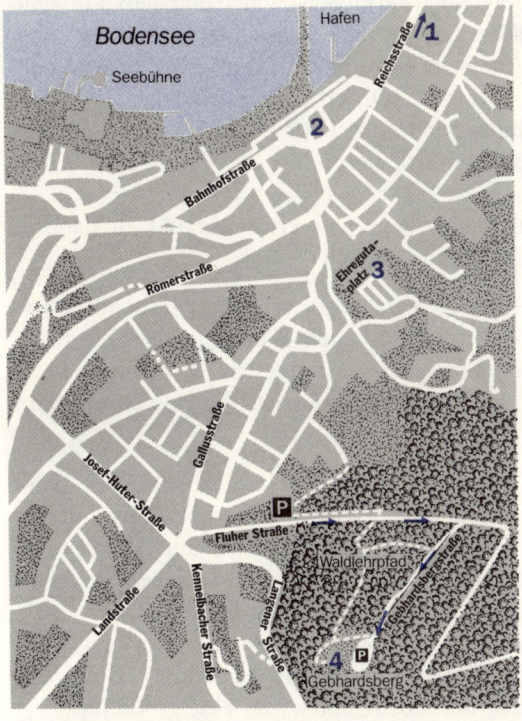

1 Villa Gravenreuth
  (ein Schauplatz im Roman
  „Der liebe Augustin")
2 Vorarlberger Landes-
  museum (Bilder von
  Angelika Kauffmann)
3 Ehregutaplatz
  (Denkmal des Minne-
  sängers Hugo von Montfort)
4 Gebhardsberg

1. Villa Gravenreuth

Das kleine gelbe Schlößchen auf dem Klausberg ist ein Schauplatz in Horst Wolfram Geißlers Roman „Der liebe Augustin". Dicht beim Schlößchen steht an der damals engsten Stelle zwischen Pfänder und See der efeuumrankte, malerische Klausturm, ein alter Wehrbau, durch den bis 1823 die Straße von Lindau nach Bregenz hindurchführte. Sie sehen das gelbe Schlößchen kurz vor den ersten Häusern von Bregenz von der heutigen Bundesstraße aus und können gleich danach links beim „Café Melanie" parken. Wenn sie auf dem Gehweg etwa 150 m zurück-gehen, kommen Sie zu einer kleinen Zufahrtstraße, die zu dem Anwesen führt. Schlößchen und Turm sind heute in Privatbesitz. Teile des Parks werden leider gerade überbaut.

Der Baron Gravenreuth, Landeshauptmann von Vorarlberg, ist eine historische Figur. Horst Wolfram Geißler führt seinen Romanhelden bei ihm ein, um Augustin Sumser in den politischen Wirren um 1800 zwischen Österreich, Bayern und Napoleon eine Rolle spielen zu lassen. Gleichzeitig erlebt der liebe Augustin im Schlößchen und dem dazugehörigen Park eine glückliche Zeit mit seiner geliebten Friederike. Beim Abschied von diesem Ort sagt er zu seinem Gastgeber Gravenreuth: „Aber so schöne Tage, Exzellenz, seh' ich niemals wieder."

Der folgende Textausschnitt setzt ein mit der Einladung Augustin Sumsers auf das Schlößchen Klausberg:

Als schon in den Laubwäldern das erste Rotgold zu flammen begann, erhielt er ein Billett aus Bregenz:

„Mein Herr! Da Sie mir als ungemein geschickter Mechanikus wohl rekommandiert worden, so hätte ich den Wunsch, Ihnen ein bisher vortreffliches Spielwerk anzuvertrauen, das sich in meinem Besitz befindet, nun jedoch offenbar zerbrochen ist. Ihr Besuch wird mir jederzeit angenehm sein. Gravenreuth."

Augustin fühlte sich durch diesen Brief sehr gehoben. Der Baron Gravenreuth war Landeshauptmann von Vorarlberg. Er bewohnte ein kleines Schloß auf dem Klausberg, einem Hügel am Abhange des Pfänders, kurz vor Bregenz gelegen – ungefähr an jener Stelle, wo Augustin sich am Seeufer sein Grab ausgesucht hatte.

Gleich am nächsten Morgen packte also der Gustl einiges Werkzeug zusammen und kleidete sich mit Sorgfalt, denn der Baron hatte ihn mit „Herr" angeredet, und überhaupt war es eine große Ehre.

So wanderte er gegen Bregenz und kam zum Klausberge.

Der runde Gipfel des Hauses trug das gelbe Schlößchen, freundlich und morgenfrisch. Auf den Hängen war ein Park ausgebreitet wie ein Bilderteppich, mit schönen Baumgruppen, Treppen, Brunnen, welligen Rasenflächen und Laubengängen.

Augustin wies dem Mann an der Mauerpforte das Schreiben und wurde aufs höflichste empfangen und zum Schlosse hinaufgeführt.

Da war eine Terrasse in der warmen Morgensonne. Eine kleine Gesellschaft saß beim Frühstück. Löffelklirren, Lachen.

Er stieg die wenigen Stufen hinauf, blieb devotest mit dem Hut in der Hand stehen und verharrte in einer halben Verbeugung.

Der Pförtner meldete ihn an.

Darauf geschah das Bemerkenswerte, daß der alte Baron Graven-reuth aufstand und dem wohlrekommandierten Sumser in Person entgegenging, um ihn aus seiner ganz ergebenen Haltung zu erlösen. „Ich habe des mehreren von Ihnen gehört", sagte er mit einem Lächeln auf seinem freundlichen österreichischen Beamtengesicht, „und be-trachte Sie als meinen Gast."

Er führte ihn an den Tisch, stellte ihn seiner Gemahlin vor und – Neben der Baronin saß ein junges Mädchen, und es war niemand anders als Friederike!

Sie lächelte ihn aufs unbefangenste an, aber in ihren Augen saß ein kleiner Kobold.

Augustin bewahrte mit Mühe seine Fassung.

„Sie kennen die Frau Fürstäbtissin schon", sagte Gravenreuth, „und diese hat Sie mir empfohlen. – Und hier mein Neffe Gravenreuth."

Der Gustl verneigte sich sehr verwirrt vor dem jungen Manne und wendete sich sogleich an Friederiken: „Ich danke Ihro hochfürstlichen Gnaden."

„Ja, ja –", sagte sie, und schnitt seinen weiteren Sermon mit einer Handbewegung ab, „aber lassen Sie die hochfürstlichen Gnaden aus dem Spiele, lieber Sumser! Ich bin auf Urlaub und ganz inkognito. Bei Ihren häufigen Besuchen im Stift können Sie mich mit dem herrlichen Titel später wieder nach Herzenslust traktieren..."

„Friederike!" sagte die Baronin mit lächelndem Tadel, „wann wirst du dir die nötige Würde angewöhnen? Lieber Herr Sumser, Sie werden die Frau Fürstäbtissin hier wahrscheinlich als ein sehr mutwilliges junges Mädchen kennenlernen; ich wünsche nur –"

„Himmel!" rief Friederike ungeduldig, „wenn er reden wollte, könnte er den Lindauern ganz andere Sachen erzählen!"

Die Baronin zog die Brauen hoch.

„Nicht von mir. – O nein – ich bin ganz ordentlich. Aber – nun, lassen wir's. Setzen Sie sich nun endlich."

„Der Zweck meines Besuches –" sagte Augustin.

„Davon später!" antwortete Gravenreuth.

Augustin Sumser war ungemein beglückt. Daß alles ein Werk Friederikes sei, war ihm klar. Sie hatte ihn so geschickt wie möglich in ihre Nähe gezogen, da er nicht freiwillig zu ihr gekommen war. Und nun saß er ihr gegenüber, unter liebenswürdigen Leuten, mitten in einem wundervoll strahlenden Morgen – und dachte, daß seine ganze sanftblaue Melancholie doch recht unnütz gewesen sei! Daß er sich eine recht unnötige Askese auferlegt habe. Daß sein Weltschmerz durchaus papieren und romanhaft gewesen sei. Kurz und gut: daß er sich wieder einmal recht albern benommen habe.

Das dachte er und geriet darüber in seine beste Laune, infolgederen sein lebhafter, wohlgeschliffener Geist spielend zu funkeln begann. Der Gustl kroch plötzlich aus seinem elegischen Ich heraus wie ein Schmetterling aus der Winterhülle und versetzte die Gesellschaft in das angenehmste Staunen. Seine ganze Nichtsnutzigkeit, seine unbekümmerte Landlerseele fingen im Dreivierteltakte zu tanzen an, und der alte Gravenreuth schwur, daß er nie in seinem Leben herzlicher gelacht habe als an diesem Morgen.

Als die Frauen sich zurückzogen, um nach dem Haushalt zu sehen, blieben die drei Männer allein und fingen allmählich ein ernsthafteres Gespräch an. Augustin benützte die Gelegenheit, sein Steckenpferd, die Politik, in allen Gangarten vorzureiten und setzte den Landeshauptmann wiederum in tiefes Erstaunen. Alle Gedanken, die sich der Gustl über die Weltläufe gemacht und klüglich in seinem Busen verschlossen hatte, führte er jetzt freimütig ans Licht und bemerkte mit der größten Genugtuung, daß die Empfindungen und Erwägungen, die er vortrug, sich offenbar mit denen des wohlunterrichteten Gravenreuth völlig deckten. „Sie haben", sagte der Landeshauptmann, „ein seltenes politisches Genie, lieber Sumser. Politisches Genie ist im Grunde genommen nichts weiter als die Erkenntnis des Notwendigen und des Möglichen – id est: gesunder Menschenverstand. Aber man sollte nicht glauben, wie selten diese Gottesgabe gemeinhin anzutreffen ist! Insonderheit unsere Beamten und Regierenden haben davon beklemmend wenig. Vielleicht kommt dies daher, daß der gesunde Menschenverstand im umgekehrten Verhältnisse zur Zahl der Dienstjahre steht. Sie sind Österreicher?"

„Nein", antwortete Augustin und erzählte kurz sein Leben.

Gravenreuth legte sein Gesicht in die allerwohlwollendsten Falten und hörte aufmerksam zu. „Hm!" sagte er schließlich, „Sie passen nicht in das gewöhnliche Fahrgeschirr. Schade. Wissen Sie, was Sie sind? Gerade heraus: Faul! Das sind Sie. Mein Neveu ist Ihnen darin verzweifelt ähnlich."

Auf dem angenehmen Gesicht des jungen Gravenreuth stand ein Lachen. „Ja", sagte er und dehnte sich, „das bin ich. Aber, Sie werden sehen, lieber Onkel, ich habe die besten Vorsätze! Lassen Sie mich noch einige Jahre im Regiment, und aus der Remonte wird ein gutdressiertes, lammfrommes Chargenpferd, vulgo ein vortrefflicher Staatsdiener. Es wird mir keine andere Wahl bleiben, da ich nicht das vorteilhafte Talent habe, Spieldosen zu machen und auf diese Weise ungestört faul sein zu können."

Der Alte seufzte. „Möchten Sie in den Staatsdienst, Sumser? Die Zeit braucht helle Köpfe. Das Heilige Römische Reich wackelt in seinen Grundfesten. Ein Stoß von außen, und das alte Gebäude stürzt zusammen. Und denken Sie an mich: Der Stoß wird nicht ausbleiben! Wir werden es erleben. Nun? Ich gelte was in Wien."

Augustin Sumser schaute über den See. Da drüben lag Lindau. Da wellten sich die Wälder über die Hügel. Die Weingärten hielten sich der sengenden Sonne entgegen. Und über dem See war ein Flimmern und Gleißen, ein leichtbeschwingter Reigen des Lichts.

„Nein", sagte der Gustl, „was nützt mir ein Stern auf der Brust, wenn ich nichts mehr in der Brust habe? Die Marionetten der Weltgeschichte müssen aus hartem Holz geschnitzt sein. Das bin ich nicht. Todunglücklich würde ich sein. Es geht halt nicht, Exzellenz. Meine tiefste Dankbarkeit –"

(H. W. Geißler, Der liebe Augustin, S. 111–115)

2. Vorarlberger Landesmuseum

Neben anderen Sammlungen befindet sich im Vorarlberger Landesmuseum auch eine Bildergalerie. Hier sind 18 Gemälde von Angelika Kauffmann ausgestellt, einer damals bekannten Bildnis- und Historienmalerin des empfindsamen Klassizismus, die mit Herder und Goethe befreundet war. Die 1741 in Chur geborene Künstlerin hat die Heimat ihres Vaters, den Bregenzerwald, immer auch als ihre Heimat betrachtet. Sie lebte seit 1782 dauernd in Rom, dort war ihr Haus ein gesellschaftlicher Mittelpunkt für die nach Italien kommenden deutschen Künstler und Gelehrten. Während seines Aufenthalts in Rom war Goethe häufiger Gast bei Angelika Kauffmann. Er schätzte die Künstlerin sehr:

Sonntags, den 22. Juli, aß ich bei Angelika; es ist nun schon hergebracht, daß ich ihr Sonntagsgast bin. Vorher fuhren wir nach dem Palast Barberini, den trefflichen Leonard da Vinci und die Geliebte des Raffaels, von ihm selbst gemalt, zu sehen. Mit Angelika ist es gar angenehm, Gemälde zu betrachten, da ihr Auge sehr gebildet und ihre mechanische Kunstkenntnis so groß ist. Dabei ist sie sehr für alles Schöne, Wahre, Zarte empfindlich und unglaublich bescheiden.

(Goethes Werke, Bd. XI, S. 370)

3. Ehregutaplatz

Auf dem stimmungsvollen Platz in der alten Oberstadt steht der Montfortbrunnen mit einer 1957 aufgestellten Plastik des Minnesängers Hugo von Montfort, der wahrscheinlich im heute nicht mehr erhaltenen alten Schloß in der Oberstadt geboren wurde.

Als Textbeispiel für die Dichtungen Hugo von Montforts steht eines seiner Tagelieder, in denen er diese im Minnesang besonders beliebte Gattung umformt. Während ursprünglich ein Tagelied das fiktive Erlebnis von Abschied und Trennung zweier Liebender nach einer Liebesnacht darstellte, ausgelöst meist durch den warnenden Ruf des Wächters von der Zinne, gestaltet Hugo diesen Wächterruf im geistlichen Sinne als Aufruf an das eigene Selbst zur Besinnung auf sein Seelenheil. Er leitet damit eine Entwicklung der geistlichen Tagelieder ein, die bis zu den protestantischen Kirchenliedern des 17. Jahrhunderts führt, z. B. zu Philipp Nicolais „Wachet auf, ruft uns die Stimme / Der Wächter sehr hoch auf der Zinnen...“:

Ich fragte einen Wächter, ob es denn Tag sei.
Er antwortete mir: „Fürwahr ich sage dir,
er nahet bald heran.
Weshalb siehst du nicht dich selbst an?
An dir habe ich nämlich gemerkt,
daß du bis zum Mittag
deiner Zeit hier auf Erden gelebt hast.
Du bist doch noch genauso, wie ich dich verließ,
wann willst du davon ablassen?
Auf dich kommt die finstere Nacht zu.
Blick auf mit verständigem Sinn, denk an die Herberge!
Alles auf Erden muß vergehen!“

Der Wächter sagte: „Hier auf der Erde
ist alles ein nichts, ich sage dir, wieso:
Deine Seele wird ewig sein;
aber Schönheit und Stärke werden vollkommen vergehen,
auch deine Sinne kannst du nicht bewahren,
der Tod nimmt alles dahin.
Ruf an den Herrn aller Macht,
überdies sei seiner Mutter ergeben,
dann hast du klug gehandelt.

Zwölf Sterne hat sie als Krone
und sitzt beim Sohn, Ihrer Majestät,
die Mutter und Heilige Jungfrau."

„Wächter, deinen Tadel vernehm ich wohl,
davon habe ich großen Kummer zu leiden
und kann doch nicht davon ablassen.
Um Gottes willen wecke mich zu rechter Zeit auf,
denn ich muß in allem für mich einstehen.
Da muß Christus dann dazu helfen,
soll ich auf irgendeine schonende Weise davonkommen,
daß ich seine Gnade erlange.
Gott gebe uns einen seligen Tag!
Dazu verhilf mir, du Jungfrau ohne alle Makel,
daß ich von meinen Sünden geheilt werde!
Von Osten her tagt es schon."
(Brackert, Minnesang, Mhd. Texte und Übertragungen, S. 250–253)

4. Gebhardsberg

Sie erreichen den Gebhardsberg mit der Ruine der ehemaligen Burg Hohenbregenz über die Fluher Straße, von der im Wald nach rechts die Gebhardsberg-Straße abzweigt. Wer gern zu Fuß hinaufwandert, kann die Ruine vom Parkplatz am Waldrand an auf einem Waldlehrpfad erreichen. Die Burg Hohenbregenz wurde im 12. Jahrhundert erbaut, war Sitz der mächtigen Grafen von Montfort und wurde ein Jahr vor Ende des Dreißigjährigen Krieges, 1647, von den Schweden zerstört. Die Kaiserin Maria Theresia verfügte, daß die Burgruine zu erhalten sei, und gab damit ein erstes Beispiel von Denkmalschutz. In dem ehemaligen Palas wurde eine Wallfahrtskirche errichtet, die 1723 dem heiligen Gebhard geweiht wurde. Gebhard stammte aus der älteren Linie der Grafen von Bregenz und war im 10. Jahrhundert Bischof von Konstanz.

Zu Beginn von Wilhelm Raabes Erzählung „Der Marsch nach Hause" sitzt der Held, der schwedische Korporal Sven Knudson, inzwischen als Kuhhirt und Kindermädchen im Dienst bei der Wirtin zur Taube in Alberschwende, 27 Jahre nach dem Schwedensturm bei einem Fest zu Ehren des heiligen Gebhard im Burghof der Ruine und erinnert sich zurück:

Burghof auf dem Gebhardsberg.

In der Mitte der Ruinen, auf der Stelle, wo seit dem Jahre 1723 die Kirche des einstigen Burgherrn von Hohen-Bregenz und spätern Heiligen steht, war heute am 7. August 1674 der Boden von Schutt und Trümmern gereinigt und für den festlichen Tag ein mit Blumen geschmückter, mit Lichtern besteckter Altar errichtet, an welchem die Benediktiner von Mehrerau der Feierlichkeit vorstanden. Hier befand sich der Mittelpunkt des Gewimmels, doch im weitern Umkreis war dasselbe auch nicht viel geringer. Da waren in den verwüsteten Räumen der Burg, im grünen Grase unter den Bäumen, Tische und Bänke aufgestellt und Fässer zusammengerollt und aufgelegt, da gab es mancherlei gute Sachen für den Mund und die Augen, und die Geburtstagsgäste saßen an den Tischen und lagerten im Grase und drängten sich um die Fässer und feilschten an den Tischen der Verkäufer von Rosenkränzen und Kreuzen und Heiligenbildern, und an einem der Tische saß einer der Helden dieser Historia einsam und allein vor der Flasche und dem Glase und nickte mit dem Kopfe und blinzelte in das Gewühl seliglich, im Rücken gedeckt von einem rauchgeschwärzten Mauerwinkel, überschattet von einem Ahornstrauch, unbekümmert um das Glöckleinklingeln der Geistlichen, die Töne der Musik im

Walde, das Jauchzen und helle Lachen der Buben und Mädeln – einer der beiden Helden dieser Historia, der brave Korporal *Sven Knudson Knäckabröd* aus Jönköping am Wettersee, welcher zuerst mit dem großen Feldmarschall Karl Gustav Wrangel hierhergekommen war.

Der Korporal hatte das Kinn auf beide Fäuste gestützt, er blinzelte lächerlich-nachdenklich mit den schwimmenden Augen, und von Zeit zu Zeit schüttelte er den grauen Kopf und fuhr mit der Rückseite der Hand über die braunrote, ehrliche, wenn auch nicht ehrwürdige Nase; es kam ihm selber ganz verwunderlich vor, daß er hier saß, und zwar zum zweitenmal, und zwar unter gänzlich veränderten Um- und Zuständen. Er hatte des guten Tirolers manchen ehrlichen Schoppen genossen, und es war eben kein Wunder, wenn er das bunte, bewegte Treiben vor und um sich in einem phantastischen Zauberlicht sah; aber sein seltsam Geschick hatte ihn wahrlich berufen, an dieser Stelle auch ohne den roten Tiroler mancherlei Gesichte zu erschauen. Er schüttelte den Kopf, wehmütig und doch lustig, wie er daran gedachte, auf welche Art er damals in der Burg des heiligen Bischofs Gebhard anlangte. Wahrlich nicht, um sich wie heute breit und bequem im Schatten eines grünen Ahorns vor dem Becher niederzulassen! Damals war die Welt verschneit, und die Eiszapfen hingen an den Fichtennadeln und Tannenzweigen, an den kahlen Ästen der Eichen und Buchen und an den Bärten der zehntausend Kameraden, welche durch den Allgäu zum Bregenzer Sturm heranmarschiert waren. Damals handhabte er, der Korporal Sven Knudson Knäckabröd, seine Arkebuse wie die andern, stand wie die andern in Rauch, Dampf und Feuer und stieg bergan den Pfannenberg über Leichen und Verwundete. Damals half er den Geschützmeistern die Kartaunen in die rechte Position zu bringen und war unter den ersten an der Zugbrücke, als das Tor von Hohen-Bregenz zersplitterte, die Mauer schwankte und vornüberbrach und den Graben für den verlorenen Haufen weg-, sprung- und sturmgerecht machte. Er befand sich natürlich auch unter dem verlorenen Haufen und schlug mit umgekehrter Muskete wacker drein, als das kaiserliche Kriegsvolk immer noch den Eingang streitig machte; er erwarb sich großes Lob bei seinem Hauptmann, und als der Feldmarschall nachher auf den Berg kam, die gemachte Arbeit in der Nähe zu sehen, da war der Korporal Sven voran unter denen, welche am lautesten Viktoria schreien durften.

„Ooooh!" stöhnte der Korporal am Nachmittag des siebenten Augusts 1674, in allen Reizen der Erinnerung schwelgend, und legte sich schwer auf die linke Seite und schlug mit der rechten Faust gewaltig auf den Tisch. Um seine Gefühle deutlich zu machen, hatte er nichts weiter hinzuzusetzen; aber *wir* haben noch einiges über seine Vorgeschichte zu berichten, um *unseren* Gefühlen gegen ihn gerecht zu werden.

Den Fürberg hinauf und um den Fürberg herum, in den verschneiten Wäldern und Klüften, dauerten die Scharmützel zwischen den Schweden und den Kaiserlichen auch nach der Einnahme von Stadt und Schloß Bregenz tagelang fort, und heute noch richtet auf dem Pfänder der Tourist den Blick oder das Fernrohr auf eine der großartigsten Landschaftsrundsichten Europas aus den halbversunkenen Verschanzungen jener blutigen Wochen.

Ein beträchtlicher Haufen der Sieger drang plündernd, sengend und brennend tiefer in den Wald, scheuchte das Volk dörferweise vor sich her oder jagte es vereinzelt in unwegsame Felsenschluchten oder versteckte Täler, wie solches seit dem Jahre 1618 bei allen kriegführenden Parteien auf des Römischen Reiches heiligem Boden Brauch, Sitte und Gewohnheit geworden war. Auch unter dieser Heldenschar befand sich der Korporal Sven Knudson Knäckabröd, und dieser Expedition hatte er es zu verdanken, daß er im August des Jahres 1674 sich noch immer in der Gegend befand und am Tage des heiligen Gebhard auf dessen von ihm, Sven, selber zerstörten Burg friedlich und gemütlich vor dem Becher saß. An diesen schwedischen Streifzug in den ersten Tagen Anno Domini 1647 knüpft sich nämlich einer jener gar nicht seltenen schönen Züge weiblichen Mutes, weiblicher Wut und weiblicher Tapferkeit, von denen uns die von den Männern geschriebenen Geschichtswerke in verlegener und etwas bänglicher Bewunderung Kunde geben.

Zwischen Lingenau und Hüttisau schlugen am 4. Januar 1647 die vorarlbergischen Ehefrauen und Schmelgen – das ist: die jungen Mädchen – die eingedrungenen Schweden bis auf den letzten Mann tot, und nur der letzte Mann entkam, das heißt, er – der Korporal Sven Knudson Knäckabröd – wurde schwerverwundet von der Wirtin zur Taube in Alberschwende, Frau Fortunata Madlenerin, gefangengenommen und unter sonderlichen Umständen von ihr gegen das blutdürstige Andringen der erbarmungslosen Kampfgenossinnen mit Erfolg verteidigt.

Die Männer, welche sich von dem Überfall am „Roten Egg" wahrscheinlich aus Bescheidenheit ferngehalten hatten, durften natürlich auch nicht in die dem Kampfe folgenden Verhandlungen dreinschwatzen; sie läuten jedoch heute noch je am 4. Januar nachmittags zwei Uhr die Glocken zur Ehre und zum Gedächtnis der Heldentaten ihrer besseren Hälften.

Um zwei Uhr nachmittags lagen im blutigen Schnee am Roten Egg die schwedischen Grobiane, zerschmettert von Kugeln, Baumstämmen und Felsentrümmern, zerhackt von Beil-, Schwert- und Hellebardenhieben, still, und die Weiber vom Walde tanzten wutentbrannt um die Leichen. Die Frau Wirtin zur Taube aber, eine junge Wittib, die keine geringe Rolle in der Schlacht gespielt hatte, brachte eben ihr Beutestück, nämlich den Korporal Knäckabröd, in Sicherheit.

Das hatte seine Schwierigkeiten! Denn kurz nachdem sie entdeckt hatte, es sei noch einiges Leben in dem gleichfalls arg mitgenommenen armen Sven, war dieselbe Bemerkung von drei anderen Kriegsgesellinnen gemacht worden, und diese drei befanden sich noch nicht in der Stimmung, den alten, lieben Beruf der Frauen, die barmherzigen Schwestern und Krankenwärterinnen zu spielen, schon jetzt wieder aufzunehmen. Im Gegenteil! Mit den Waffen in den Händen hatten sie sich auf den unseligen, zappelnden Tropf gestürzt und wie die Frau Fortunata zugepackt, und es gab ein arges Gezerr an Arm und Bein, an den Fetzen des Wamses oder am Bandelier, und die Taubenwirtin hatte alle Mühe, die erbosten Hiebe und Stöße durch ihr Geschrei oder mit dem guten Schwerte, welches ihr seliger Gatte im Winkel hatte stehenlassen, abzuwehren. Es war ein großes Glück für den Korporal Sven, daß ihr Ansehen mächtig war unter den Wäldlerinnen, daß sie den Plan zum Überfall angegeben hatte und daß ihr Haus und Zeichen in Alberschwende einen herrlichen Ruhm und Ruf besaß, weit hinaus nach allen vier Weltgegenden, denn dem allein verdankte er sein Leben nach der Niederlegung seiner Genossen an dem Fallenbache am Roten Egg!

Als doppelte Siegerin führte ihn seine Retterin auf einem Karren in ihr Haus zu Alberschwende unter der Lorena, ließ ihn da zuerst hinter verriegelter Tür auf ein Strohlager neben ihrem Schanktisch, dann in ein besseres Bett legen und besorgte den ersten Verband seiner Wunden selber. Er aber erwachte erst nach längeren Wochen aus seiner Betäubung und wußte dann durchaus nicht anzugeben, was mit ihm vorgefallen sei und wo er sich befinde.

Der Korporal Sven Knudson Knäckabröd wußte eigentlich noch heute, das heißt im Jahre 1674, nicht, wo er sich eigentlich befinde, und das war gar nicht so sonderbar. Seit er Anno dreißig mit dem großen

Gustavus Adolfus, dem streitbaren Löwen aus Mitternacht, auf Usedom in der Pommerschen Bucht landete, war er sechzehn Jahre lang durch solchen Wirrwarr hin und her marschiert, daß für einen Mann, der nicht Gelegenheit gehabt hatte, die Geographie zu studieren, sich das Bild der Welt wohl verwirren mochte. Hatte doch selbst der Oberst Wrangel, unter dessen Kommando er damals seine Kriegszüge begann und der während der Zeit längst Feldmarschall geworden war, Mühe, sich in dieser Beziehung die Landkarte klarzuhalten.

„Donner und Nordlicht!" sagte der Korporal am 7. August 1674, legte sich schwer auf den rechten Ellenbogen und schlug mit der linken Faust auf den Tisch. Jawohl, ein Mann, dessen Leben dicht an der Grenze des ewigen Eises, dem Nordpol nahe, begonnen hatte, der den Krieg mit allen Nationen Europas, mit Deutschen, Franzosen und Hispaniern, mit Italienern, Dänen, Polen und Moskowitern sah, der dann sechsundzwanzig Jahre des tiefsten Friedens unter dem Hirtenvolk des Vorarlberges vollendet hatte, mochte wohl bei einiger Überlegung seines Daseins „Donner und Nordlicht!" sagen.

Die Frau Fortunata hatte am Fallenbach wohl nicht gedacht, welch eine schwere Last sie sich für die nächsten Zeiten durch ihr gutes Herz auf den Hals lud. Sie bekam ihre große Not mit ihrem Schweden, dem noch drei Jahre lang nach dem Sturm auf Bregenz das ganze Land ringsumher nach dem Leben stand. Es fand sich, daß sie ihn nur dadurch vor allen den verschiedenen Nachstellungen retten konnte, daß sie ihn zur Kindsmagd machte, dem wilden Arkebusierer ihr unmündig Töchterlein zur Wartung in die Arme gab und ihn im Haus an ihr Schürzenband geknüpft hielt, bis das erste Gras über die Blutzeit gewachsen war, bis die Alten den „schwedischen Mann" ohne Mordsinn ansehen konnten und die Jungen ihn als ein natürlich gegeben Ding nahmen.

Da saß der Korporal Sven Knäckabröd denn in den Bergen verzaubert neben der Wiege der kleinen Aloysia: er, der mit dem glorreichen und sieghaften König Gustavus Adolfus über das Meer gefahren war und in hundert grimmigen Schlachten in die Linie rückte gegen den Tilly, den Wallenstein, den Pappenheim und hundert andere gewaltige Kriegshauptleute! Da saß er und spann nicht nur Trübsal, sondern auch wirklichen Flachs und Werg, und wenn das Kind schrie, so rief die Frau Fortunata: „He, Schwen, sing ihm!", und der Korporal Sven Knudson Knäckabröd sang.

Potz Lappland und kein Ende – dabei ließ sich dann recht hübsch an allerhand anderes denken! Zum Beispiel an die graue, nebelige, flammende Ebene von Breitenfeld oder von Lützen, an den Kommandoruf vor der Front, an die rasselnden Reitergeschwader, die blauen und gelben Fußregimenter, wie sie gegen die kaiserlichen Batterien am Floßgraben vorstürzten, zurückfluteten, wieder vorstürzten und unter den Hufen und Füßen die Toten und die Verwundeten in Harnisch und in Büffelwams zerstampften!

Wenn dann wieder der Kommandoruf der Wirtin zur Taube in solche Träumereien klang, gab es wohl ein sonderlich Auffahren, und ohne die kleine Aloysia hätte das Ding am letzten Ende doch noch einen traurigen Ausgang mit dem armen, verlorengegangenen schwedischen Mann genommen.

(Wilhelm Raabe, Gesammelte Werke, 3. Bd., S. 165–169)

Die großartige Aussicht vom Gebhardsberg, die Gustav Schwab in dem diesem Kapitel vorangestellten Text beschreibt, haben Sie bei guter Sicht entweder von der Terrasse bei der Wallfahrtskirche oder noch umfassender von der Terrasse der Burggaststätte aus.

Gebhardsberg. Lithographie von Joh. Pecht, um 1830.

Wasserburg – Martin Walser/Horst Wolfram Geißler

Der nächste Ort auf unserer literarischen Route westlich von Lindau ist Wasserburg. Folgen Sie im Ort den Hinweisschildern zur Halbinsel; kurz vor dem autofreien Bereich können Sie parken.

Die Szenerie des von einer Mauer umschlossenen Ensembles von Kirche und Pfarrhaus an der Spitze der Halbinsel direkt am See ist so malerisch und einmalig, daß man versteht, warum Horst Wolfram Geißler diesen Ort als einen der Schauplätze seines Romans „Der liebe Augustin" (siehe Kapitel *Lindau*) gewählt hat und gerade hier den kleinen Augustin Sumser bei seinem Oheim, dem Pfarrer Knöpfle, seine Bubenjahre verbringen läßt. Vom Landungssteg aus haben Sie einen besonders schönen Blick auf Pfarrhaus und Kirche. In der Umgebung der Kirche, aber auch sonst auf der Halbinsel finden sich viele schöne und stimmungsvolle Plätze für die Lektüre.

Der folgende Textausschnitt aus dem Roman setzt ein mit der Ankunft Augustin Sumsers in Wasserburg. Sein Oheim hat ihn nach dem Tod seiner Mutter aus Mittenwald an den Bodensee geholt. Im Text wird deutlich, wie der heranwachsende Augustin die innere Verwandtschaft zwischen der Seelandschaft und seinem eigenen Wesen spürt, wie „die sanfte Musik der kleinen Wellen" seine eigene Musikalität weckt.

Dann hielt der Wagen.

Der hochwürdige Herr betrat mit einem Seufzer der unbeschreiblichen Erleichterung den Heimatboden, ergriff sein Gepäck und seinen Neffen und steuerte mit solcher Geschwindigkeit dem Pfarrhaus zu, daß der Bub nicht einmal Zeit hatte, sich seine Umgebung zu besehen.

Eine freundliche Haushälterin nahm die beiden und ihr Gepäck unter der Haustüre in Empfang. Hochwürden führte den noch immer ziemlich verdutzten Gustl ins Wohnzimmer vor einen kleinen Hausaltar im Eck, sagte mit herzlicher Innigkeit: „Der liebe Herrgott segne deinen Eingang!" und drückte den Buben mit seiner guten, großen Hand so tüchtig auf den Kopf, daß ihm nichts übrigblieb, als niederzuknien. Dann beteten sie beide, teils wegen der glücklichen Beendigung der Reise, teils wegen einer angenehmen Zukunft, und Augustin war sehr bei der Sache; denn es gefiel ihm hier über die Maßen wohl, und er hatte sich mit dem Schicksal einstweilen wieder vollkommen ausgesöhnt.

Augustin bekam eine helle Dachkammer, deren Fenster nach dem See schaute; er packte seine wenigen Habseligkeiten aus und ordnete sie unter Anleitung der Pfarrersköchin, welche Rosl hieß, in eine Kommode. Dann saß und stand er eine Weile verschüchtert im Hause herum, bis man ihm erlaubte, hinauszugehen, damit er die Gegend ein wenig kennenlerne.

Dies tat er sogleich und fand, daß es keinen schöneren Erdenfleck geben könne als den, so er sich klugerweise zur neuen Behausung erwählt hatte.

Ein wenig landeinwärts versteckte sich hinter Apfelbäumen das Dorf, eine Handvoll Dächer.

Die Kirche aber, und neben ihr das Pfarrhaus und der Friedhof, lagen auf einem kleinen spitzen Winkel, den die Erde in den See hinausgebaut hatte. Gegen die Mauern des Friedhofs plätscherten die Wellen, und von den Fenstern des Pfarrhauses hätte man über den kleinen Garten hinweg einen Apfel ins Wasser werfen können. So war das geistliche Revier eine wirkliche Wasserburg.

Der Gustl glaubte etwas Feineres nie gesehen zu haben und ermaß im stillen mit dem strategischen Genie seiner nunmehr fast sechsjährigen Seele, auf welche Weise man diese Burg am vorteilhaftesten gegen allenfallsige Seeräuberangriffe [diese waren das einzige der großen Welt, wovon er gelegentlich gehört hatte] werde verteidigen können. Er setzte sich auf die niedrige Gartenmauer, erkannte, daß ein böser Feind, so er da heranruderte, das steinerne Hindernis sehr leicht überwinden würde, und beschloß, zu gegebener Zeit diese Mauer um einige Ellen zu erhöhen und ihren oberen Rand mit Glasscherben zu versehen. Übrigens begriff er nicht, wie man bisher hatte so leichtsinnig sein können, diese notwendigste aller Vorsichtsmaßregeln außer acht zu lassen. Offenbar war es höchste Zeit gewesen, daß Augustin Sumser hierherkam, um Schlimmeres zu verhüten!

Aber dieser See! Fast weiß wie geschmolzenes Blei, das man durch einen Goldschleier betrachtet, lag er jetzt im Nachmittagslicht und trug unendlich sanfte Wellenlinien an die Mauer heran, die lautlos gegen die Steine stießen, suchend an ihnen entlangliefen und dann kummerlos zu ihren Schwestern zurücksanken. Das Schweizer Ufer, mit seinen Waldhügeln, hinter denen der große Säntis thronte, lag in lauter Flimmer und Schimmer. Zwei Fischerboote rückten langsam über den blanken Spiegel...

Und leider rückte von hinten der Ernst des Lebens heran in Gestalt des Pfarrers Knöpfle. Er kam durch den Garten, in behäbiger Fülle, frischgewaschen, mit wohlwollenden Falten in dem rasierten, runden Gesicht; und er hatte die Hände auf dem Rücken, weil er pädagogische

Absichten hegte. Daß dieser Augustin Sumser mit allen Mitteln zu einer Leuchte der Wissenschaft herangebildet werden müsse, stand bei dem Pfarrer Knöpfle fest. Über das „Wie?" hatte er seine besonderen Gedanken, mit denen er demnächst völlig ins reine zu gelangen hoffte. Einstweilen rief er schon von weitem: „Guschtl! Guschtl!" und zauberte einen hübschen Jakobi-Apfel hinter seinem Rücken hervor, den er als Köder für den wissenschaftlichen Angelhaken zu benutzen gedachte, welchen dieser ahnungslose Knabe nunmehr schlucken sollte.

Augustin kam und schluckte ihn ohne weiteres, den Stiel ausgenommen.

Dann setzten sie sich nebeneinander auf die Gartenmauer.

„Mein Sohn!" begann der hochwürdige Herr und räusperte sich. „Mein Sohn! Der Herr hat es also gefügt, daß ich dir gleichzeitig Vater und Mutter sein soll, was für einen einfachen Pfarrer gewiß keine Kleinigkeit ist. Indessen werde ich mein möglichstes tun, wofern du mich nur ein ganz klein wenig unterstützen willst. Das Leben hat dich ernst angefaßt, und also ist es in Ordnung, daß ich mit dir, wiewohl du noch ein Kind bist, ernst rede. Hörst du auch her, Lausbub?"

„Ja!" antwortete Augustin und wandte seine Augen schleunigst von einem Fischerboot ab, das in aufregender Nähe vorüberglitt.

„Also!" sprach der Oheim Knöpfle wieder, nicht ohne ihn einigermaßen strafend anzublicken, „jetzt sag' mir zuerst einmal: Was hast du gelernt?"

„Nichts!" antwortete Augustin.

Dies brachte Hochwürden etwas aus dem Konzept; er hatte sich darauf vorbereitet, die höhere Bildung einem Menschen beizubringen, der wenigstens mit den Elementen der Zivilisation vertraut war; nun er erkennen mußte, daß auch diese seine bescheidensten Ansprüche zu hoch gewesen seien, sah er sich in seinen Plänen fast hoffnungslos weit zurückgeworfen.

„Wie?" sagte er im Tonfall tiefster Mißbilligung, „nicht einmal lesen kannst du?"

Augustin schüttelte betreten den Kopf.

„Und schreiben?"

„Nein –"

Knöpfle seufzte unter der Last seiner immer wachsenden Aufgabe so schwer, daß der Gustl, um seinen guten Willen zu zeigen, alle seine Kenntnisse zusammennahm und entgegenkommend erklärte: Wenn der Oheim ihm ein „i" malen wolle [von welchem Buchstaben er bereits mehreres gehört habe], so sei er bereit und imstande, das Tipferl hinaufzumachen.

„Das ist immerhin etwas!" sagte der Pfarrer und blickte angelegentlich beiseite, um ein Zucken seiner Mundwinkel zu verbergen. Dann wurde er wieder ernst und sogar fast wehmütig; also Schreiben, Lesen, Rechnen – heiliger Gott, was stand ihm bevor! Und er hatte bereits vom Accusativus cum infinitivo, von Cornelius Nepos und Cäsar geträumt...!

Er dachte nach. Es wäre freilich das einfachste gewesen, den Gustl zunächst zum Dorfschulmeister gehen zu lassen. Aber erstens würde das zu lange dauern – Knöpfle hatte es mit seinen pädagogischen Plänen sehr eilig –, zweitens wollte er sich den Buben nicht aus der Hand nehmen lassen, und drittens fürchtete er, daß Augustins reichlich rustikale Manieren in der Dorfschule kaum gebessert werden würden, während er, der Pfarrer Knöpfle, in dieser Hinsicht einen vorzüglichen Präzeptor abzugeben hoffte; denn er war drei Jahre lang im nahen Schloß Langenargen als Religionslehrer des jungen Grafen Montfort aus- und eingegangen und wußte, wie sich feine Leute benehmen.

Also sprach er nach einer Weile, abermals seufzend: „Es hilft nichts, Bub – wir beide müssen's zusammen machen. Und morgen wird angefangen. Ich will mich nach dem Notwendigen umtun. Sei brav, und fall' nicht ins Wasser." Damit ging er.

(H. W. Geißler, Der liebe Augustin, S. 16-19)

Kirche und Pfarrhaus in Wasserburg.

Auf dem Friedhof bei der Kirche befindet sich das Grab von Horst Wolfram Geißler, der Ehrenbürger von Wasserburg war.

Im Kapitel Wasserburg folgt den Ausschnitten aus dem „Lieben Augustin" ein Text von Martin Walser. Solche „harten Fügungen" ergeben sich aus der Konzeption des Führers, der Texte den entsprechenden Orten zuordnet. Gerade dadurch wird aber auch etwas vom breiten Spektrum der Literatur sichtbar.

Martin Walser wurde 1927 in Wasserburg geboren, sein Elternhaus war die damalige Bahnhofswirtschaft, hier verbrachte er seine Kindheits- und Jugendjahre. (Siehe auch Kapitel *Überlingen*.) Der folgende Text „Von Wasserburg an" (1981) erscheint wie eine Spurensuche, als sei Walser „auf der Suche nach der verlorenen Zeit". Die poetische Methode, die er dabei anwendet, hat er selbst so formuliert: „Mir wäre von allen Arten, mit dem Vergangenen umzugehen, das Nennen die liebste. Alles beim richtigen Namen zu nennen, das wär's."

Von Wasserburg an

Alle Menschen sind am 24. März 1927 in Wasserburg am Bodensee geboren. Das ist länger her als die Jahreszahlenrechnung vermuten läßt. ‚Damals', das ist inzwischen ein Wort, so gewaltig wie ein Pfahl, den man hier in die Erde treibt, damit er bei Neuseeland wieder an die Sonne komme. Manche versuchen jetzt herauszubringen, ob der 24. ein Sonntag oder Freitag war und wie die Sterne standen. Andere durchblättern Kirchenbücher nach den Fluglinien und Kriechspuren der Vorfahren. Fast alle werden, je weiter der 24. März 1927 im Zeitenmoor versinkt, desto eifrigere Historiker. Alle Menschen wollen offenbar zurück. Oder sie wollen wenigstens jetzt nicht mehr weiter. Sie möchten endlich bremsen. Sie möchten sich des 24. versichern. Sie haben noch eine Ahnung, wie das war in dieser Bahnhofwirtschaft, die dem Bahnhof gegenüber steht, aber sich durch ein paar Ziegelsteingesimse zu seiner gänzlichen Ziegelsteinhaftigkeit bekennt. Man kann sich schwer wehren gegen diesen rötlichen Bahnhof, der ja der Bahnhof aller Bahnhöfe ist. Schließlich hat die Menschheit mit Kreidebrocken, die nicht aus Schreibwarengeschäften stammten, auf seinen Ziegelsteinrechtecken gelernt, sich auszudrücken. Und wenn dann der Vorstand kam! Gott mußte in der ersten Religionsstunde nur noch in dessen Reichsbahnuniform schlüpfen und hatte gewonnen. Für immer makellos, das Mützenrot, der Bärtchenglanz, das Rot und Grün der

Blechscheibe am hölzernen Stil. Mit dieser Kelle konnte man Josef freie Fahrt nach Ägypten und Petrus Halt im Pilatushof signalisieren...

Die Bahninteressenten kehren nicht mehr zurück, das ist klar. Sie sind verloren. Man denke nur an die Anziehungs- und Fassungskraft der höherstehenden und aus ebenso schönen Ziegeln erbauten Güterhalle, an ihre kirchenhaften Westfenster, an die für Barfußsohlen spreißelspreizenden hölzernen Rampen, an den Geruch von allen Gütern, an den Verkehr mit der Welt. Da ich zwar auch im Eisenbahnwesen des Jahres 27 untergehen möchte, aber nicht darf, trenne ich mich von denen, die bei den Grafikrätseln der Frachtbriefe und den werktäglichen, aber stolz schnaufenden Lokomotiven untergehen. Wo einer auf diesen Vergangenheitsboden tritt, ist er verloren. Er versinkt wirklich. Kommt nie mehr zurück. Das liegt einfach an der Tiefe des Bahnhofwirtschaftswesens in Wasserburg am Bodensee um das Jahr 1927. Selbst wenn die Gemeinde nur 600 oder 800 Einwohner gezählt haben mag und von denen nur 150 in die Wirtschaft gekommen sind, waren es in Wirklichkeit doch Tausende und Abertausende, weil doch im Lauf der Jahre jeder hunderte von Malen eintrat und auftrat und jedes Mal als ein anderer. Eine schon wieder ins Unendliche tendierende Multiplikation. Und die Fremden! Die gabs ja auch. Die mußten doch den Einheimischen sagen, daß das Dorf am Bodensee liege und daß das nicht nur für Fischer und für den Friedhof günstig sei. Was taten sie noch? Die ließen auf gerade aufgeschnittene Semmeln, die sie mit der von der Bäckerwärme sich auflösen wollenden Butter bestrichen hatten, Honig triefen; durch die Morgensonne ließen sie den triefen; Morgensonnenhonig ließ der Fremde damals auf bäckernestwarme, also butterschmelzende Semmeln triefen, dann biß er hinein. Er saß ja auf der blechgedeckten Terrasse; in der Terrassenmauer hatte der alles bauende Großvater, damit es leicht und luftig bleibe, jeden zweiten Ziegelstein weggelassen; aber die Geranien strudelten dicht und wild aus ihren Kästen auf dieser halbhohen Mauer. Damit könnten sich die, die sich noch nicht an den Bahnhof und nicht an die Fremden plus Honigsemmeln verloren haben, an die Geranienkästen verlieren. Wer da einsteigt, kommt im Herbst unweigerlich in den Keller, wo die Geranien auf Gestellen überwintern, wo es friedhofhaft riecht, wo der Kartoffelkeller mit weißen Trieben, der Weinkeller mit feurigen Düften benachbart ist. Dort gibt es zum Verlorengehen auch noch den Obstkeller. Den Eiskeller, in dem die Schweinehälften senkrecht hingen und breit die Brust des Kalbs und als Ketten die Würste. Und die

Waschküche. In der wird geschlachtet. Für immer. Aber alle, die sich über drei Stufen hinausretten in den Hof, sind in Gefahr im nur zu ertastenden Dunkeltum von Remise, Schopf oder Stall zu verschwinden; da soll es ruhig nach gequälter Katze riechen, nach betasteten Mädchen, Kohle, gemischtem Kinderurin. Oder ist es besser, den Apfelbäumen zu verfallen, dem Birnenspalier, der Traubenwand, den hohen Stößen aus Holz? Eine Holzhandlung gehörte doch auch dazu. Und die Kohlenhandlung. Auch mit Fetten war ein glückloser Handel versucht worden. Angorahasen sollten verkäufliche Wolle bringen. Silberfüchse waren vorgesehen. Der Nachbar probierte Biber. Nein, die unglückliche Ökonomie dieser Jahre ist fast das Attraktivste. Weg davon. Wohin? Zum Nachbar Schuhmacher? Aber zu welchem, wenn zwei Schuhmacher ihre Lederdüfte und Sohlgeräusche von Ost und Südwest hersenden? Oder gleich zum Schreiner, der, bevor er mit einem sprechen konnte, seine irrsinnigen Maschinen zum Schweigen bringen und, um die Augen richtig öffnen zu können, das Sägmehl aus der Luft wischen mußte.

Er soll weder Maschinen abstellen, noch Sägmehl aus der Luft wischen. Wenn zu der unendlichen Gegenständlichkeit auch noch die Zeit ihre Macht andeuten dürfte, gibt es gar keine Rettung mehr. Dann wäre nicht mehr zu verschweigen, daß zum Anwesen an der Terrassenecke, die höchste Fahnenstange des Dorfes gehörte, bestimmt dafür, ortsfremde, aber weiß-blau durchgesetzte Belange zu feiern; aber dann wurde, weil ein noch fremdes Vaterland uns rekrutiert hatte und weil vor dem Bahnhof Platz war für die Aufstellung von Marschkolonnen und weil nach der Auflösung derselben ein Bier erwünscht sein konnte, deshalb wurde zur Attraktion von Durstigen also auch die schwarzweißrote Fahne und dann auch noch die schwarzweißrote plus Hakenkreuzkreis gehißt. Da begänne die Handlung. Ich lasse die Kolonnen des Kriegervereins, Gesangvereins, Musikvereins, der Marine-SA uniformiert. Die Fahnen bleiben unentfaltet in der Wirtschaft, wo sie werktags bei den Pokalen verdämmern. Wir waren der Tummelplatz jeder Geschichte. Wir haben keine ausgelassen. Hier würden sich Wege trennen und jeder würde zum Entsetzlichen führen. Ein Krieg begänne. Ein Dorf würde überleben, um dann in der Neubauzeit unterzugehen. Alle 1927 in Wasserburg Geborenen bzw. alle Geborenen bzw. alle verlieren Wasserburg. Es ist nicht zu retten. So wenig wie die Menschen selbst. Als wir alle noch in jenem Wasserburg lebten, wußten wir nicht, was das einmal für uns bedeuten würde. Von heute aus gesehen, bewegten wir uns ‚damals' wie im Traum, wie auf der Bühne, wie im Roman. Dann kam der Auszug. Wir glaubten, Wasserburg verlassen zu können. Die Gegenwart winkte uns. Der Dialog wurde geübt. Die Behauptung geprobt. Die Verwirklichung von etwas, das wir selbst nicht kannten, aber durch die Verwirklichung kennenlernen wollten: das sogenannte Selbst. Kannst du dazu auch noch Geld verdienen? Alles wurde mit allem in Einklang gebracht. Und es wurde drauflosgelebt. Menschenfresser gab es nicht mehr, nur noch Anpassungsmeister: Professoren, Ärzte, Schriftsteller, Unternehmer, Pfarrer und Politiker, die dich bildeten für ihre Gegenwart. Du hast alles nachgemacht und den jeweils üblichen Preis bezahlt. Bis du merkst, was du tust, hast du es getan. Bis du merkst, daß die Korrektur einen neuen Irrtum installiert, ist der schon installiert. Bis du merkst, daß es zu spät ist, ist es zu spät. Was hast du getan? Zu wenig. Und das Wenige zu schnell. Das ist eben so. Ist das so? Bleibt das so? Du mußt alles noch einmal durchnehmen, Mensch. Von Wasserburg an. Jetzt ist alles Stoff. Von Wasserburg an. Jetzt, nachdem nichts mehr Leben und alles Stoff ist, kann man vielleicht endlich was anfangen damit. Von Wasserburg an.

(Martin Walser, Heilige Brocken, S. 125–129)

Zur weiteren Lektüre schlagen wir den Roman „Das Einhorn" (1966) von Martin Walser vor. Große Teile des Romans spielen in dieser Gegend, zwischen Lindau und Eriskirch.

Von Wasserburg aus führt die Route zur Antoniuskapelle bei Selmnau, dem Standort für Mörikes „Idylle vom Bodensee". Sie erreichen die Kapelle, die man schon von weitem sieht, mit dem Auto über Hattnau – Selmnau (nördlich von Bahn und Bundesstraße; ausgeschildert).

Antoniuskapelle bei Selmnau – Eduard Mörike

Einer Reisenden

Bald an die Ufer des Sees, der uns von ferne die Herzen
Lockt in jeglichem Jahr, Glückliche! kehrst du zurück.
Tag und Nacht ist er dein, mit Sonn und Mond, mit der Alpen
Glut und dem trauten Verkehr schwebender Schiffe dazu.
Denk ich an ihn, gleich wird mir die Seele so weit wie sein lichter
Spiegel; und bist *du* dort – ach wie ertrag ich es hier?
(Eduard Mörike)

Der tiefe Eindruck, den die Bodenseelandschaft durch ihre Weite und helle Heiterkeit auf Mörike bei seiner ersten Reise an den See 1840 (siehe Kapitel *Kartause Ittingen*) gemacht hatte, wurde von ihm erst fünf Jahre später dichterisch verarbeitet – 1845 entstand die „Idylle vom Bodensee".

Wir schlagen als geographischen Bezugspunkt für diese Dichtung die idyllisch gelegene Antoniuskapelle nordwestlich von Wasserburg vor. Von hier aus hat man einen umfassenden Blick über den Teil der Bodenseegegend, den Mörike selbst als Handlungshintergrund der „Idylle" im Sinne hatte: „Der Schauplatz der Idylle ist an der württembergischen Landesgrenze gegen Bayern, südöstlich von Friedrichshafen zu denken."

Eine genauere Lokalisierung einzelner Handlungsorte, etwa der verfallenen Kapelle direkt am See, ist bei Mörikes Arbeitsweise nicht möglich. Um seine Erinnerung „zu ergänzen und zu erneuern", nahm Mörike Gustav Schwabs Bodenseebuch zu Hilfe; seinem Dichterkollegen schrieb er am 25. Mai 1846: „Der Schauplatz ist ein von Ihnen ganz besonders begünstigter des lieben Vaterlands, die Bodenseegegend, und mit Freuden bekenne ich hier, daß die frische und reine Anschauung, die uns Ihr Handbuch gibt, nicht allein überall meine Erinnerung ergänzte und erneuerte, sondern auch die Lust zur Ausführung vorzüglich belebte."

In der „Idylle vom Bodensee", einem Versepos in sieben Gesängen, verknüpft Mörike zwei Abenteuer desselben Helden miteinander. Der 70jährige Fischer Martin trifft bei einer verfallenen ehemaligen Wallfahrtskapelle am See einen Schneider, führt diesen auf den Leim und reizt seine Habgier, indem er ihm von einer Glocke erzählt, die vergessen im Turm hänge. Auf dem Heimweg erinnert sich der Fischer Martin an einen Jugendstreich: Er hat als junger Bursche seinen Freund Tone, den

Fischer, an dessen treulosem Mädchen gerächt, die ihn, ebenfalls aus Habgier, verlassen und einen reichen, aber tumben Müller geheiratet hat. Er und die Burschen des Dorfes haben während der Hochzeitsfeier den Brautschatz von Gertrud in den nahen Wald entführt. Diese Binnenerzählung, in der auch noch von der neuen Liebe Tones zur Schäferin Margarete erzählt wird, umfaßt vier Gesänge. Im letzten Gesang des Epos wird die Geschichte vom Glockendiebstahl zu Ende geführt. Der Schneider findet statt der erhofften Glocke nur einen alten Hut des Fischers Martin im Turm, versöhnt sich aber am Ende mit Martin, nachdem sich beide Stillschweigen über die Sache versichert haben.

Viele Zeitgenossen vermuteten, Mörike habe den Stoff zur „Idylle" in volkstümlichen Erzählungen vorgefunden. Aber aus seinen Äußerungen geht hervor, daß sowohl die Geschichte vom Glockendiebstahl, eine Erinnerung aus seiner Tübinger Stiftszeit, als auch die Gertrudgeschichte seine eigene Erfindung ist.

Das Werk stand für Mörike von Anfang an unter einem guten Stern. Schon in der Entstehungszeit schrieb der Dichter am 4. April 1847 an seine spätere Frau Margarethe von Speeth: „In meinem Leben hab' ich nichts unter so glücklichen, auch nur von weitem ähnlichen Umständen gemacht, und es ginge nicht mit rechten Dingen zu, wenn man es der Arbeit nicht ansähe."

Wasserburg. Aquarell von Max Wagenbauer, 1806.

Vom Standort Antoniuskapelle aus hat der Besucher einen herrlichen Ausblick über die weite, fruchtbare Bodenseelandschaft. Dieser Landschaftseindruck wird gleich in den ersten Versen der „Idylle" dichterisch ausgestaltet und bildet den Rahmen für die Handlung:

Erster Gesang

Dicht am Gestade des Sees, im Kleefeld, steht ein verlaßnes
Kirchlein, unter den Höhn, die, mit Obst und Reben bewachsen,
Halb das benachbarte Kloster und völlig das Dörfchen verstecken,
Jenes gewerbsame, das weitfahrende Schiffe beherbergt.
Uralt ist die Kapelle; durch ihre gebrochenen Fenster
Streichet der Wind und die Distel gedeiht auf der Schwelle des
                                                    Pförtleins;
Kaum noch hält sich das Dach mit gekrümmtem First, ein
                                                    willkommener
Schutz vor plötzlichem Regen dem Landmann oder dem Wandrer.
Aber noch freut sich das Türmchen in schlanker Höhe den weiten
See zu beschauen den ganzen Tag und segelnde Schiffe,
Und jenseits, am Ufer gestreckt, so Städte wie Dörfer,
Fern, doch deutlich dem Aug, im Glanz durchsichtiger Lüfte.
Aber im Grund wie schimmern die Berge! wie hebet der Säntis
Silberklar in himmlischer Ruh die gewaltigen Schultern!

Der folgende fünfte Gesang führt aus der dörflichen Enge der vorhergehenden Handlung heraus in die weite, heitere Landschaft. Die Schäferin Margarete und der von Gertrud verlassene Tone, den Margarete schon lange heimlich liebt, treffen sich zufällig frühmorgens am Hochzeitstag der ungetreuen Gertrud.

In diesem Gesang wird der Gattungscharakter der Idylle, die in der antiken Dichtung eine wichtige Rolle spielt, besonders deutlich. Die Bezeichnung „Idylle" kommt von griech. „eidyllion" und bedeutet so viel wie „Bildchen". In solchen Bildchen wurde, eingebettet in eine arkadische Landschaft, ein einfaches, friedlich-harmonisches Land- und Hirtenleben dargestellt. Mörike übersetzte zahlreiche Idyllen des griechischen Dichters Theokrit und nahm die antike Tradition in seine eigene Dichtung auf:

Schwebe nunmehr, o mein Lied, feldwärts auf beweglichen
Schwingen!
Erst am hellen Gestade hinab, dann über das Fruchtfeld
Schräge den Wasen hinauf, der gemach ansteigt zum Waldsaum.
Dort, in der Frühe des Hochzeittags, da noch auf den Gräsern
Blinkte der Tau und stärkenden Duft noch hauchte die Erde,
Stand bei den Eichen die holdeste Schäferin, hütend alleine,
Wie sie wohl manchmal tat an der Stelle des älteren Bruders.
Denn längst war sie geübt in den sämtlichen Künsten des
Handwerks:
Wußte geschickt den unfolgsamen Stör mit der Schippe zu treffen,
Stieß in das Pfeifchen und schickte mit flüchtigen Worten den
Schafhund
Hinter den irrenden Haufen herum und sie stoben zusammen.
Auch wenn der Bruder den Pferch aufschlug für die Nacht auf dem
Felde,
Trieb sie die Pflöck in den Grund mit kräftig geschwungenem
Schlägel.
Doch jetzt haftete ruhigen Blicks ihr Aug auf der Berge
Morgendlich strahlenden Reihn, die mit schneeigen Häuptern zum
hohen
Himmel sich drängen; und jetzo die fruchtbaren Ufergelände
Flog sie entlang, und den herrlich besonnten Spiegel durchlief sie,
Welcher, vom Dunste befreit, schon wärmender Strahlen sich
freute.
Hier arbeiteten Fischer im Kahn, dort schwand in die Ferne
Winzig ein Segel, indes schnell wachsend ein anderes nahte,
Und noch andre begegneten sich und kreuzten die Wege.
Rauch stieg auf von den Dächern des Dorfs, und irres Getöse
Kam undeutlich herauf von Menschen und Tieren; die Peitsche
Knallt' und es krähte der Hahn. Doch weit in den blauenden
Himmel,
Über dem See und über dem wilden Geflügel des Ufers,
Kreiste der Reiher empor, dem Säntisgipfel sich gleichend;
Aber im Walde, zunächst bei der Schäferin, sangen die Vögel.
Jetzt, indem nach dem Dorfe sie sah, kam hinter den Gärten
Tone, der Schiffer, hervor und trat in die offene Straße.
Da sprach jene verwundert für sich: „Ja, wahrlich, er ist es!

Sagten die Mädchen doch jüngst, er würde verreisen auf heute.
Trotzig geht er einher und getrost, doch, *wie* ihm zumut sei,
Dauert er mich auf ein neu's und muß ich denken, er ziehet
Weit in die Welt und kommt nicht mehr. Das aber ist Torheit,
Weiß ich wohl. Wie schön dem wandernden Buben der breite
Strohhut läßt mit dem hängenden Band – er hat ihn das erste
Mal heut auf – und mit silbernen Knöpfen die Jacke von Sammet!
Trude, was hast du gemacht, so wackeren Jungen verlassen!"
Also sprach Margrete, die Schäferin, mit sich alleine,
Während er nah und näher herankam unten im Fahrweg.
Aber o welches von euch, ihr wehenden Lüfte des Morgens,
Führt' ihm das Wort zu Gehör? Denn mit einmal schaut' er herüber,
Stand und schaute nach ihr: da schien er sich erst zu bedenken,
Sprang dann über den Graben und stieg in der Furche des Kornfelds
Grade den Hügel herauf. Von Schrecken gelähmet, das Mädchen
Duckte sich nieder am Stamm der gewaltigen Eiche, sich bergend,
Saß und zog ihr kurzes Gewand auf die Knöchel der Füße
Hastig hinab, denn barfuß war in den Schuhen die Hirtin.
Gleich dann stand er vor ihr und bot ihr die Zeit, und sie gab's ihm
Mit schamlächelndem Munde zurück, unsicher die braunen
Augen erhebend; sie glänzten ihr hell im Schatten des Baumes.
Und er sagte sogleich: „Nach Buchhorn muß ich dem Vater;
Gibst du mir nichts in der Stadt zu bestellen? Es sei was es wolle." –
„Dasmal nicht", erwiderte sie: „dankswert ist der Antrag." –
Hierauf wechselten sie gleichgültige Reden; doch abseits
Waren die stillen Gedanken gekehrt und auf anderen Pfaden
Hin und wieder betrafen sie sich und flohen sich alsbald
Scheu. Nun schwiegen sie gar, und er, an die Eiche sich schmiegend,
Blickte von oben auf ihre Gestalt. Da quoll ihm der Busen
Bang und wallete ganz vor sehnender Liebe das Herz ihm,
Welche zuvor ihm schon mit Verheißung leise genaht war,
Wenn dem Einsamen oft das liebliche Bild Margaretens
Sich vor die Seele gestellt mit Trost und Schwestergebärde.
Ach wie drang es ihn jetzt in überfließender Rührung
Auf einmal sein ganzes Gemüt vor ihr zu entdecken!
Aber ihm fehlte der Mut, und er fand nicht wie er beginne.
Endlich mit Not, nur daß er nicht blöd und seltsam erscheine,
Frug er, sich zwingend zum Scherz, mit erheiterter Miene das
Mädchen:

„Margret, singen wir nicht bald wieder zusammen den Kehrreim,
Wie dort, wo ich im Schiff euch fuhr und das Kälbchen ins Aug
traf?
Traun, hier säng es sich schön, und niemand nähm es in übel." –
Doch das errötende Kind am Boden mit spielendem Finger
Rupfte das Moos und sagte die ungeheuchelten Worte:
„Nicht gern, Tone, das glaub, und heut am wenigsten denk ich
Gern an den leidigen Tag. Ich bin nicht schuld, es ist wohl wahr:
Aber, hat es mit euch auf ein End gehn sollen – ich sagt es
Gleich und sage noch jetzt – ich hätt doch können davon sein."
„Rede mir nicht so!" versetzte der Jüngling rasch mit bewegter
Stimme: „dein Wort kränkt mich; denn so Gott will warest du
damals
Mir zum glücklichen Zeichen dabei, und wahrlich umsonst nicht
Muß ich zuerst dir wieder am heutigen Morgen begegnen,
Der zu Schmerzen mir nur, zu Verdruß und Verschämung gemacht
schien.
Diesen, ich lüge dir nicht, ich sah seit Wochen ihn kommen,
Eben als sei es ein Tag wie ein anderer; siehe, so ist mir
Völlig gewendet der Sinn! Noch kaum zwei Monate bin ich
Los von der Gertrud und – schon so viel Jahre mir deucht es.
Ja ich denke zurück und kann mich in dem Vergangnen
Selbst nicht wieder und kann nicht wieder das Mädchen erkennen,
Das mich betört, um das verzweifelte Liebe zuletzt noch
Dreizehn Tag und Nächte mit Fäusten mich schlug und würgte
(Wahrhaft sei es dir alles bekannt)! Doch mitten im Jammer
War ich entlassen der Pein; mich stieß ein plötzlicher Mut an,
Hoffnung kam in mein Herz, ich weiß nicht wieso, noch von
wannen,
Denn nichts war mir bewußt, darnach ich irgend begehrte,
Nein, vielmehr, nur wie oft noch im Angesichte des Winters
Hell aus nacktem Gezweig ein Frühlingsvogel die Stimme
Hebt und zumal im Busen die staunende Freude dir wecket,
Also war ich erfreut und gewiß glückbringender Zukunft.
Meinem Geschäft nach ging ich getrost, und gesellte mich bald auch
Zur Kameradschaft wieder, wie vordem. Einmal, am Sonntag,
Hieß mich der Fischer mit ihm die Käthe besuchen in ihrer
Stube; da plauderten wir, und er, wie er immer zu tun pflegt,
Nahm vom Schranke herunter das Buch mit alten Geschichten,

Las ein Stück und das andere laut und plauderte wieder
Zwischenhinein. Indem so sah ich im Fenster ein braunes
Näglein stehen im Glas, und ich lobte es, weil es so schön roch.
Sagte die Käthe: ‚Dir sei es geschenkt! ich hab es von einer,
Die verdrießet es nicht, weil du's bist, Tone; die Schäfrin
Gab mir's gestern, sie hat sie von allen Farben im Garten.' –
Sagt's, und redete noch, da kamst du just mit der Walburg
Langsam die Gasse herab im Gespräch und am Hause vorüber.
Alle wir sahen dir nach mit wohlgefälligen Blicken.
Sieh, und im Hinschaun kam mir ein Wort des herzlichen Lobes
Und dein Name mir über den Mund – so rührte dein Bild mich
In der Seele! so schön warst du! ja recht wie der Friede
Selber erschienest du mir! – Ich war wohl etwan ein wenig
Stille geworden; da blickten die Zwei sich mit heimlichem Lachen
An, doch taten sie nicht so fort, noch sagten sie etwas,
Und bald ging ich hinweg. Von Stund an aber, o Schäfrin,
Kamst du mir nicht aus dem Sinn, und war mein erstes Gedenken
Früh im Erwachen an dich, und mein letztes an dich, wenn ich
                                        einschlief,
Müd von saurer Tagsarbeit. Schau, jegliche Nacht fast
Leert ich im Traum vor dir mit tausend Tränen mein Herz aus!
Aber am Tag, wie sollt ich zu dir mich finden? Ich sah dich
Kaum in der Kirche einmal und kaum auf der Straße von weitem.
Und mein Unglück machte mich blöd, ich wollte dich meiden
Eher als dir nachgehn. Doch heut, da ich dort von der Straße
Dich auf dem Hügel allein bei deinen Schafen erblickte,
Dacht ich: du willst nur hinauf, sie sehen und grüßen, und mehr
                                        nicht!
Denn so sprach ich bei mir in zweifelnder Seele noch gestern:
‚Hüte dich wohl, ihr so bald und mit einem Mal zu verraten
Was dich im Innern bewegt! Nur seltsam gewiß und unglaublich
Müßte so plötzlicher Wandel das ehrbare Mädchen bedünken,
Ja sie scheute vielleicht und bliebe dir stutzig für immer.'
Unfreiwillig jedoch, und trotz dem beschworenen Vorsatz,
Margret, sagt ich dir alles heraus, ich konnte nicht anders.
Aber so denke von mir darum nicht schlimmer als vordem!
Kennst du mich doch, und weißt, wie alles gekommen von Anfang.
Sprich mir ein freundliches Wort! nur soviel, daß du nicht unhold
Von mir denkst! ich lasse dich dann und gehe zufrieden.“

Sprach es, der Schiffer, und hielt sich nicht mehr: an die Seite
                                                          der Hirtin
Sank er danieder ins Moos; sie aber bedeckte mit ihren
Händen das schöne Gesicht voll Glut und die strömenden Augen.
Himmlische Freude durchdrang, unfaßbar, welche dem Schmerz
                                                          gleicht,
Ihr wie betäubendes Glockengeläut den erschütterten Busen.
Staunend blickte der Jüngling auf sie und rührete schüchtern
Ihr an die Achsel: „Was ist dir?" frug er, in steigender Ahnung,
Nahm ihr die Hände hinweg vom Gesicht, und es lachten die klaren
Augen ihn an, mit Tränen gefüllt unsäglicher Liebe.
Aber der Jüngling umschlang mit brünstigen Armen das Mädchen
Fest, und sie küßten einander, und hingen ein Weilchen sich also
Schweigend am Hals und fühlten die stärkeren Schläge des Herzens,
Sahen aufs neue sich an und herzten einander und lachten
Hell vor unschuldiger Lust, und schienen sich selber ein Wunder.
Tausendfältig sofort mit Worten bekräftigten beide
Sich, was wieder und wieder zu hören die Liebenden freuet.
Ruhig indessen am Abhang weideten nieder die Schafe,
Vom aufmerksamen Wächter bewacht; auch schaute die Hirtin,
Oft vorbeugend ihr Haupt, nach der Schar, ob keins sich verlaufe.
Hoch stand aber die Sonne, schon sechs Uhr schlug es im Dorfe,
Und es gemahnte die Zeit jetzt, ach, den Schiffer zum Abschied.
Zehnmal sagt' er bereits Lebwohl, und immer von neuem
Hielt er die Hand, die bescheidene, fest und hub er von vorn an.
Endlich erhoben sie sich, und, gelehnt an das Mädchen, der Jüngling
Sah in die Gegend hinaus. Ach, wieviel anders erglänzten
Jetzo die Berge vor ihm! und der See und der herrliche Morgen!
Ihn durchzuckte sein Glück, ein inneres Jauchzen versetzte
Jäh in der Brust ihm den Odem, er seufzete tief und küßte
Margareten die Stirne noch einmal, ging dann und kehrte
Nach drei Schritten sich um, und sagte die bittenden Worte:
„Gib ein Zeichen mir mit auf den Weg, ein Blatt von der Eiche,
Oder was immer es sei von dir, zum tröstlichen Zeugnis
Dieser Stunde, damit ich im stillen daran mich bestärke!"
Sprach's und löste zugleich die silberne Schnalle von seinem
Hemde, die breit, herzförmig, er vorn am Halse getragen;
Reichte sie ihr, und das willige Mädchen, geschwinde besonnen,
Sah am Boden zunächst, am knorrigen Fuße des Eichbaums

Liegen die Tasche, darin ihr Morgenbrot und ihr Betkranz
War, aus Bein, in Messing gefaßt, ein teueres Erbstück
Noch von der Ahne: den nahm sie heraus und drückte die Lippen
Innig darauf, gab dann in die Hand dem Liebsten das Kleinod,
Der es begierig empfing und sogleich am Herzen verwahrte,
Wie sie die silberne Schließe verwahrt am wärmenden Busen.
Jetzo mit lang aushaltendem Kuß erst trennte das Paar sich.

So denn hatte sein besseres Glück dem redlichen Jungen
Alle die Schmerzen zumal der vergangenen Tage vergütet.
Eh noch am Traualtar dem gekuppelten Mann sich die Falsche
Unwiderruflich verband, o Jüngling, umfingst du mit Freuden
Jene, die längst, in der Wiege, dir schon zudachte dein Schicksal.

(Eduard Mörike, Sämtl. Werke, Bd. 1, S. 873, 898-904)

Langenargen – Annette von Droste-Hülshoff

Von der Seepromenade in Langenargen aus, zwischen Schiffsanlegestelle und Schloß Montfort, haben Sie die von Annette von Droste-Hülshoff enthusiastisch geschilderte Aussicht über den weiten See.

Bereits 1827 hatte Gustav Schwab in seinem Bodenseebuch den „köstlichen Standpunkt" gerühmt und den Reisenden empfohlen, die herrliche Aussicht „mit großer Bequemlichkeit von dem hinteren Saale des Gasthauses zum Schiff aus" zu genießen. Dieser Empfehlung können Sie auch heute noch folgen, wenn Sie es nicht vorziehen, einen Gang über die Seepromenade zu machen.

Die Droste reiste im Sommer 1842 mit ihrer Schwester und ihrem Schwager (siehe Kapitel *Meersburg*) von Meersburg aus nach Langenargen. „So romantisch, daß man es in einem Roman nicht brauchen könnte", sei die Szenerie mit Burgruine und See, schrieb sie einige Tage später an ihren Freund Levin Schücking:

Ruine Montfort bei Langenargen

Einige Tage später fuhren wir über Friedrichshafen nach Langenargen, acht Stunden von Meersburg, dieses Mal Jenny mit. Wie habe ich da an Dich gedacht, altes Herz, wie hundertmal habe ich Dich hergewünscht! Da hättest Du erst erfahren, was ein echt romantischer Punkt am Bodensee ist. Von so etwas habe ich durch hier noch gar nicht mal eine Idee erhalten. Denk' Dir den See wenigstens dreimal so breit wie bei Meersburg, ein ordentliches Meer, so breit, daß selbst ein scharfes Auge, Laßberg z. B., von jenseits nichts erkennen kann als die Alpen, die nach ihrer ganzen Länge, sogar die Jungfrau mit, in einer durchaus neuen und pittoresken Gruppierung wie aus dem Spiegel auftauchen. Du sitzest auf dem sehr schönen Balkone eines stattlichen Hauses – früher Kloster, jetzt Gasthof –, hinter Dir die Flügeltüren des ehemaligen Refektoriums geöffnet, was seiner ganzen Länge nach mit den lebensgroßen Bildern der alten Grafen von Montfort, in schweren goldenen Rahmen, wie getäfelt ist; unter Dir, über ein Stückchen flachen Strandes weg, die endlose Wasserfläche, wo Du zehn bis zwölf Kähne und Fahrzeuge zugleich segeln siehst, denn hier ist die Fahrt anders belebt wie bei Meersburg; links der sehr reiche und städtisch elegante Marktflecken; tief im See ein Badehaus, zu dem ein äußerst

Ehemalige Ruine Montfort in Langenargen.

zierlicher schmaler Steg führt, der sich im Wasser spiegelt, und gleich dahinter ein Seebusen, voll Segel und Masten, ganz wie ein Hafen, aber ohne das unangenehme Gemäuer; und endlich rechts, nicht zweihundert Schritte vom Gasthofe, der Hauptpunkt, die herrliche Ruine Montfort, auf einer Landzunge, die schönste, die ich je gesehen habe, mit drei Toren, zackichten Zinnen und einer dreifachen Reihe durch ihre Höhe und Tiefe ordentlich imponierender Fensternischen, in denen die herrlichste Stukkateurarbeit dem Winde und Regen noch zum Teil widerstanden hat und man sie so mit einem Male, über die Nischen streifend, wie eine grandiose Stickerei übersehen kann. Die Ruine ist als solche noch nicht alt, obwohl sonst ein sehr altes Gebäude. Vor fünfzig Jahren wohnte noch ein Schaffner darin; dann ward das Schloß zum Abbruch verkauft, und nachdem das Dach und die inneren Mauern niedergerissen waren, kam ein Befehl von Stuttgart – es ist württembergische Domäne – damit innezuhalten. Seitdem steht es nun in seiner verfallenden Pracht und läßt sich nach und nach von den Wellen unterminieren, die schon viele Fuß tief in die Mauern gewühlt haben und, wenn man drinnen ist, wie unterirdisch brausen, weshalb auch ein Anschlag vor dem Hineingehen als gefährlich warnt; man tut's aber doch. Jetzt hat sich ein armer Blumenhändler mit Frau und Kind dort angesiedelt; in der notdürftig hergestellten Pförtnerstube unter dem Torgewölbe hockt die Familie zusammen; auf den Mauern und Basteien, wo nur ein Fleckchen Erde ist, steht alles voll Blumen in Beeten und Töpfen; aus einem der Kellerlöcher meckert eine Ziege, und ein halbes Dutzend weißer Kaninchen schlüpft zu den untern Fensternischen aus und ein. Du kannst Dir das Malerische des Ganzen nicht denken; es ist so romantisch, daß man es in einem Roman nicht brauchen könnte, weil es gar zu romanhaft klänge, und ein fremder Kaufmann, den wir gestern beim Figel trafen, und der geradewegs aus dem südlichen Frankreich durch Italien und in letzter Station von Langenargen kam, war ganz entzückt davon und sagte, er könne es nur den schönsten Aussichten bei Genua und Neapel vergleichen. Auch ich kann Dir nicht sagen, wie klein und armselig mir seitdem die hiesige Landschaft vorkommt. Wenn Du mit Deinen Zöglingen übers Jahr kommst, versäume ja Langenargen nicht. Laßberg meint, in höchstens ein paar Jahren werde die Unterminierung vollendet sein, und an einem schönen Tage die ganze Ruine zusammenprasseln. Lieber Himmel, warum habe ich einen so schönen Tag ohne Dich genießen müssen! Ich habe immer, immer an Dich gedacht, und je schöner es war, je betrübter wurde ich, daß Du nicht neben mir standest und ich Deine gute Hand fassen konnte und zeigen Dir – hierhin – dorthin – – Levin, Levin, Du bist ein Schlingel und hast mir meine Seele gestohlen; Gott gebe, daß Du sie gut bewahrst.

(Die Briefe der Annette von Droste-Hülshoff, S. 121–123)

An der Stelle der Burgruine steht heute das Schloß Montfort (Restaurant mit Garten). Aber nicht die Wellen des Sees, wie Freiherr von Laßberg befürchtet hatte, haben die romantische Ruine zu Fall gebracht, sondern König Wilhelm von Württemberg ließ sie abreißen und 1861–64 das kleine Schlößchen im damals modischen maurischen Stil errichten.

Im Museum Langenargen ist eine sehr sehenswerte Kunstsammlung ausgestellt. Darunter befinden sich zwanzig Werke des Malers Hans Purrmann (1880–1966), der mehrere Sommer in Langenargen verbrachte. Für viele seiner Bilder hat er Motive aus der Bodenseegegend gewählt.

Route Thurgau/St. Gallen

Neben interessanten literarischen Begegnungen erleben Sie auf dieser Route durch das Schweizer Hinterland des Bodensees eine schöne und weitgehend unbekannte Landschaft. Der Abstecher zum Wildkirchli auf den Spuren „Ekkehards" stellt dabei einen Höhepunkt dar. In dieser herrlichen Bergwelt ist beinahe noch alles wie zu Scheffels Zeiten.

Wir schlagen für diese Route einen oder zwei Tage vor, je nachdem, ob Sie das Wildkirchli einbeziehen oder nicht.

Literarische Stationen:

KONSTANZ	— Jahrhundertealtes kulturelles Zentrum am See
MÜNSTERLINGEN	— Schauplatz einer Renaissance-Novelle C. F. Meyers
EPPISHAUSEN	— Annette von Droste-Hülshoffs Dichterdomizil im Thurgau
ST. GALLEN	— Eine weltberühmte Bibliothek
→ WILDKIRCHLI	— Scheffels Ekkehard im Hochgebirge
HAUPTWIL	— Hölderlins Alpenerlebnis
SCHLOSS BERG	— Stammsitz des Mystikers und Dichters Heinrich Seuse
KONSTANZ	

Entfernungen (Orientierungswerte):

Konstanz – Münsterlingen	: 7 km
Münsterlingen – Eppishausen	: 13 km
Eppishausen – St. Gallen	: 20 km
St. Gallen – Wildkirchli	: 26 km
St. Gallen – Hauptwil	: 23 km
Hauptwil – Schloß Berg	: 12 km
Schloß Berg – Konstanz	: 11 km

Route Thurgau/St. Gallen

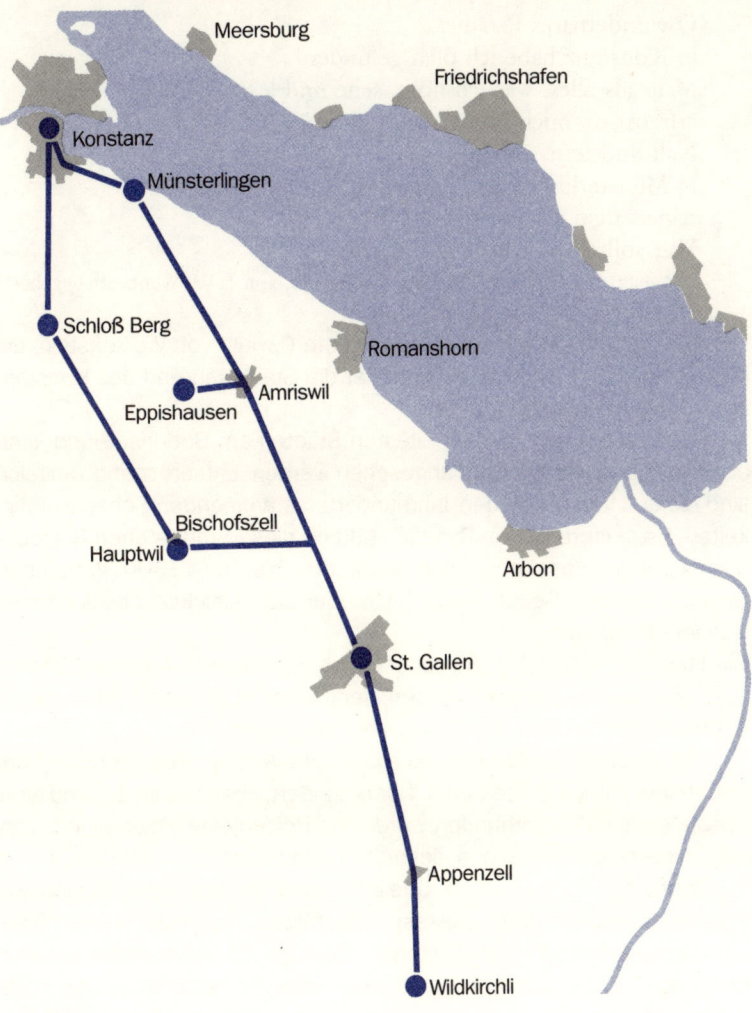

Konstanz – Heinrich Seuse/Johannes Hus

O wunderbares Paradies,
in Konstanz habe ich dich gefunden!
Mehr als alles, was ich höre, sehe und lese
erfreust du mich von ganzem Herzen.
Nah und fern, überall,
in Münsterlingen und anderswo
regiert dein stolzer Name.
Wer sollte da nicht jung bleiben?
(Übersetzung aus dem Mittelhochdeutschen von F. W. Wentzlaff-Eggebert)

Dieses Loblied auf Konstanz dichtete Oswald von Wolkenstein, ein Minnesänger des Spätmittelalters, der die Stadt während des Konstanzer Konzils kennengelernt hatte.

Konstanz gehört zu den ältesten Städten am Bodensee und kann als sein kulturelles Zentrum angesehen werden. Entsprechend zahlreich sind die aus verschiedenen Jahrhunderten stammenden Sehenswürdigkeiten. Beim literarischen Rundgang durch diese Stadt stehen Reisebeschreibungen, das Leben und Werk des hier um 1300 geborenen Dichters Heinrich Seuse sowie Texte über das Schicksal des Johannes Hus im Mittelpunkt.

Die literarische Gattung „Reisebeschreibung" kann in Konstanz besonders anschaulich gemacht werden, denn kein Ort am See wird so häufig in Reiseberichten und Briefen erwähnt wie dieser Ort.

Reiseschilderungen sind so alt wie das Reisen. Reiseberichte vom Bodensee kennen wir seit dem 4. Jahrhundert, aber erst im 18. und ganz besonders im 19. Jahrhundert wurde das Reisen eine allgemeine Mode. Die Reiseschilderungen aus dieser Zeit sind daher sehr zahlreich, in den Jahrhunderten vorher sind die Quellen spärlicher. Reiseberichte sind, wie andere Dichtungen auch, geistesgeschichtliche Zeugnisse und ein Spiegel der gesellschaftlichen Zustände. Bis zum 18. Jahrhundert standen historische Tatsachen, Sitten und Gebräuche, wirtschaftliche und politische Zustände eines Landes neben den persönlichen Schicksalen der Reisenden im Vordergrund der Schilderungen, Landschaftseindrücke wurden eher beiläufig erwähnt. Das änderte sich schlagartig, als mit der Aufklärung unter dem Eindruck von Jean-Jacques Rousseaus Schriften ein Überdruß an der höfisch-gekünstelten Lebensweise aufkam und damit ein neues Verhältnis zu Natur und Landschaft entstand. Reisen in die Schweiz kamen in Mode, und damit wurde auch, Ende des 18. Jahrhunderts, der Bodensee als Ziel oder Durchgangsstation Gegenstand zahlreicher Reiseschilderungen. Der Ton ist oft begeistert und euphorisch, von „paradiesischen Ufern" oder einer „himmlisch reizenden Gegend" ist da die Rede. Freilich bot sich dem von Norden kommenden Reisenden auch eine Landschaft dar, die als ein Kompendium europäischer Landschaftsformen gelten konnte: der große, heitere See mit seinen fruchtbaren Ufern und dazu im Hintergrund die schneebedeckten Alpen. Der Gegensatz von der ursprünglichen, wilden Natur der Alpen und einer durch jahrhundertelange Kultur geprägten Gegend machte den Reiz dieses Landschaftserlebnisses aus.

In Konstanz wurde Heinrich Seuse oder Suso, den Martin Walser den größten Dichter am Bodensee nennt, am 21. März 1297 geboren. Heute sind in der Stadt eine Straße, ein Gymnasium, eine Kirche und eine Apotheke nach ihm benannt; er selbst und sein Werk aber sind kaum im allgemeinen Bewußtsein.

Das Leben Seuses (1297–1366) fiel in eine unruhige, zerrissene Zeit. Hungersnöte und Pestepidemien stürzten die Menschen in Angst und Not. Die Kirche, die in dieser Katastrophenstimmung Halt und Stütze hätte geben können, war in sich gespalten. Der Papst saß nicht mehr in Rom, sondern in „Babylonischer Gefangenschaft" in Avignon. Seuse charakterisierte seine Zeit in einem Brief in poetischer Form: „Die Welt beginnt zu altern, und die Minne beginnt zu erkalten, die schönen Rosen heiliger Andacht beginnen abzufallen. Man findet nun viel mehr scharfen Schlehdorn denn weiße Lilien." Erst vor diesem Hintergrund wird Seuses Lebensweg verständlich. Verständlich werden seine Kasteiungen und harten asketischen Übungen. Seuses schwieriger innerer Weg zur Gelassenheit der Seele gegenüber den Unbeständigkeiten des Lebens ist dann erst in seiner ganzen Dimension zu ermessen.

Die Familie Seuses, eine Ritterfamilie von Berg (siehe Kapitel *Schloß Berg*), ist um die Mitte des 13. Jahrhunderts nach Konstanz gezogen, dort war Seuses Vater Kaufherr im Leinengewerbe. Möglicherweise hat der Dichter den Familiennamen der Mutter – Süs – angenommen (siehe Kapitel *Überlingen, Suso-Haus*). Im Alter von 13 Jahren brachten ihn seine Eltern ins Dominikanerkloster in Konstanz. Fünf Jahre lang führte Seuse dort ein für ihn unbefriedigendes Leben bis zu einem geistigen Erlebnis, das er einen „geswinden ker" nannte. Das bewirkte bei ihm eine Abkehr von allen weltlichen Dingen und eine Hinwendung zu Christus oder der „Ewigen Weisheit", wie er es nennt. Durch Kasteiungen schlimmster Art, die Seuse sich in dieser Zeit auferlegte, kam er völlig aus seinem seelischen Gleichgewicht, Ekstasen wechselten mit Depressionen. 1324, mit 27 Jahren, wurde er zu Studien nach Köln geschickt. Im Dominikanerkloster dort traf er den berühmten Mystiker Meister Eckhart, er wurde dessen Schüler und übernahm seine Lehre. Daraus entwickelte Seuse in den folgenden Jahren seine Grundgedanken: Der Mensch muß sich loslassen und dadurch gelassen werden. Das Wort „Gelassenheit" verdankt die deutsche Sprache Heinrich Seuse. Nach Konstanz zurückgekehrt, schrieb er sein erstes Werk, das „Büchlein von der Wahrheit". Wegen der in diesem Buch vertretenen Lehre mußte er sich vor dem Generalkapitel der Dominikaner verantworten und verlor seine Klosterämter. Er wurde nun für die Seelsorge außerhalb des Klosters eingesetzt und erlangte als Wanderprediger großen Ruf. Nach Verleumdungen, die ihm sittliche Verfehlungen unterstellten, wurde er nach Ulm versetzt. Dort hat Seuse zwischen 1348 und 1366 seine deutsch geschriebenen Werke in einen Band unter der Bezeichnung „Exemplar" oder „Musterbuch" zusammengestellt: seine Lebensbeschreibung, das Büchlein der ewigen Weisheit, das Büchlein von der Wahrheit und das Briefbüchlein. Im Prolog zum „Büchlein der Ewigen Weisheit" begründete Seuse, warum er diese Betrachtungen auf deutsch niedergeschrieben habe: weil sie ihm von Gott eingegeben seien. Die Muttersprache schien ihm dafür die angemessene Ausdrucksform. Am 26. Januar 1366 starb Seuse in Ulm.

Seuse ist einer der drei großen deutschen Mystiker des 14. Jahrhunderts. Neben Meister Eckhart, dem Philosophen, und Johannes Tauler, dem Erzieher und Lehrer, ist er der Dichter, der „Minnesänger unter den deutschen Mystikern". Er spricht seine mystischen Erfahrungen und Visionen in dichterischer Sprache aus. Dabei übernimmt er Bilder und Ausdrucksformen der Minnedichtung, die er in den religiösen Bereich überträgt.

Die Gestalt und das Schicksal des böhmischen Reformators Johannes Hus, der während des Konstanzer Konzils als Ketzer auf schreckliche Weise vor den Toren der Stadt auf dem Scheiterhaufen den Tod fand, haben neben C. F. Meyer (siehe Kapitel *Gottlieben*) auch den jungen Rainer Maria Rilke zu einem Gedicht angeregt. Im Hus-Museum wird das Andenken an Johannes Hus lebendig erhalten.

Rundgang:

Stadtplan Konstanz

1 Münsterturm
2 Ehemaliges Dominikanerkloster
  (heute Inselhotel)
3 Geburtshaus Heinrich Seuses
4 Hus-Museum
5 Hussenstein

1. Münsterturm (Eingang Südturm)

Goethe, ein besonders begabter Reisender, schlug vor, in einer fremden Stadt zuerst den höchsten Turm zu besteigen. Seinem guten Rat sind viele Reisende gefolgt, die Reiseberichte von Konstanz belegen es.

Sie können auf dem luftigen Standort die Reiseberichte „vor Ort" studieren und mit der heutigen Situation vergleichen.

Der 20jährige August Graf von Platen hat von seiner ersten Schweizerreise 1816, die ihn auch an den Bodensee führte, ein ausführliches Reisetagebuch hinterlassen:

Das Konstanzer Münster. Stahlstich von J. Kolb nach R. Höfle, 1850/51.

...Es versteht sich, daß ich den Münsterturm bestieg. Die Aussicht von oben läßt sich nicht leicht beschreiben. Sie ist bei weitem schöner als jene, die ich auf der Kathedrale von Troyes über die Champagne hatte. Auf der einen Seite die ungeheure Wasserfläche, von Lindau und Bregenz begrenzt, über denen aber heute noch ein Nebel hing; gegen die Schweiz zu die Appenzeller Gebirge, die schönen Landschaften des Thurgaus, die Klöster Kreuzlingen und Münsterlingen, das alte Schloß Kastell, die Dörfer Tägersweiler und Gottlieben mit vielen andern. Nordwestlich endlich erblickt man den Rhein, durch lachende Ufer fließend, das Dörfchen Paradies, Ermatingen, die große Bucht des Sees, die insonderheit Zellersee heißt, mitten darin die liebliche und sehr fruchtbare Insel Reichenau, die ich mir mittels des Fernrohrs ganz vor die Augen brachte und die drei Kirchspiele und bei 2000 Seelen hält, die sich durch Obst- und Weinbau nähren – und endlich weiter hinten die Stadt Zell. Nach der vierten Himmelsgegend zu sieht man ganz vorne auf der Landzunge Petershausen und ein schönes Gut der Königin von Holland, der gewesenen nämlich, die sich aber jetzt im Pfäfferser Bad aufhält, und im Hintergrund Heiligenberg und die schwäbischen Berge.

    Auf den Turm führen 286 Stufen. Er war ehemals höher, doch

verlor er durch einen Brand, wie auch die Glocke, welche schmolz, an Schwere, da sie sonst 250 Zentner wog und nun auf 199 reduziert ist. Sie ist gleichwohl noch eine gewaltige Maschine. Das Münster oder die Domkirche selbst ist groß und majestätisch; so auch die größere Orgel. Auch die Stephanskirche gewährt einen schönen Anblick, wenn man an der Türe dem Hochaltar gegenübersteht.

Diesen Nachmittag besuchte ich die Insel Mainau. Man gelangt von hier dahin, ohne auf das Wasser zu gehen, da vom Ende der Erdzunge bis auf die Insel ein sehr langer, auf hölzernen Pfählen ruhender Steg führt, indem der See dort ziemlich seicht ist. Das erste Mal schlug ich einen Waldweg ein, von dem ich glücklicherweise nicht verirrte, und kam an dem kleinen Katharinenkloster, das im Gehölz versteckt liegt, vorbei. Im Rückwege ging ich auf der Landstraße, die über Egg und Allmannsdorf führt. Die Insel Mainau wird nur von 52 Menschen bewohnt, doch ist sie eine reizende, frucht- und weinreiche Flur.

(O. Feger, Konstanz im Spiegel der Zeiten, S. 211-213)

Ludwig Uhland berichtet von seiner Hochzeitsreise an den Bodensee (1820), auf der er offensichtlich wenig Zeit für Aufzeichnungen hatte:

9. Juli 1820.

Fahrt von Meersburg nach Mainau; das leere Johanniterschloß *(sollte heißen Deutschordensschloß)*, Balkon. Gang über den Steg, durch den Wald über Petershausen nach Konstanz. Quartier im Adler. Ersteigung des Domturmes; das Turmstübchen, herrliche Abendbeleuchtung, klarer Überblick der ganzen Seegegend; der Säntis; goldner Abendhimmel, Hohenstoffeln, Hohentwiel, Hohenhewen; Eigentümliches, den See so übersehen, daß man im Vordergrund nur die Kreuzform des Domgebäudes und dann den weiten Wasserspiegel im Auge hat. Heimweg über die Promenade...

10. Juli. Gang in den Hafen, das Wachthäuschen im See; Konziliensaal, Sessel von Kaiser und Papst, alter Helm. Schilde der Kreuzritter, großes Netz. Fahrt über Arbon nach St. Gallen mit einer Retourchaise...

Drei Jahre später:

...Wir kamen in Konstanz noch gerade recht an, um den Sonnenuntergang vom Domstübchen aus zu betrachten, da hätte wieder meine Frau dabei sein sollen. Der Himmel war nicht so klar wie damals *(auf der*

Hochzeitsreise), über Überlingen hin donnerte ein finsteres Gewitter, dennoch ging die Sonne hinter Hohentwiel und den andern Hegaubergen herrlich unter, mit dem leuchtenden Widerschein im Untersee. Die Vorarlberger Berge waren ganz verhüllt, aber der Säntis und die sieben Kuhfirsten *(sollte heißen Kurfürsten)* waren recht wunderbar anzuschauen. Der Regen der vorigen Nacht hatte sie weit hinunter mit Schnee bedeckt; sie waren niemals wolkenlos, aber auf den Schnee und die Wolken warf die Sonne ein glühendes Licht, das mit grauen Schatten abstach und wechselte. Geblendet stiegen wir, ich nun zum dritten Mal, die finstere Turmtreppe hinunter. Wir hatten uns, auf Empfehlung eines Reisenden, diesmal im Hecht, einem guten Wirtshause, das Aussicht auf den See hatte, einquartiert.

(O. Feger, Konstanz im Spiegel der Zeiten, S. 226, 227)

Gustav Schwab reiste 1825 an den Bodensee. Diese Reise diente der Vorbereitung seines geplanten Bodensee-Handbuchs:

Von allen Punkten, die den See unmittelbar beherrschen, ist keiner, der uns ein augenscheinlicheres Bild seiner Ausdehnung vorhielte und uns zugleich mit den mannigfaltigen Reizen seiner nächsten Umgebungen, mit dem fröhlichen Leben seiner bevölkerten Ufer vertrauter machte, als die Stadt Konstanz. Dorthin raten wir denn auch dem Reisenden, sobald er von den oberschwäbischen Höhen herabgestiegen ist, zuerst seine Fahrt zu richten und auf der gelegensten Schifflände den Weg dahin zu Wasser zu suchen. Übrigens würde die Stadt an und für sich keinen der schönsten Aussichtspunkte bilden. Die Flachheit ihrer allernächsten Umgebung macht, daß sie keinen Hintergrund hat, und der See selbst erhält dadurch, wenn man an der Reede steht, obgleich er den Eindruck eines sehr großen Gewässers macht, doch eine gewisse Charakterlosigkeit, die er an den obern bergigen Ufern gar nicht hat. Mancher Wanderer, der nur den Damm und die Brücke besuchte, von deren Aussicht allzu glänzende Beschreibungen gemacht werden, hat daher Konstanz unbefriedigt verlassen. Aber eben dieses Konstanz erhält durch seinen hohen Münsterturm gerade mit seiner weithin unbeschränkten Fläche einen unendlich hohen Wert als Aussichtspunkt. Auf seinem Kranze beherrscht man, wie ein Vogel in der Luft, beide Seen; den Obersee seiner ganzen Länge nach bis Lindau und Bregenz, die ein scharfes Auge, obgleich das letztere zwölf Stunden entfernt ist, unbewaffnet erkennen kann; den Untersee mit der Reichenau; dahinter rechts vom Beschauer die wunderbaren Burgen des Hegaus, in der Mitte den stattlichen Schienerberg, der die Erdzunge füllt, die den ausströmenden Rhein von der westlichsten Bucht des Untersees scheidet, links die schönen Anhöhen des Schweizerufers mit alten und neuen Schlössern. Kehrt man sich wieder nach Morgen, dem Obersee zu, so hat man hier zur Rechten eine lange Kette der Alpen, von den Vorarlbergen aufsteigend zum Säntis und den Alpenzellergebirgen, dann scheinbar absteigend zu den Glarner Eisgipfeln, die hier, der Ferne wegen, kleiner erscheinen, deren wahre Größe aber ihr schneebedeckter Scheitel und ihre kühnen, schroffen Felswände ahnen lassen. Weiter setzt sich die Kette für den Blick hier nicht fort, die nächsten Anhöhen verschließen sie ihm. Auch seeaufwärts wird das Schweizerufer durch seine nächsten, an sich unbedeutenden Rebenhöhen, die schon bei Kreuzlingen anheben, bedeckt, weil dieselben dem Auge so ganz nahe liegen. Dagegen übersieht hier der Blick des Wanderers zum ersten Male das schwäbische Ufer, das entfernt genug liegt zu einer Überschau, in seiner ganzen anmutigen Fülle, von dem Dorfe Uhldingen an bis zur Stadt Bregenz, in einer Länge von mehr als zwölf Stunden. Meersburg mit seinen uralten Türmen und Bischofspalästen hebt sich auf Felsenterrassen, vom See bespült, wie aus demselben empor, die freundlichen Dörfer Hagnau und Immenstaad spiegeln sich in den Wellen; Hofen und Friedrichshafen treten etwas in eine Bucht zurück, doch mag der forschende Blick das schöne Lustschloß des Königs von Württemberg und die Türme der Klosterkirche entdecken. Kenntlicher läuft auf einer gewölbten Landzunge Langenargen in den See hinaus, und die Verkürzung der Ferne stellt uns dicht dahinter die Inselstadt vors Auge. Alle diese Ufer sind in einer Entfernung von einer Meile durch die Schlangenlinien der oberschwäbischen Waldhöhen begrenzt, von welchen alte Türme, Schlösser und Dörfer herabwinken. Hinter Lindau aber erhöht sich malerisch der breite Rand des geschlossenen Wasserkessels mit dem hohen, steilen und felsenreichen Bregenzerwald, dessen gebrochene Massen im Wechsel von Sonnenlicht und Schatten etwas Magisches erhalten und einen angemessenen Übergang zu der Gebirgsmauer bilden, die hinter einem Bollwerke kleinerer Berge und bis in den See auslaufender Hügel das Schweizerufer entlang sich hinzieht.

Wenn man dieses herrliche Schauspiel vom Konstanzer Turme herab genossen hat, wird man auch die Umgebung der Stadt besser zu würdigen wissen, und, da man das Große und Erhabene so ganz in der

Nähe haben kann, wird man mit wahrem Genügen auf den ebenen Wiesen des fruchtbaren beschatteten „Paradieses", wo nur der reichste Natursegen den Ausblick nach allen Seiten hin verbaut, sich lagern.

(O. Feger, Konstanz im Spiegel der Zeiten, S. 238–240)

Im Mittelschiff des Münsters, auf der Höhe der 26. Bankreihe, befindet sich im Boden wie eine alte, die ganze Breite des Ganges einnehmende Sandsteinplatte. Hier stand Johannes Hus bei seiner Verurteilung zum Scheiterhaufen.

Gustav Schwab ruft in seinen „Wanderungen durch Schwaben" (1840) die Szene in Erinnerung:

Hinter diesem Schmerzenslager Hussens [in Gottlieben] steigt die Stadt Constanz empor, mit den Thürmen der Kirche, in welcher er verdammt, und mit der Brandstätte vor dem Thore, das herwärts nach Gottlieben führt, auf welcher er dem Flammentod überliefert wurde. Bei diesen Erinnerungen zwingt uns die Geschichte zuerst zu verweilen, so oft wir Constanz erblicken. Alles Andere verbleicht vor dem Wiederscheine dieses grässlichen Feuers. Dort, in den Hallen jenes Domes, ward am 6. Juli 1415 das feierliche Verdammungsurtheil über den Ketzer Huss ausgesprochen, dort riss dem Gerechten, als er auf den Knieen für seine Freunde gebetet hatte, von sieben ihn umringenden Bischöffen einer den Kelch aus der Hand und redete ihn als den verfluchten Verräther Judas an, und die sechs andern zogen ihm die Priesterkleider aus, setzten ihm die mit Teufeln bemalte spitzige Papiermütze auf und begrüssten ihn als Erzketzer. Und Kaiser Sigmund erhub sich, rief den Beschirmer des Concils, den Churfürsten und Pfalzgrafen am Rhein, und sprach: „Weil wir das Schwert nicht umsonst tragen, sondern zur Strafe über die, so Böses thun, so nehmet diesen Mann, Johann Huss, und strafet ihn, wie einem Ketzer gebührt."

Wenden wir uns zur Richtstätte vor dem Thore. Dort steht der Holzstoss schon aufgerichtet. Betend und singend kommt Huss heran und sieht mit Lächeln, wie man seine Bücher verbrennt. Die Henker fassen ihn und schmieden ihn mit der rostigen Kette an den Pfahl; Stroh und Holzbündel werden ihm um den Leib gelegt. „Heilige Einfalt!" ruft der Märtyrer, als er ein altes Weib geschäftig Späne hinzutragen sieht. Schon lodert das Feuer hell auf, mit heller Stimme fleht Huss um Erbarmen – zu Jesus Christus. Dreimal sieht man ihn die Lippen hinter den Flammen zum Gebet bewegen; dann erstickt der Rauch seine Stimme und sein Leben. Die Wuth der Henker spaltet sein

Haupt und brät sein zerstückeltes Herz. Seine Asche wird zusammenge-
kehrt und in den Rheinstrom geworfen....

Wer wird nach solchen Scenen noch von der Pracht und Augenlust
dieses Concils hören wollen: wie viel hundert Kardinäle und Kirchen-
prälaten, wie viel tausend Fürsten, Grafen und Edelleute hier versammelt waren; wie viel wandernde Pastetenöfen in der Stadt circulirten;
wie viel fahrende Dirnen für die Lüste dieser Ketzerrichter sorgten?
Selbst Papst Johanns Flucht und Herzog Friedrichs Acht und die
Papstwahl vermögen unser Interesse nicht mehr zu erregen: wir kehren
uns mit Abscheu von dieser ganzen Zeit ab, unbefleckteren Jahrhunderten zu.

(Gustav Schwab, Wanderungen durch Schwaben, S. 240, 241)

Im Haus zur Kunkel, Münsterplatz 5, befinden sich die sogenannten
Weberfresken aus dem frühen 14. Jahrhundert. Es sind Frauen darge-
stellt, die mit der Herstellung und Verarbeitung von Leinwand beschäftigt
sind, einem typischen Gewerbe im mittelalterlichen Konstanz, dem auch
Heinrich Seuses Vater als Kaufherr nachging. Es sind die ältesten
Fresken mit profanem Inhalt, ein kunstgeschichtliches Kleinod aus der
Zeit Seuses.

2. Ehemaliges Dominikanerkloster

In den Klostergebäuden, in denen Heinrich Seuse 30 Jahre seines
Lebens verbrachte, befindet sich heute das Inselhotel. Aber im ehemaligen Kreuzgang und der gotischen Hallenkirche (jetzt Festsaal) kann man
noch Seuses Spuren nachgehen. An der Rezeption erhalten Sie gerne die
Erlaubnis, sich umzusehen.

An den Wänden des frühgotischen Kreuzgangs sind Fresken aus
dem Ende des 19. Jahrhunderts, auf denen die wechselvolle Geschichte
der Insel und des Klosters, von der Pfahlbauzeit bis zum Besuch
Wilhelms II. 1888, dargestellt ist. Darunter befindet sich, im westlichen
Kreuzgangsarm, ein Bild, das Seuse kniend vor dem Kruzifix und mit
Geißelpeitsche zeigt. Das Bild trägt die Unterschrift: Heinrich von Berg,
genannt Amandus Suso, lebte hier 1310–1340.

Die Klosterkirche, um 1255 errichtet, dient heute dem Hotel als
Festsaal. Die gotische Wölbung ist unter einer Scheindecke verborgen,
der Chor zugemauert. Von der Kirche aus der Zeit Seuses sind aber noch
einige Fresken erhalten, die zum Verständnis seiner Dichtung beitragen
können. An der linken Langhauswand sind drei Reihen von Rundbildern

zu sehen, auf denen in besonders grausamer und drastischer Weise das Martyrium christlicher Heiliger dargestellt ist. Diese Darstellungen, die Seuse täglich vor Augen hatte, haben möglicherweise seine Leidensbereitschaft beeinflußt.

Noch aufschlußreicher sind zwei Bilder an der Rückwand der Kirche, heute im Vorraum zum Festsaal. Das Bild links vom großen Fenster zeigt Maria, das Bild rechts Christus. Christus ist als mittelalterlicher Herrscher dargestellt, entsprechend dazu Maria als Himmelskönigin in den zarten höfischen Formen der Gotik. Dieselbe geistige Haltung, die in diesen beiden Darstellungen sichtbar wird, bestimmt auch Seuses Texte. Die Frauengestalt, in der er sowohl Maria als auch die „Ewige Weisheit" in den Formen der höfischen Minnedichtung verehrt, entspricht dem Frauenideal der Gotik, das hier überzeugend zum Ausdruck kommt.

Der kurze Textausschnitt aus seiner in Er-Form geschriebenen Autobiographie zeigt, wie Seuse die Formensprache höfischer Minne ins Geistliche überträgt:

Aus tiefstem Grunde seines Herzens grüßte er sie und rühmte mit Lobesworten ihre Schönheit, ihren Adel, ihre Tugenden, ihre Feinheit, ihre Freiheit bei steter Würde vor allen schönen Jungfrauen dieser Welt. Das tat er mit Gesang, mit Worten, mit Gedanken und mit Sehnen, so gut er vermochte. Sein Wunsch war, er möge in geistlicher Weise allen Liebenden und liebevollen Herzen ein Vorläufer sein und Urheber aller freundlichen Gedanken, Worte und aller Weisheit, daß er die Würdige als ihr unwürdiger Diener liebevoll genug möchte loben können. Und zuletzt sagte er: „Ach, du, mein Lieb, bist mein froher Ostertag, die Sommerwonne meines Herzens, meine liebe Stunde. Du bist das Lieb, das mein junges Herz allein liebt und ersehnet, um deswillen ich jegliche zeitliche Liebe verschmäht habe. Laß dessen, Herzenslieb, mich freuen und heute ein Kränzlein vor dir gewinnen. Ach, gütiges Herz, tu es um deiner göttlichen Tugenden willen, dank deiner natürlichen Güte, und laß mich heute zu diesem Jahresbeginn nicht leer von dir gehen."

(Heinrich Seuse, Deutsche mystische Schriften, S. 36, 37)

Der folgende Textausschnitt aus dem „Leben des seligen Heinrich Seuse", der ersten Autobiographie in deutscher Sprache, benutzt höfisch-ritterliche Verhaltensweisen als Folie, um seine Vorstellung von der richtigen geistlichen Lebensweise zu entwickeln:

Maria als „Himmelsköni-
gin". Fresko in der ehemaligen Klosterkirche. ▶

Wie standhaft der streiten muß, dem der geistliche Preis werden soll

In der frischen Kraft seines Anfangs hatte der Diener die Absicht,
von Herzen gern dem liebenswerten Gott zu gefallen mit vorzüglicher
Besonderheit, doch ohne Leiden und ohne Mühsal. Da fügte es sich,
daß er einstmal zum Predigen über Land fuhr. Und er kam auf ein für
alle Leute bestimmtes Schiff auf dem Bodensee. Unter den anderen saß
darin ein stattlicher Knappe, der höfische Kleidung trug. Er setzte sich
zu ihm und fragte ihn, was sein Beruf sei. Der antwortete: „Ich gehe auf
ritterliche Wagnisse aus; ich vermittle die Zusammenkunft ritterlicher
Herren, daß sie sich bei festlicher Geselligkeit erfreuen; da turniert man
und dient schönen Frauen. Und wer das am allerbesten kann, dem gibt
man die Ehre, und er erhält den Lohn." – Der Bruder fragte: „Worin
besteht dieser Lohn?" Der Knappe antwortete: „Die schönste Frau, die
sich da findet, die steckt ihm ein golden Ringlein an." Der Diener fragte
weiter: „Sag mir, mein Lieber, was muß einer tun, daß ihm Ehre und
Ringlein zuteil werde?" – Der Knappe erwiderte: „Wer am meisten

Streiche und Drangsal erduldet und dabei nicht verzagt, wer sich dennoch mutig und männlich benimmt, wer sicher zu Pferde sitzt und auf sich losschlagen läßt, der erhält den Preis." Der Bruder fragte wieder: „Ach, sage mir: Ist es genug, daß einer beim ersten Anreiten sich mutig erweist?" – Der andere: „Nein, er muß durch das ganze Turnier hindurch aushalten; und empfinge er Schläge, daß ihm das Feuer aus den Augen sprühte und das Blut aus Mund und Nase dränge, das muß er alles erdulden, soll ihm der Preis werden." – Der Diener wollte noch mehr wissen: „Darf er nicht weinen oder traurig sein, wenn er so böse geschlagen wird?" Und jener: „Nein, und wenn er die größte Angst verspürte, wie das bei manchem der Fall ist, dergleichen darf er nicht tun, als ob ihm irgend etwas daran läge, er muß sich fröhlich und keck benehmen, sonst verspottet man ihn, und er verlöre dadurch Ehre und Ringlein." Nach dieser Unterredung ward der Diener sehr nachdenklich, seufzte herzlich und innerlich und sprach: „Ach, teurer Herr, wenn die Ritter dieser Welt solche Leiden ertragen müssen um so geringen Lohn, der an sich nichts ist, wie ist es dann, o Gott, so billig, daß man um des ewigen Preises willen noch viel mehr Drangsal erleidet! Ach, lieber Herr, wäre ich doch würdig, dein geistlicher Ritter zu sein! Du schöne, liebenswerte Ewige Weisheit, deren Gnadenreichtum in allen Landen nichts gleichkommt, wenn meiner Seele ein Ringlein zuteil werden könnte, ach, dafür wollte ich leiden, was immer du wolltest!"; und großer Ernst überwältigte ihn, und er begann zu weinen. Dann kam er dahin, wohin er wollte; da sandte Gott ihm so viele große und allen sichtbare Leiden, daß der arme Mann beinahe an Gott verzagt wäre...

(Heinrich Seuse, Deutsche mystische Schriften, S. 62-64)

Die schwer zugänglichen Texte Seuses gewinnen durch Martin Walsers Betrachtungen eine überraschende Aktualität:

Sursum corda, oder der Ausbund und Inbegriff der Gegend

...Ich weiß nicht, ob ein Schriftsteller mit der Gegend, aus der er stammt, auch nichts zu tun haben könnte. Aber von Seuse möchte ich behaupten, er sei ein Inbegriff dieser Gegend. Es ist eine historische Empfindung, die mich das behaupten läßt. Da gab es im christlichen Sortiment das Angebot, das Leben als Leiden hinzunehmen, die Erde als Jammertal zu durchwandern und sich durch pures Ertragen für eine ewige Wiedergutmachung zu qualifizieren. Es gab die schon speziellere Praxis, die allgemeinen irdischen Zumutungen in frömmsten Mutwillen mit der Geißel in der eigenen Hand noch schrecklich zu übertreiben. Seuse geht auch schlimm um mit seinem Leib. Er martert ihn vom 18. bis zum 40. Lebensjahr bis an den Rand des Todes. Er läßt sich dabei Sachen einfallen, die bis heute ihren Reiz noch nicht ganz verloren haben. Aber so weit er sich selbst gegenüber auch geht, so furchtbar konsequent er dann auf der zweiten, der geistigen Leidensstufe das usgen des sinen (das Aufhören des Eigenen) betreibt, ihm geriet alles schön. Das Schlimmste wurde ihm zum Schönsten. Er hat seine Leiden, die mutwillig erzeugten und die noch viel schlimmeren, die von seiner Zeit und Gesellschaft ihm zugefügten, mit einer anmutigen Zustimmung beantwortet; er hat sein Leben zum Seelenromanstoff gemacht und das ihm Zugefügte so dargestellt, als sei alles, Schlag nach Schlag, sein, des mönchischen Schriftstellers Seuse, wunderbarer Lebens- und Läuterungsplan, der da erfüllt werde. Jede eintreffende Gemeinheit, jede scheußliche Beleidigung, jede öffentliche Demütigung, – er erfand allem einen schönen Sinn; je schlimmer es kam, desto mehr förderte es ihn in seiner Lebens-Kunst, die er so bezeichnete: „...das ist nichts anderes als eine ganze, vollkommene Gelassenheit seiner selbst, daß also ein Mensch in solcher Entwordenheit stehe, wie ihm Gott ist mit ihm selbst oder mit seinen Kreaturen, in Lieb und in Leid, damit er sich befleißige, allzeit wie in einem Aufhören des Eigenen zu sein."

Ich halte ihn für einen Inbegriff und Ausbund des Hiesigen, weil seine Version des mittelalterlichen Entpersönlichungs-Projekts so radikal und doch so unfanatisch verläuft. Er hat sich schön verstellt. Anmutig verstellt. Er hat gewissermaßen gesungen vor Schmerz. Er hat sich graziös gefügt. Er hat das schlimme Zugefügte durch Sichfügen und Zustimmung zu seiner eigenen Sache gemacht. Wäre der Anteil des Heilplans ein bißchen geringer, so würde aus dieser Verstell-Haltung Ironie. Schleiermacher, der Kirchenvater der deutschen Romantik, hat in seiner Platoübersetzung Ironie (Eironeia) mit Verstellung übersetzt. Und das sei, behaupte ich, auch recht gegendmäßig: Man bietet hier herum einer Gemeinheit, die sich sowieso alles herausnehmen würde, kurz bevor sie sich selber setzt noch einen Platz an. Man unterwirft sich einem Sieger, als hätte man nie etwas anderes im Sinn gehabt. Man bietet dem, der einen sowieso auf beide Backen schlagen wird, kurz vor dem zweiten Schlag die noch nicht getroffene Backe an, daß der nicht meint, es sei sein Verdienst, uns auf beide Backen schlagen zu können.

Man kultiviert die Überlegenheit des Unterlegenen. Man kultiviert das Leiden. Man schmückt es. Seuse ist der Meister der Vergehenssüße, der Leidensgloriole, des Schmerzensschmucks. Was er wirklich getan hat, wissen wir nicht so genau. Seine Lebensbeschreibung ist deutlich Literatur. Er hat Gott deutsch beigebracht. Er schreibt den ersten Seelen-Entwicklungsroman der deutschen Prosaliteratur. Er schreibt nicht, was geschehen ist, sondern was das Geschehene in ihm produziert hat: eben diese die Opferrolle überwindende Zustimmung zum Schlimmsten. Er erfindet den Sinn als Antwort auf Unsinniges. Auf Scheußliches antwortet er mit Schönheit. Wo anderen das stigmatische Blut entspringt, wachsen ihm Rosen. So bringt er immerzu schweres Schicksal zum Blühen. Aber das ist nicht das, was ich von ihm sagen will. An die Hauptsache wage ich mich nicht heran, weil sie zu leicht verfehlbar ist. Es ist die zur Verstellung, zur Selbstverkleinerung notwendige Selbstauflösung, die er mit Hilfe der Sprache betreibt. Er hat gemerkt, daß in der Sprache das sogenannte Wirkliche andauernd im Spiel ist mit etwas, was nicht mehr wirklich ist. Man weiß bei Wörtern nicht immer, sind es nur Bilder oder Bilder für Sachen oder Sachen. Auch bei Wörtern wie Ich oder Welt oder Gott. Was steht eigentlich dafür? Auf diesem Kurs hat er sein Projekt radikalisiert, hat seinem „Sursum corda" Segel gesetzt.

Jetzt fängt er an, „Bilder mit Bildern auszutreiben". Es wird ein unersättliches Sprechen von der Sprache. Ein „Entwirken der äußeren Sinne", ein „Entsinken" der „obersten Kräfte" des Geistes, eine „übernatürliche Empfindlichkeit", eine „Verlorenheit anhaftender Creatürlichkeit", ein Aufschwingen in „lichtreiche Vernunftigkeit", eine „fortwährende Eingeflossenheit himmlischen Trostes", aber trotzdem bleibt er noch in „wahrnehmender Anschauung" der Natur der Dinge. Und das ist dann sein Zustand: „Dies mag heißen des Geistes Überfahrt, wenn er da über Zeit und Statt ist und in liebreichem Schauen in Gott vergangen ist." Die immer alles verpfuschende Unvereinbarkeit von Zeitlichem und Ewigem, von Materie und Geist, Menschen und Gott wird mit nichts als Sprache überwunden, da sie aus nichts als Sprache entstanden ist. Durch sein rücksichtsloses Sprechen, durch sein weitgehendes Sprachvertrauen entstand die konkrete Süße seiner mystischen Suada; das geistige Küssenkönnen, das er mit vollem Wesensmund immer wieder vormacht; der hautundhaarhafte Liebreiz, mit dem ihm die lebenslänglich umworbene „ewige Weisheit" erscheint; durch dieses Sprachvertrauen wird bei ihm diese „ewige Weisheit" so attraktiv, daß man öfter schlucken muß, so reizt er von innen Überschwemmungen herauf durch sein saftiges Denken. Das macht ihn zum Ausbund dieser Gegend. Um es in seiner Übersetzung einer Zeile aus dem Hohen Lied zu sagen: „Unser Lager steht im grünen Schmuck."

Die christliche und dann bürgerliche Entwicklung ist den entgegengesetzten Weg gegangen: den der Verfestigung, der Verbarrikadierung, der Persönlichkeitsaufrüstung, der Ichauszeichnung, der Konkurrenzwirtschaft. Statt sich selbst, löscht man den anderen aus. Statt sich zu entgrenzen, definiert man sich ununterbrochen. Statt Gelassenheit, gilt Krampf. Statt Liebe gilt Haß. Wir kauern in den Ruinen unserer Individualitätsideologie und lassen uns von staatlich ausgebildeten Fälschern bescheinigen, es seien Paläste. Seuse ist noch unausgegeben. Er ist uns gespart. Manche halten seit einigen Jahrzehnten den Weg nach Indien für kürzer als den nach Konstanz. Bitte schön. Wann auch immer sie hierher zurückkommen: sein Lager steht in grünem Schmuck. Sich verstellen, sich fügen, auf leidende Weise Herr seiner Geschichte zu werden; aber nicht, um als ein bürgerlich-sieghaftes Individuum die Geschichte bei sich selbst aufhören zu lassen und Andersdenkende unter scheinheiligen Vorwänden zu verfolgen, sondern um das eigene Ich einem Prozeß anheimzugeben, der menschliche Geschichte heißt. Je selbstsüchtiger dieses Herz, desto schwerer ist es; je schwerer es ist, desto schöner wird notgedrungen der Ruf aus dem Hochgebet: „Sursum corda." Also war er nie schöner als heute, denn notgedrungener war er nie.

(Martin Walser, Heimatlob, S. 63–65, 67, 68)

Auf der herrlichen Seeterrasse des Inselhotels können Sie zum Abschluß, angesichts der wechselhaften Geschichte dieses Ortes, noch einmal über Seuses Gedanken von der Gelassenheit nachdenken.

3. Geburtshaus Heinrich Seuses

In dem gotischen Steinhaus in der Hussenstraße 39 wurde Heinrich Seuse am 21. März 1297 geboren. Sein Vater oder Großvater hatte das stattliche Haus gebaut, das später in den Besitz der Stadt Konstanz überging und „Täschenhaus" genannt wurde. Das „Täschenamt", das dort untergebracht war, hatte für bedürftige Bürger zu sorgen.

Heute erinnert eine Gedenktafel an Heinrich Seuse.

4. Hus-Museum

Nur wenige Schritte von Seuses Geburtshaus entfernt, in der Hussenstraße 64, ist in einem Fachwerkhaus aus dem 15. Jahrhundert von der Prager Hus-Museums-Gesellschaft eine Hus-Gedenkstätte eingerichtet worden. Das Museum vermittelt mit einer Tonbildschau und zahlreichen instruktiven Ausstellungsstücken ein anschauliches Bild von Johannes Hus, seiner Lehre und der Zeit des Konstanzer Konzils.

5. Hussenstein

Auf dem Bruel (Kreuzung Alter Graben/Zum Hussenstein), wo am 6. Juli 1415 Johannes Hus auf dem Scheiterhaufen verbrannt wurde, erinnert heute ein großer Findlingsstein mit Inschrift an das Schicksal dieses Mannes. Der 20jährige Rainer Maria Rilke veröffentlichte 1895 in der ersten Ausgabe seiner frühen, hauptsächlich von Motiven der tschechischen Geschichte bestimmten Gedichte auch ein Gedicht über Johannes Hus:

Superavit

Nie kann ganz die Spur verlaufen
einer starken Tat; dies lehrt
zu Konstanz der Scheiterhaufen;
denn aus tausend Feuertaufen
steigt der Hochgeist unversehrt.

Bis zu uns her ungeheuer
ragt der Reformator Hus,
fürchten wir der Lehre Feuer,
neigen wir uns doch in scheuer
Ehrfurcht vor dem Genius.

Der, den das Gericht verdammte,
war im Herzen, tief und rein,
überzeugt von seinem Amte, −
und der hohe Holzstoß flammte
seines Ruhmes Strahlenschein.

(R. M. Rilke, Sämtl. Werke, 1. Bd., S. 34)

Münsterlingen – C. F. Meyer

Wenn Sie zu dem literarischen Ausflug in die Schweiz aufbrechen, verlassen Sie Konstanz in Richtung Kreuzlingen/Romanshorn (ausgeschildert). Nach kurzer Fahrt auf der Uferstraße (N 13) erreichen Sie Münsterlingen und finden Parkplätze bei der barocken Klosterkirche. Jenseits der Straße und der Bahnlinie verläuft am Ufer entlang der Bodenseerundwanderweg. Dort, zwischen Münsterlingen und Seedorf, befindet sich der von uns vorgeschlagene Standort.

Von dem im 10. Jahrhundert gegründeten, auf einer in den See ragenden Landzunge liegenden Nonnenkloster „Monasterlingen", dem Schauplatz von C. F. Meyers Novelle „Plautus im Nonnenkloster", sind nur noch das Gästehaus aus dem 17. Jahrhundert und einige noch stehende Klostermauern erhalten.

Auf dem Gelände befindet sich heute der Neubau einer psychiatrischen Klinik. Im frühen 18. Jahrhundert wurden die alten, am See gelegenen Klostergebäude aufgegeben, und an erhöhter Stelle wurde ein neues Kloster gebaut. Diese Anlage dient heute als Kantonsspital, aber die Klosterkirche, ein hervorragendes Beispiel eines barocken Gesamtkunstwerks, erbaut von den Vorarlberger Baumeistern Franz und Ignaz Beer, ist zugänglich.

Einen schönen Blick auf die Stelle, an der wir uns die mittelalterliche Anlage, den Schauplatz der Novelle, vorstellen müssen, haben Sie vom Uferweg aus. Die Heiterkeit und Weite der Seelandschaft entspricht der Grundstimmung dieses 1881 entstandenen Werkes, neben dem „Schuß von der Kanzel" der einzigen heiteren Novelle C. F. Meyers.

Auch hier gestaltete der Dichter, wie in den meisten seiner Werke, einen historischen Stoff. Das Konzil von Konstanz (1414–1418) bildet den allgemeinen geschichtlichen Hintergrund. Auch die Hauptfigur, der päpstliche Sekretär Poggio Bracciolini, der Papst Johannes auf das Konzil begleitete, ist eine historische Gestalt; die Handlung selbst ist eine freie Erfindung Meyers:

Der Humanist und Kleriker Poggio, der schon zahlreiche verloren geglaubte Handschriften antiker Schriftsteller aufgespürt hat, kommt bei der Suche nach einem Plautus-Original im Kloster Münsterlingen einem Betrug der Äbtissin auf die Spur. Ein Jahrhunderte zurückliegendes Wunder wiederholt sich angeblich bei jeder Aufnahme einer Novizin in dieses Kloster, indem diese als sichtbares Zeichen ihrer Erwählung plötzlich imstande ist, ein überschweres Holzkreuz zu tragen. In Wirklich-

Das ehemalige Kloster Münsterlingen um 1527.

keit wird für diese, im Laufe der Zeit fast volksfestartig gewordene Zeremonie jeweils von der Äbtissin das echte Kreuz heimlich durch ein leichtes „Gaukelkreuz" ersetzt. Poggio rettet die bäuerlich kraftvolle Gertrude vor dem Nonnentum, indem er sie durch Zeichen auf die Vertauschung aufmerksam macht. Gertrude, die am nächsten Tag unter dem echten Kreuz zusammenbricht, kann so dem Mann, den sie liebt, in die Ehe folgen. Poggio aber bekommt von der Äbtissin als Gegenleistung für sein Schweigen den von ihm gesuchten Codex des Plautus. „‚Plautus im Nonnenkloster' ist ein Kleinod der Novellenkunst, sprühend von Geist und Ironie, in formaler Hinsicht makellos, höchst reizvoll als ästhetisches Spiel und doch nicht ohne menschlichen Gehalt." (A. Zäch)

Wie bei Boccaccios Novellenzyklus kleidet Meyer seine Erzählung in eine Rahmenhandlung ein: In einem vornehmen, gebildeten Florentiner Kreis um Cosimo Medici werden Fazetien, heitere schwankhafte Geschichten, erzählt, und in diesem Zusammenhang gibt Poggio rückblickend diese „barbarische Geschichte" zum besten.

Meyer selbst weist darauf hin, daß in dieser Novelle die historischen Bedingungen der Reformation sichtbar gemacht werden, auf der einen Seite die Verweltlichung und Verwilderung des Klerus, und dagegen die ehrlichen Empfindungen des Volkes.

Für Meyer aber ist Wahrheit etwas Relatives und kann nicht nur von einer Partei in Anspruch genommen werden. So macht es den Reiz dieses Werkchens aus, daß Licht und Schatten nicht einseitig verteilt sind. Der „ernste Untergrund" dieser Novelle liegt im menschlich-psychologischen Bereich und ist eng mit Meyers eigener Problematik verknüpft. Es ist das existentielle Problem, wie sich persönliche Freiheit gegen Zwang und Einengung behaupten kann. Es zeugt von großer Kunst, daß trotz dieser vielschichtigen Problematik eine gelöste Heiterkeit das ganze Werk durchzieht.

Der folgende Textausschnitt setzt ein mit der Ankunft Poggios, der von Konstanz nach Münsterlingen geritten ist:

Endlich tauchte das Kloster aus monotonen Weinbergen auf....
Dort ging es lustig her. In der Freiheit der Klosterwiese wurde ein großer, undeutlicher Gegenstand versteigert oder zu anderem Behufe vorgezeigt. Ein Schwartenhals, die Sturmhaube auf dem Kopfe, stieß von Zeit zu Zeit in eine mißtönige Drommete, vielleicht ein kriegerisches Beutestück, vielleicht ein kirchliches Geräte. Um die von ihren Nonnen umgebene Äbtissin und den zweideutigen Herold mit geflicktem Wams und zerlumpten Hosen, dem die nackten Zehen aus den zerrissenen Stiefeln blickten, bildeten Laien und zugelaufene Mönche einen bunten Kreis in den traulichsten Stellungen. Unter den Bauern stand hin und wieder ein Edelmann – es ist in Turgovia, wie diese deutsche Landschaft sich nennt, Überfluß an kleinem und geringem Wappengevögel – aber auch Bänkelsänger, Zigeuner, fahrende Leute, Dirnen und Gesindel jeder Art, wie sie das Konzil herbeigelockt hatte, mischten sich in die seltsame Korona. Aus dieser trat einer nach dem andern hervor und wog den Gegenstand, in welchem, näher getreten, ich ein grausiges, altertümliches, gigantisches Kreuz erkannte. Es schien von außerordentlicher Schwere zu sein, denn nach einer kurzen Weile begann es in den unsicher werdenden Händen selbst des stärksten Trägers hin und her zu schwanken, senkte sich bedrohlich und stürzte, wenn nicht andere Hände und Schultern sich tumultuarisch unter das zentnerschwere Holz geschoben hätten. Jubel und Gelächter begleiteten das Ärgernis. Um die Unwürdigkeit der Szene zu vollenden, tanzte die bäurische Äbtissin wie eine Besessene auf der frischgemähten Wiese herum, begeistert von dem Wert ihrer Reliquie – das Verständnis dieses Marktes begann mir zu dämmern – und wohl auch von dem Klosterweine, welcher in ungeheuern hölzernen Kannen, ohne Becher und Zeremonie, von Munde zu Munde ging.

‚Bei den Waden der Mutter Gottes', schrie das freche Weibchen, ‚dieses Kreuz unserer seligen Herzogin Amalaswinta hebt und trägt mir keiner, selbst der stämmigste Bursche nicht; aber morgen lüpft's das Gertrudchen wie einen Federball. Wenn mir die sterbliche Kreatur nur nicht eitel wird! Gott allein die Ehre! sagt das Brigittchen. Leute, das Wunder ist tausend Jahr alt und noch wie funkelnagelneu! Es hat immer richtig gespielt und, auf Schwur und Eid, auch morgen läuft es glatt ab.' – Sicherlich, die brave Äbtissin hatte sich unter dem himmlischen Tage ein Räuschlein getrunken.

Diesen possierlichen Vorgang mit ähnlichen, in meinem gesegneten Vaterland erlebten zusammenhaltend, begann ich ihn zu verstehen und zu würdigen – nicht anders, als ich mir ihn, eine Stunde später, bei größerer Sachkunde endgültig zurechtlegte; aber ich wurde in meinem Gedankengange plötzlich und unangenehm unterbrochen durch einen kreischenden Zuruf der Hanswurstin in der weißen Kutte mit dem hochgeröteten Gesichte, den dumm pfiffigen Äuglein, dem kaum entdeckbaren Stülpnäschen und dem davon durch einen ungeheuern Zwischenraum getrennten bestialischen Munde.

‚He dort, welscher Schreiber!' schrie sie mich an. Ich war an diesem Tage schlicht und reisemäßig gekleidet und trage meinen klassischen Ursprung auf dem Antlitz. ‚Tretet ein bißchen näher und lüpft mir da der seligen Amalaswinte Kreuz!'

Alle Blicke richteten sich lachlustig auf mich, man gab Raum und ich wurde nach alemannischer Sitte mit derben Stößen vorgeschoben. Ich entschuldigte mich mit der, Freunde, euch bekannten Kürze und Schwäche meiner Arme." Der Erzähler zeigte dieselbe mit einer schlenkernden Gebärde.

„Da rief die Schamlose, mich betrachtend: ‚Um so längere Finger hast du, sauberer Patron!' und in der Tat, meine Finger haben sich durch die tägliche Übung des Schreibens ausgebildet und geschmeidigt. Die Menge des umstehenden Volkes aber schlug eine tobende Lache auf, deren Sinn mir unverständlich blieb, die mich aber beleidigte und welche ich der Äbtissin ankreidete. Mißmutig wandte ich mich ab, bog um die Ecke der nahen Kirche, und den Haupteingang derselben offen findend, betrat ich sie. Der edle Rundbogen der Fenster und Gewölbe, statt des modischen Spitzbogens und des närrischen französischen Schnörkels, stimmte mich wieder klar und ruhig. Langsam schritt ich vorwärts durch die Länge des Schiffes, von einem Bildwerke angezogen, das sich, von Oberlicht erhellt, in kräftiger Rundung aus dem heiligen Dämmer hob und etwas in seiner Weise Schönes zu sein schien. Ich trat nahe und wurde nicht enttäuscht. Das Steinwerk enthielt zwei, durch ein Kreuz verbundene Gestalten und dieses Kreuz glich an Größe und Verhältnissen vollständig dem auf der Klosterwiese zur Schau stehenden, welches von beiden dem andern nachgeahmt sein mochte. Ein gewaltiges, dorngekröntes Weib trug es fast waagrecht mit kraftvollen Armen auf mächtiger Schulter und stürzte doch unter ihm zusammen, wie die derb im Gewande sich abzeichnenden Knie zeigten. Neben und vor dieser hinfälligen Gigantin schob eine kleinere Gestalt, ein Krönlein auf dem lieblichen Haupte, ihre schmalere Schulter erbarmungsvoll unter die untragbare Last. Der alte Meister hatte – absichtlich, oder wohl eher aus Mangel an künstlerischen Mitteln – Körper und Gewandung roh behandelt, sein Können und die Inbrunst seiner Seele auf die Köpfe verwendend, welche die Verzweiflung und das Erbarmen ausdrückten.

Davon ergriffen, trat ich, das gute Licht suchend, einen Schritt zurück. Siehe, da kniete mir gegenüber an der andern Seite des Werkes ein Mädchen, wohl eine Eingeborene, eine Bäuerin der Umgebung, fast ebenso kräftig gebildet wie die steinerne Herzogin, die Kapuze der weißen Kutte über eine Last von blonden Flechten und einen starken, luftbedürftigen Nacken zurückgeworfen.

Sie erhob sich, denn sie war, in sich versunken, meiner nicht früher ansichtig geworden, als ich ihrer, wischte sich mit der Hand quellende Tränen aus dem Auge und wollte sich entfernen. Es mochte eine Novize sein.

Ich hielt sie zurück und bat sie, mir das Steinbild zu deuten. Ich sei einer der fremden Väter des Konzils, sagte ich ihr in meinem gebrochenen Germanisch. Diese Mitteilung schien ihr nicht viel Eindruck zu machen. Sie berichtete mir in einer einfachen Weise, das Bild stelle eine alte Königin oder Herzogin dar, die Stifterin dieses Klosters, welche, darin Profeß tuend, zur Einkleidung habe schreiten wollen: das Haupt mit Dornen umwunden und die Schulter mit dem Kreuze beladen. ,Es heißt', fuhr das Mädchen bedenklich fort, ,sie war eine große Sünderin, mit dem Giftmord ihres Gatten beladen, aber so hoch, daß die weltliche Gerechtigkeit ihr nichts anhaben durfte. Da rührte Gott ihr Gewissen und sie geriet in große Nöte, an dem Heil ihrer Seele verzweifelnd!' Nach einer langen und schweren Buße habe sie, ein Zeichen verlangend, daß ihr vergeben sei, dieses große und schwere Kreuz zimmern lassen, welches der stärkste Mann ihrer Zeit kaum allein zu heben vermochte, und auch sie brach darunter zusammen, hätte es nicht die Mutter Gottes in sichtbarer Gestalt barmherzig mitgetragen, die ambrosische Schulter neben die irdische schiebend.

Nicht diese Worte brauchte die blonde Germanin, sondern einfachere, ja derbe und plumpe, welche sich aber aus einer barbarischen in unsere gebildete toskanische Sprache nicht übersetzen ließen, ohne bäurisch und grotesk zu werden, und das, Herrschaften, würde hinwiederum nicht passen zu dem großen Ausdrucke der trotzigen, blauen Augen und der groben, aber wohlgeformten Züge, wie ich sie damals vor mir gesehen habe.

‚Die Geschichte ist glaublich!' sprach ich vor mich hin, denn diese Handlung einer barbarischen Königin schien mir in die Zeiten und Sitten um die dunkle Wende des ersten Jahrtausends zu passen. ‚Sie könnte wahr sein!'

‚Sie ist wahr!' behauptete Gertrude kurz und heftig mit einem finstern, überzeugten Blicke auf das Steinbild, und wollte sich wiederum entfernen; aber ich hielt sie zum andern Male zurück mit der Frage, ob sie die Gertrude wäre, von welcher mir mein heutiger Führer Hans von Splügen erzählt habe? Sie bejahte unerschrocken, ja unbefangen, und ein Lächeln verbreitete sich von den derben Mundwinkeln langsam wie ein wanderndes Licht über das braune, aber schon in der Klosterluft bleichende Antlitz.

Dann sann sie und sagte: ‚Ich wußte, daß er meiner Einkleidung beiwohnen werde, und mir kann es recht sein. Sieht er meine Flechten fallen, so hilft ihm das, mich vergessen. Da Ihr einmal hier seid, ehrwürdiger Herr, will ich eine Bitte an Euch richten. Fährt der Mann mit Euch nach Konstanz zurück, so steckt ihm ein Licht an, warum ich mich ihm verweigert habe, nachdem ich' – und sie errötete kaum merklich –, ‚in Ehren und nach Landessitte mit ihm freundlich gewesen bin. Mehr als einmal war ich im Begriff, ihm den Handel zu erzählen, aber ich biß mich in die Lippe, denn es ist ein geheimer Handel zwischen mir und der Gottesmutter und da taugt Schwätzen nicht. Euch aber, einem in den geistlichen Geheimnissen Bewanderten, kann ich ihn ohne Verrat mitteilen. Ihr berichtet dann dem Hans davon, soviel sich schickt und Euch gut dünkt. Es ist nur, damit er mich nicht für eine Leichtfertige halte und für eine Undankbare und ich ihm dergestalt im Gedächtnis bleibe.

Mit meiner Sache aber ist es so bestellt. Als ich noch ein unmündiges Kind war – ich zählte zehn Jahre und der Vater war mir schon gestorben – erkrankte mir das Mütterlein schwer und hoffnungslos. Da befiel mich eine Angst, allein in der Welt zu bleiben. Aus dieser Angst und aus Liebe zu dem Mütterlein gelobte ich mich der reinen Magd Maria für mein zwanzigstes Jahr, wenn sie mir es bis dahin erhielte, oder nahezu. So tat sie und erhielt es mir bis letzten Fronleichnam, wo es selig verstarb, gerade da der Hans im Kloster mit Zimmerwerk zu tun hatte und dann auch dem Mütterlein den Sarg zimmerte. Da ich nun allein war, was ist da viel zu wundern, daß er mir lieb wurde. Er ist brav, sparsam, was die Welschen meistenteils sind, ›modest und diskret‹, wie sie ennetbirgisch sagen. Auch konnten wir in zwei Sprachen miteinander verhandeln, denn der Vater, der ein starker und beherzter Mann war, hatte früher, nicht zu seinem Schaden, einen schmächtigen, furchtsamen Handelsherrn zu wiederholten Malen über das Gebirge begleitet und von jenseits ein paar welsche Brocken heimgebracht. Nannte mich nun der Hans ›cara bambina‹, so hieß ich ihn dagegen ›poverello‹ und beides lautet wohl, ob ich auch unsere landesüblichen Liebeswörter nicht schelten will, wenn sie ehrlich gemeint sind.

Zugleich aber war mein Gelübde verfallen und mahnte mich mit jedem Aveläuten.

Da kamen mir oft flüsternde Gedanken, wie z. B.: ›Das Gelübde eines unschuldigen Kindes, das nicht weiß, was Mann und Weib ist, hat dich nicht weggeben können!‹ oder: ›Die Mutter Gottes, nobel wie sie ist, hätte dir das Mütterlein wohl auch umsonst und vergebens geschenkt!‹ Doch ich sprach dagegen: ›Handel ist Handel!‹ und ›Ehrlich währt am längsten!‹ Sie hat ihn gehalten, so will ich ihn auch halten. Ohne Treu und Glauben kann die Welt nicht bestehen. Wie sagte der Vater selig? Ich hielte dem Teufel Wort, sagte er, geschweige dem Herrgott.

Nun höret, ehrwürdiger Herr, wie ich es meine! Seit die Mutter Gottes der Königin das Kreuz trug, hilft sie es, ihr Kloster bevölkernd, seit urewigen Zeiten allen Novizen ohne Unterschied tragen. Es ist ihr eine Gewohnheit geworden, sie tut es gedankenlos. Mit diesen meinen Augen habe ich – eine Neunjährige – gesehen, wie das Lieschen von Weinfelden, ein sieches Geschöpf, da es hier Profeß tat, das zentnerschwere Kreuz spottend und spielend auf der schiefen Schulter trug.

Nun sage ich zur Mutter Gottes: ‹Willst du mich, so nimm mich! Obwohl ich – wenn du die Gertrude wärest und ich die Mutter Gottes – ein Kind vielleicht nicht beim Wort nehmen würde. Aber gleichviel – Handel ist Handel! Nur ist ein Unterschied. Der Herzogin, von Sünden schwer, ward es leicht und wohl im Kloster; mir wird es darinnen wind und weh. Trägst du mir das Kreuz, so erleichtere mir auch das Herz; sonst gibt es ein Unglück, Mutter Gottes! Kannst du mir aber das Herz nicht erleichtern, so laß mich tausend Male lieber zu meiner Schande und vor aller Leute Augen stürzen und schlagen platt auf den Boden hin.‹

Während ich diese schwerfälligen Gedanken, langsam arbeitend, tiefe Furchen in Gertrudens junge Stirn ziehen sah, lächelte ich listig: ›Ein behendes und kluges Mädchen zöge sich mit einem Straucheln aus der Sache!‹ Da loderten ihre blauen Augen. ›Meint Ihr, ich werde fälschen, Herr?‹ zürnte sie. ›So wahr mir helfe Gott Vater, Sohn und Geist in meinem letzten Stündlein, so redlich will ich das Kreuz tragen mit allen Sehnen und Kräften dieser meiner Arme!‹ und sie hob dieselben leidenschaftlich, als trüge sie es schon, so daß die Ärmel der Kutte und des Hemdes weit zurückfielen. Da betrachtete ich, als ein Florentiner der ich bin, die schlankkräftigen Mädchenarme mit künstlerischem Vergnügen. Sie wurde es gewahr, runzelte die Stirn und wandte mir unmutig den Rücken.

Nachdem sie gegangen war, setzte ich mich in einen Beichtstuhl, legte die Stirn in die Hand und sann – wahrlich nicht an das barbarische Mädchen, sondern an den römischen Klassiker. Da jubelte mein Herz und ich rief überlaut: ›Dank, ihr Unsterblichen! Geschenkt ist der Welt ein Liebling der komischen Muse! Plautus ist gewonnen!‹

Freunde, eine Verschwörung von Gelegenheiten verbürgte mir diesen Erfolg.

Ich weiß nicht, mein Cosmus, wie du vom Wunderbaren denkst? Ich selbst denke läßlich davon, weder abergläubisch, noch verwegen; denn ich mag die absoluten Geister nicht leiden, welche wo eine unerklärliche Tatsache einen Dunstkreis von Aberglauben um sich sammelt, die ganze Erscheinung – Mond und Hof – ohne Prüfung und Unterscheidung entweder summarisch glauben oder ebenso summarisch verwerfen.

Das Unbegreifliche und den Betrug, beide glaubte ich hier zu entdecken.

Das schwere Kreuz war echt und eine großartige Sünderin, eine barbarische Frau, mochte es gehoben haben mit den Riesenkräften der Verzweiflung und der Inbrunst. Aber diese Tat hatte sich nicht wiederholt, sondern wurde seit Jahrhunderten gauklerisch nachgeäfft. Wer war schuldig dieses Betruges? Irre Andacht? rechnende Habsucht? Das bedeckte das Dunkel der Zeiten. So viel aber stand fest: Das grausige, alterschwarze Kreuz, das vor dem Volke schaustund, und das von einer Reihenfolge einfältiger oder einverstandener Novizen und neulich noch von dem schwächlichen und verschmitzten Lieschen zu Weinfelden bei ihrer Einkleidung getragene waren zwei verschiedene Hölzer, und während das schwere auf der Klosterwiese gezeigt und gewogen wurde, lag ein leichtes Gaukelkreuz in irgendeinem Verstecke des Klosters aufgehoben und eingeriegelt, um dann morgen mit dem wahren die Rolle zu wechseln und die Augen des Volkes zu täuschen.

Das Dasein eines Gaukelkreuzes, von welchem ich wie von meinem eigenen überzeugt war, bot mir eine Waffe.

(C. F. Meyer, Sämtl. Werke Bd. I, S. 111–117)

Schloß Eppishausen um 1830, Gartenseite.

Eppishausen – Annette von Droste-Hülshoff

Von Münsterlingen fahren Sie ein kurzes Stück auf der N 13 zurück und biegen dann nach links ab auf die Straße Richtung Amriswil/ St. Gallen über Scherzingen. Kurz vor Amriswil erreichen Sie die N 14, auf der Sie nach knapp 4 km in Richtung Weinfelden/Frauenfeld zu dem Ort Erlen kommen. Am Ortseingang führt links die Schloßstraße hinauf zu dem schön gelegenen Schloß Eppishausen. (Kleiner Parkplatz am Schloß.)

Die weiße biedermeierliche Fassade von Schloß Eppishausen, das auf einem sanften Höhenzug südlich des Dorfes Erlen liegt, sieht der Besucher schon von weitem. Hier war Annette von Droste-Hülshoff von September 1835 bis Oktober 1836 bei ihrer Schwester Jenny und ihrem Schwager, dem Freiherrn von Laßberg, zu Besuch.

Laßberg hatte das Schloß Eppishausen schon 1812 erworben, lange vor seiner Heirat mit der Schwester der Droste – genauer gesagt, die verwitwete Fürstin von Fürstenberg hatte es für ihn gekauft, um dort mit dem ebenfalls verwitweten Laßberg einige Monate im Jahr verbringen zu können.

Nach dem Tod der Fürstin widmete er sich ganz seiner umfangreichen Sammlung mittelalterlicher Handschriften (siehe Kapitel *Meersburg*) und empfing als der gelehrte „Meister Sepp von Eppishusen", wie er sich selbst, etwas altertümelnd, zu nennen pflegte, viele berühmte Gäste in Eppishausen, Uhland, Schwab, Jakob Grimm und andere.

Im Oktober 1834 heiratete er Jenny, die ältere Schwester der Droste, die er im benachbarten Schloß Berg kennengelernt hatte (siehe Kapitel *Schloß Berg*). Um die Schwester bzw. Tochter wiederzusehen, die „mit dem fremden Patron fortgegangen war" (Brief der Droste vom 28. 3. 1835), reisten die Dichterin und ihre Mutter im September 1835 von Westfalen in die Schweiz. Es wurde ein Aufenthalt von über einem Jahr. Für die Dichterin war dieses Jahr keine ganz glückliche Zeit. Zwar entstanden unter den neuen und großartigen Landschaftseindrücken der nahen Alpen und des Bodensees einige Dichtungen, auch bereitete sie hier die erste Ausgabe ihrer Gedichte (erschienen 1838) vor, aber was sie vermißte, war der Gedankenaustausch über ihre dichterische Arbeit. Bei aller menschlichen Nähe zu ihren Verwandten war sie als Dichterin in Eppishausen einsam. In einem Brief an ihren Freund Schlüter in Westfalen berichtet sie zunächst recht launig über die Altertümelei ihres Schwagers, fährt dann aber fort: „daß Sie mir fehlen würden, und zwar sehr, wußte ich voraus, aber ich rechnete doch auf irgend ein Wesen, dessen Beschäftigungen, Ansichten und Geschmack dem meinigen einigermaßen entsprächen..." Aber auf Eppishausen bestimmten die Interessen Laßbergs an mittelalterlicher Dichtung und Geschichte die geistige Atmosphäre, für neue Kunst und Literatur hatte der Hausherr kein Verständnis. So blieb das Verhältnis der Droste zu ihrem Schwager trotz gegenseitiger Achtung ambivalent. Sie schrieb am 28. 3. 1835 an Schlüter:

...hier im Hause giebts ganze Ladungen von Minneliedern, und drunter mehrere starke Hefte mit den Melodien dazu – (...) und man trifft überall auf Spuren des Nibelungen-Liedes, des Lohengrin, des Eggen-Liedes et cet. – häufig liest Er des Abends eine Stunde lang vor „von Helden lobbebären, von grozer Arbeit" und was dahin gehört, – ich vernehme mit Rührung wie der Lohengrin in seinem Schwanen-Kahne, den Rhein hinunter, abfährt, der Kaiser dann „pellet sam ein Rint, Vor Weinen da der Lohengrine abe gink" des Ritters Gemahlin ohnmächtig wird, und „die Zähn sie ihr uffbrachen mit einem Klotze" – ja ja! lassen Sie nur recht tiefe Seufzer fahren, daß Ihnen das Alles verloren geht!, aber, wahrlich, wären Sie hier, keine Silbe sollte Ihnen erlassen werden, Sie sollten Leid und Freud mit mir theilen, wie es einem getreuen Freunde zukömmt, dafür stehe ich Ihnen – Uebrigens, ohne Scherz geredet, ist mein Schwager der beste Mann von der Welt, seine Liebe zu meiner Schwester ist so groß, und von solcher Art, wie kein menschliches mangelhaftes Wesen sie fodern, aber dennoch das Herz sie geben kann – und übrigens ist er angenehm, geistreich, sehr gelehrt, kurz, ihm fehlt Nichts, sondern Er hat nur etwas zu viel, nämlich zu viel Manuskripte und Incunabeln, und zuviel Lust sie vorzulesen, (...) – ich wollte Sie wären bey Uns, Schlüter, das ist mein Morgen- und mein Abend-Seufzer, – daß Sie mir fehlen würden, und zwar sehr wuste ich voraus, aber ich rechnete doch auf irgend ein Wesen, dessen Beschäftigungen, Ansichten und Geschmack dem meinigen einigermaßen entsprächen, aber – außer den Thurnschen Damen betritt kein Frauenzimmer dies Haus, nur Männer von Einem Schlage, Alterthümler, die in meines Schwagers muffigen Manuskripten wühlen möchten, sehr gelehrte, sehr geachtete, ja sehr berühmte Leute in ihrem Fach – aber langweilig wie der bittre Tod, – schimmlich, rostig, prosaisch wie eine Pferde-Bürste, – verhärtete Verächter aller neueren Kunst und Litteratur, – mir ist zuweilen als wandle ich zwischen trocknen Bohnen-Hülsen, und höre Nichts als das dürre Rappeln und Knistern um mich her, und solche Patrone können nicht enden, vier Stunden muß man mit ihnen zu Tisch sitzen, und unaufhörlich wird das leere Stroh gedroschen! – nein, Schlüter, ich bin gewiß nicht unbillig, und verachte keine Wissenschaft, weil sie mir fremd ist, aber dieses Feld ist zu beschränkt und abgegrast, das Distel-Fressen kann nicht ausbleiben, was, zum Henker, ist daran gelegen, ob vor drey hundert Jahren, der unbedeutende Prior eines Klosters was nie in der Geschichte vorkommt, Ottwin oder Godwin geheißen, und doch sehe ich, daß dergleichen Dinge viel graue Haare und bittre Herzen machen. –

(A. v. Droste-Hülshoff, Sämtl. Werke, Bd. 8,1, S. 185, 186, 188, 189)

Bei späteren Aufenthalten der Droste bei Schwester und Schwager, auf der Meersburg (siehe Kapitel *Meersburg*), waren die Umstände günstiger. Schon das mildere Klima trug wesentlich zu ihrem Wohlbefinden bei, vor allem aber hatte sie dort gleichgesinnte und an ihrer Arbeit interessierte Freunde.

Rundgang:

Schloß Eppishausen

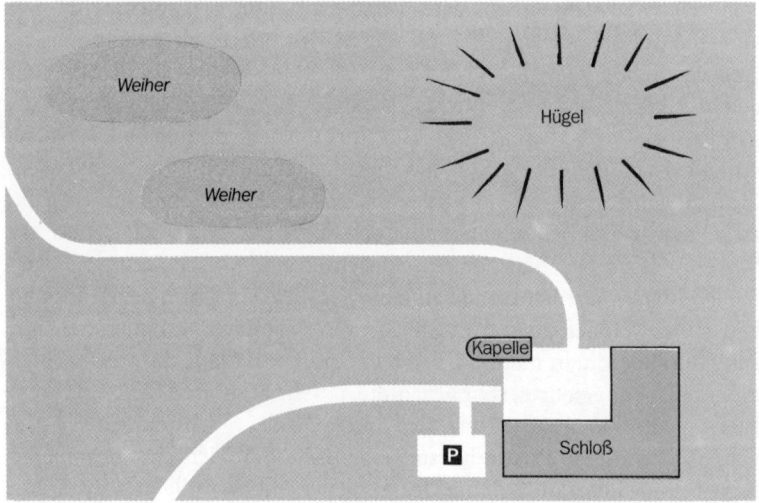

Heute ist im Schloß ein Altersheim eingerichtet, das von den Bonitas-Dei-Schwestern geführt wird, die das Andenken an die Dichterin pflegen (im ehemaligen Salon hängt ein kleines Bild der Droste) und einen Gang durch den Park gerne gestatten.

Das Schloß Eppishausen ist äußerlich seit der Zeit der Droste fast unverändert erhalten, auch in der unmittelbaren Umgebung läßt sich der damalige Zustand noch gut erkennen.

Vom Schloßeingang führt ein Weg in die parkartige Landschaft, die die Droste in Briefen beschreibt. Auf einem Damm – zu Drostes Zeit befand sich hier eine Brücke – überquert man eine kleine Schlucht, links davon liegen zwei Weiher (vgl. das Gedicht „Ein milder Wintertag" S. 158). Auf den angrenzenden Hügel, den Lieblingsplatz der Dichterin, führt kein offizieller Weg; man kann unter Umständen versuchen, über die Weide hinaufzugelangen. Hier befanden sich damals Rebgärten mit einem Rebhäuschen auf der Höhe. Von da aus hatte die Droste den umfassenden Blick auf Alpen und See, den sie im Brief an Schlüter beschreibt:

...jetzt bin ich, so Gott will, in's Standquartier eingerückt, und wahrlich das Plätzchen ist nicht übel, – namentlich das, was ich in diesen Augenblicke einnehme – wollen Sie es kennen? – es ist das Fenster eines alterthümlichen Gebäudes, am Berge, aber nicht gar hoch, die Kirchthurmspitze des Dorfes drunten könnte uns den Wein aus dem Keller stehlen, wäre sie nicht so christlich erzogen, wer weiß was geschäh – also – das Dorf grade unter dem Fenster, – fast unmittelbar daran stoßend ein Zweytes, dann ein Drittes, Viertes – bis zu einem Siebenten, – Alle so nah, daß ich die Häuser zähle, (Versteht sich, mit der Lorgnette) und unsre gute alte Burg drinn, wie das kleine Wien in seinen großen Vorstädten, ferner über die Chaussèe hinaus, die lieblichsten mit Laubholz bewachsenen Gebirge, und – wie's im Liede heist „Auf jedem Gipfel ein Schlößchen, ein Dörfchen aus jeder Schlucht" von diesem Fenster sehe ich Ihrer dreißig – gezählt habe ich sie nicht, und auch jetzt nicht Lust dazu, aber glaubwürdige Leute sagen es – das ist lieblich, das ist schön anzusehn! – aber es giebt eine Stelle, die mir noch lieber ist, und der Winter muß es sehr arg treiben, soll ich sie nicht jeden Tag begrüßen – wenigstens einmahl – bis jetzt habe ich den grösten Theil der gestohlenen Zeit dort verlebt – Hören Sie! – neben dem Hause liegt ein herrlicher Wald, mit Anlagen die nur eben soviel von der Kunst geborgt haben, um das Unbequeme zu entfernen – lauter alte Buchen, – herrliche hohe Laub-Gewölbe, mit Vögeln von Allen

Farben und Zungen, – hier und dort, Felsstücke zum Ausruhen, eine Menge lebendiger Quellen, die sich sammeln zu artigen Teichen, auf denen genug und zum Ueberfluß weiße Wasser-Rosen schwimmen die man bey Uns so sorgfältig zieht, – das Alles bildet ein unschätzbares Ganze, d. h. eben für Uns unschätzbar, die wir gern spatziren gehn, aber ungern den Berg hinab galoppiren, – dieser Wald aber wird nur durch eine schöne und tiefe Schlucht vom Hause getrennt, worüber eine Brücke führt, die sich wahrlich nicht schlecht ausnimmt, – Sie denken, dieses sey der geliebte Ort – keineswegs – ich beschreibe seine Vorzüge nur, um ihm mit desto größerem Glanze den Hals zu brechen, wenn ich hinzu füge, daß ich ihn hundertmahl unter die Erde gewünscht habe, zu den alten muffigen Stämmen, die drüben bey Zielschlatt im Torf-Moor liegen, denn was er verbirgt ist mir lieber, als Alles was er geben kann – Ach! lieber keinen Wald, keinen Spatzier-Gang außer der Chausseè und unter den Obstbäumen, mit denen das Thal bestreut ist! und dafür meine lieben Alpen, meinen Sentis, mein Glärnisch, meine Tiroler Gebirge! – und meinen schönen klaren See mit seinen Segeln – Sehn Sie, das Alles käm Uns zu, brächte der Wald Uns nicht drum, – nun seh ich es zwar auch mitunter, aber nicht so oft ich will, z. b. nicht eben jetzt, wo ich fünf Groschen drum gäbe – ich sehe es nur an dem Plätzchen wovon ich schon solange geredet, und Sie noch immer nicht hin geführt habe – es ist ein Gartenhäuschen an der höchsten Stelle des Waldes, wo sich die Aussicht ins Thal öffnet – zwey Wege giebts dorthin, Einen steil und dornicht, wie den der Tugend, und ihn pfleg' ich zu gehn, oder vielmehr zu klettern, denn er bringt mich in drey Minuten hinauf, wenn auch keuchend und halbtodt, der Andre gleicht dem der Sünde, breit und gemächlich, deshalb verschmähe ich ihn auch, zumahl da er die Eigenschaft besitzt, eine Viertelstunde lang zu seyn, – Sie mögen gewählt haben wen Sie wollen, wir sind jetzt jedenfalls oben, – ja, mein theurer theurer Freund! Wir sind oben, dieses ist der Platz, wo ich immer bey Ihnen bin, und Sie bey mir – ich glaube mit Wahrheit sagen zu können, ich war nie droben ohne Sie – es ist ein einsamer Fleck Erde, – sehr reizend, und sehr großartig, – ich sitze nur bey rauher Luft im Rebhäuschen, sonst davor, unter einer großen Trauerweide, ganz versteckt durch die Reben mit denen der Abhang bis ins Thal besetzt ist – das Thal selbst schmal und leer, die Gebirge gegenüber sehr nah, und mit Nadelholz bedeckt, was sie schwarz und starr aussehn läst, so nun Berg über Berg ein Colossales Amphitheater, und zuletzt die Häupter der Alpen mit ihrem ewigen Schnee, – links, – die Länge des Thals vom

Bodensee geschlossen, (d. h. die Perspective, der See selbst ist zwey Stunden von hier) dessen Spiegel im Sonnenschein mich blendet, und der überhaupt mit seinen bewegten Wimpeln und freundlichen Ufer-städtchen hinüber leuchtet, wie das Tageslicht in einen Grotten-Eingang, – es ist seltsam wie die Klarheit der Atmosphäre jeden Gegenstand heran rückt, ich bedarf hier nur einer guten Lorgnette um Meilenweit zu sehn, und dasselbe leisten Andere mit freyem Auge, – In Hülshoff habe ich den Spiegel eines, nicht fünf Minuten entfernten, großen Teiches nie deutlicher gesehn, (von meinem Zimmer aus) als hier am Reben-Häuschen den eine Meile fernen See, auf dem ich jedes Segel zähle, ja sogar in dem Städtchen Lindau, am jenseitigen Ufer, einzelne Gebäude unterscheide – Die Alpen-Häupter nun gar, denen nicht viel mehr Luft als Keine geblieben, scheinen oft so nah, daß man nur sogleich hinan gehn möchte, ich unterscheide jede Schlucht am Sentis so genau, daß ich meine, wenn ein Gemsjäger daraus hervor träte, ich müsse es sehn, und doch sinds sechs gute Stunden, bergauf, bergab, bis zum Fuße dieses alten Herrn, und zu seinem Gipfel – nun ich weiß nicht, aber wohl weiß ich, daß noch vor wenigen Wochen ein Engländer, dem seine eigensinnige Geliebte, zum Gegenpfand ihres Herzens, eine Eisscholle vom Gipfel des Sentis abverlangte, fast drüber zu Grunde gegangen ist – dreymal haben die Schwierigkeiten ihn zurück getrieben, zum vierten Male hat er nicht nachgelassen, und jeden Schritt nur vorwärts gesetzt, zum Glücke hat er unten im Thale Freunde zurück gelassen, so sind Alpenjäger aufgeboten, und unser Held hat den Rückweg auf einer Tragbahre gemacht, besinnungslos, – ob nun die Dame ihre Forderung aufgegeben hat, oder Er die Dame, weiß der Himmel, meine Kenntnisse sind hier zu Ende – Sie sehn indessen, daß mein Liebling und tägliches Vis a Vis keinen Spaß macht und sich wenigstens eben so ungern am Barte zupfen läßt, als der weiland Sultan von Babylon, Oberonischen Andenkens – doch, um wieder aus den Eis-Regionen zu kommen – von meiner Bank unter der Weide aus, durchstöbre ich jede Schlucht, besteige ich jede Klippe, zwar nur in Gedanken, aber was so nah und deutlich erscheint, davon hat man schon so genug, und glaubt Nichts Neues gewinnen zu können durch Annäherung – hier träume ich oft lange, komme oft recht verklommt zurück, denn die Abende werden allmählich frisch – aber hier droben ist meine Heimath, geht Alles an mir vorüber, was ich mir in meinem Herzen habe mitnehmen können – Vieles – Vieles! – wenn ich den ganzen Tag mit andern Vorstellungen bin gefüttert worden, hier mache ich mein eignes Schatzkästlein auf, und reiche Ihnen, mein theurer Freund, von hieraus die Hand, über so manche Stadt, so manchen Berg, und den breiten Rhein – den Tag hindurch ist noch Leben im Thal, aber wenn es dämmert, – wenn die Tiefe um Eins so tief, die Höhe um Eins so hoch wird, der Fichtenwald da steht wie die eigentliche Finsterniß, und nur die weißen kalten Massen droben wie Gespenster herab leuchten, glauben Sie mir, Schlüter, das flache Land bietet keinen Begriff für die Einsamkeit solcher Augenblicke – öde und gewaltig – der Tod in seiner großartigsten Gestalt.

(A. v. Droste-Hülshoff, Sämtl. Werke, Bd. 8,1, S. 175–178)

Der Brief an Schlüter zeigt die Droste als geniale Briefschreiberin. Dem blinden Freund schildert sie zunächst in höchster, auch heute noch nachprüfbarer Genauigkeit ihre neue Umgebung. Dann aber breitet sie mit großer Eindringlichkeit den Blick vom Rebhäuschen vor ihm aus, und die Landschaftsschilderung gerät zu einem grandiosen Panorama. Im letzten Abschnitt wird der äußere Eindruck des Abends zu einer Todesvision gesteigert.

Diese, auch in anderen Briefen spürbare Dimension der Verdichtung ist allerdings bei den in Eppishausen entstandenen Gedichten noch nicht erreicht. Typisch für ihre Dichtung in dieser Zeit sind kleine Tages- und Jahreszeiten-Gedichte:

Ein milder Wintertag

An jenes Waldes Enden,
Wo still der Weiher liegt
Und längs den Fichtenwänden
Sich lind Gemurmel wiegt;

Wo in der Sonnenhelle,
So matt und kalt sie ist,
Doch immerfort die Welle
Das Ufer flimmernd küßt:

Da weiß ich, schön zum Malen,
Noch eine schmale Schlucht,
Wo all die kleinen Strahlen
Sich fangen in der Bucht;

Ein trocken, windstill Eckchen
Und so an Grüne reich,
Daß auf dem ganzen Fleckchen
Mich kränkt kein dürrer Zweig.

Will ich den Mantel dichte
Nun legen übers Moos,
Mich lehnen an die Fichte
Und dann auf meinen Schoß

Gezweig' und Kräuter breiten,
So gut ich's finden mag:
Wer will mir's übel deuten,
Spiel ich den Sommertag?

Will nicht die Grille hallen,
So säuselt doch das Ried;
Sind stumm die Nachtigallen,
So sing' ich selbst ein Lied.

Und hat Natur zum Feste
Nur wenig dargebracht:
Die Lust ist stets die beste,
Die man sich selber macht.

       (A. v. Droste-Hülshoff, Sämtliche Gedichte, S. 89)

Von Eppishausen fahren Sie wieder zurück bis zur Kreuzung vor Amriswil und biegen dann rechts auf die Straße nach St. Gallen ab. Nach wenigen Kilometern liegt rechts das romantische, völlig erhaltene *Wasserschloß Hagenwil,* das den kleinen Abstecher lohnt, zumal sich in seinen Mauern eine Gaststätte befindet.

In St. Gallen gibt es beim ehemaligen Klosterbezirk Parkmöglichkeiten. Der Weg zur Stiftsbibliothek (über den Hof der ehemaligen Klausur) ist ausgeschildert.

St. Gallen – Notker der Stammler/J. V. v. Scheffel

Wie also tausend jar (fehlt nit mehr viel dazu)
Gezehlet worden sind, so steht in voller ruh
Die schöne Gallus-statt, mit saurer müh gebauwen;
Man kann jhr schöne zier dermahlen wol beschauwen,
Und wo vor langer zeit ein öder wildnuß war,
Hernach ein kleine zell und über ettlich jar
Ein wol erbautes dorff, zuletzt ein trauwrig zeichen
Des ungarischen sturms, dem alles mußte weichen:
Da sihet man jetzund ein schön und reiche statt,
Die nun sechshundert jar und mehr gegrünet hat. –
(Josua Wetter, Beschreibung der Stadt St. Gallen, 1642)

St. Gallen hat viele Sehenswürdigkeiten, aber für den Literatur-Reisenden ist die Stiftsbibliothek des ehemaligen Klosters ein ganz besonderer Anziehungspunkt. Diese Bibliothek ist eine der ältesten des Abendlandes, sie besteht in ununterbrochener Kontinuität seit dem 8. Jahrhundert. Einige der wertvollsten und schönsten Handschriften und frühen Drucke werden ständig in der Rokokobibliothek ausgestellt; in dem herrlichen Bibliothekssaal kommt nicht nur der Bücherliebhaber, sondern auch der kunsthistorisch Interessierte auf seine Kosten.

Der irische Wandermönch Gallus, der 612 im damals unwirtlichen Steinachtal, zwischen Bodensee und Säntis, eine Eremitenzelle baute und dem späteren Kloster und der Stadt den Namen gab, brauchte für seine wenigen Bücher noch keine Bibliothek. Auch als der Heilige Otmar (719–759) die Galluszelle zu einem Kloster umbildete und dort statt der strengen Kolumbansregel die humanere Benediktinerregel einführte (siehe Kapitel *Insel Werd*), hat die Bibliothek noch eine bescheidene Rolle gespielt.

Mit Abt Gozbert (816–836) kam wieder eine bedeutende Persönlichkeit auf den Abtstuhl von St. Gallen. Seine Amtszeit brachte dem Kloster einen Aufschwung auf allen Gebieten der Wissenschaft und Künste. Er kann als der eigentliche Begründer der berühmten Bibliothek angesehen werden, und mit seiner Regierung begann das „goldene Zeitalter" St. Gallens.

Schon 50 Jahre später verzeichnete der älteste erhaltene St. Galler Bibliothekskatalog einen Bestand von über 400 Titeln. Das mag uns, die wir das Buch als leicht verfügbaren Massenartikel kennen, auf den ersten

Blick eine geringe Zahl erscheinen, wenn wir aber bedenken, daß zur Herstellung eines dieser kostbaren Manuskripte oft die Arbeit eines Jahres erforderlich war, dann wird uns der ungeheure Reichtum dieser mittelalterlichen Bibliothek bewußt. Der weitaus größte Teil dieser Handschriften wurde auch in der berühmten St. Galler Schreibschule geschrieben und gemalt, andere (etwa die kostbaren irischen Evangelien) von Wandermönchen mitgebracht, die auf ihrer Pilgerreise von Irland nach Rom in dem Gallus-Kloster (mit dem Grab des irischen Heiligen) Station machten. Es ist ein nicht zu überschätzender Glücksfall, daß dieser Handschriftenbestand, der in den folgenden Jahrhunderten ständig erweitert wurde, größtenteils die vielfältigen geschichtlichen Wirren überstand und am Entstehungsort erhalten blieb. Im reformatorischen Bildersturm von 1529, dem u. a. der reiche Kirchenschatz zum Opfer fiel, sorgte der Humanist Joachim von Watt, genannt Vadianus, der Bürgermeister von St. Gallen, für den Schutz der Bibliothek. Dieser gebildete Mann, der einerseits in der Stadt die Reformation einführte und damit gegen das Kloster stand, setzte sich andererseits nachdrücklich und erfolgreich für den Erhalt der Bibliothek ein. Nach der Säkularisation des Klosters 1805 war es der Bibliothekar Nepomuk Hauntinger, dem die Rettung der Bibliothek zu verdanken ist. Heute ist die „Stiftsbibliothek" einerseits Schaubibliothek mit wechselnden Ausstellungen im Rokokosaal, andererseits eine moderne Fachbibliothek für Mediävistik von hohem wissenschaftlichen Rang.

Der größte Dichter und Gelehrte von St. Gallen war Notker der Stammler. Er wurde um 840 in der Umgebung von St. Gallen geboren, seine Eltern brachten das schwächliche Kind schon mit sechs oder sieben Jahren ins Kloster. Wegen eines Sprachfehlers bekam er dort den Beinamen „Balbulus", Stammler oder Stotterer. Notker führte im Kloster ein zurückgezogenes Leben als einfacher Mönch, aber das Andenken an seine überragende Persönlichkeit war noch 200 Jahre später im Kloster lebendig. Der St. Galler Chronist Ekkehard IV. schilderte um die Mitte des 11. Jahrhunderts die Gestalt Notkers:

Notker, dürr an Leib, aber nicht an Seele, stammelnd in der Rede, aber nicht im Geiste, hochragend in göttlichen Dingen, geduldig in irdischem Ungemach, milde bei allem, drang bei den Unsrigen auf scharfe Zucht. Vor jähen und überraschenden Geschehnissen verzagte er leicht, nur nicht vor dem Angriff der Dämonen, denen er sich ja regelmäßig kühn entgegenstellte. Im Beten, im Lesen, im Dichten war er unermüdlich. Und um all die Gaben seiner heiligen Persönlichkeit bündig zusammenzufassen: er war ein Gefäß des Heiligen Geistes so überquellend reich, wie es zu seiner Zeit kein anderes gab.

(Ekkehard IV., St. Galler Klostergeschichten, Kap. 33, S. 79)

Derselbe Ekkehard berichtet auch eine Anekdote von Notker, die seine Bescheidenheit und gleichzeitige Schlagfertigkeit beleuchtet: Bei einem Besuch Kaiser Karls III. in St. Gallen sah ein Höfling den Mönch Notker bescheiden an seinem Schreibpult sitzen. Er sagte zu seinen Begleitern: Das soll der größte Gelehrte im Reich sein? Ich will ihm eine Frage stellen, die er gewiß nicht beantworten kann. Und er wandte sich an Notker: „Uns ist bekannt, gelehrtester Mann, daß du alles weißt. Was aber der liebe Gott im Himmel jetzt gerade tut, das möchten wir von dir erfahren, falls du es weißt." Die Umstehenden waren zu Gelächter und Spott bereit, aber Notker antwortete: „Ich weiß es, und zwar weiß ich es ganz genau. Jetzt gerade nämlich tut er, was er immer tat und wie er alsbald auch dir tun wird: Er erhöht die Demütigen und demütigt die Stolzen." Die Dichtungen Notkers sind lyrische Verse, zu denen er auch die Melodien schrieb. Es handelt sich um sogenannte „Sequenzen", das sind Verse, die zwischen die liturgischen Teile der Messe eingeschoben wurden. Es ist sehr schwierig, die Eigenart und Schönheit dieser lateinischen Dichtungen bei der Übertragung ins Deutsche zu erhalten. Bei Notker fasziniert insbesondere die Lebendigkeit seiner geistlichen Dichtungen. Er nimmt die Natur mit ihren vielfältigen und vergänglichen Erscheinungsformen in die überzeitliche Liturgie der Messe herein und schafft damit eine Verbindung zwischen dem göttlichen und dem menschlichen Bereich. Dies wird besonders an seiner Ostersequenz deutlich:

Notker der Sammler am Schreibpult mit Feder und Federmesser, 1024.

Dem aus Grabesnacht
Auferstandenen Heiland huldigt die Natur;
Blum und Saatgefild
Sind erwacht zu neuem Leben.
Der Vögel Chor
Nach des Winters Rauhreif singt sein Jubellied.
Heller strahlen nun
Mond und Sonne, die des Heilands Tod verstört,
Und in frischem Grün
Preist die Erde den Erstandnen,
Die, als er starb,
Dumpf erbebend ihrem Einsturz nahe schien.

Auch einer der berühmtesten und verbreitetsten mittelalterlichen Gesänge, „Media Vita", wird Notker zugeschrieben:

Mitten im Leben
Sind wir vom Tod umgeben.
Wen sollen wir zum Beschützer rufen,
Wenn nicht dich, o Herr,
Der du mit Recht uns zürnst
Unsrer Sünden wegen.
(zitiert nach O. Feger, Geschichte des Bodenseeraumes, Bd. 1, S. 182)

Von der die Jahrhunderte überdauernden Wirkung dieser Verse zeugt die Umwandlung, die Martin Walser in seinem „Hiesigen Lebenslauf" vornimmt. Ein „hiesiger Lebenslauf" ist für Walser ein am Bodensee unter dem Eindruck des alles bestimmenden Barock mit seinem „Memento mori" verbrachtes Leben. Die bei Notker klare Beziehung von Leben und Tod ist für den modernen Dichter doppeldeutig und trügerisch geworden:

Wir haben immer ein süßes Jenseits zu Gast
barock streckt der Tod den Tanzfuß
semper durch gekonntes Gewölk
mitten im Tode sind wir vom Leben umfangen
hier herrscht hohe Huld
hier stirbt man spät und unvollendet.
(Martin Walser, Hiesiger Lebenslauf, aus: Heilige Brocken, S. 7)

Nach dem Besuch der Bibliothek schlagen wir einen literarischen Spaziergang auf den Freudenberg vor, einen der beiden Hügel, welche die Stadt einrahmen. Wir folgen dabei den Spuren von Scheffels Ekkehard, der hier oben Abschied von seinem Heimatkloster nahm und vom Freudenberg aus alle Stationen seines künftigen Weges – den Bodensee, den Hohentwiel, die nahen Alpen – vor sich liegen sah.

1. Stiftsbibliothek

Der St. Galler Bibliothekssaal ist von erlesener Feinheit und Intimität, ein Gesamtkunstwerk im Geist des 18. Jahrhunderts. 1757 wurde der Neubau unter den Fürstäbten Gugger von Staudach und Beda Angehrn von denselben Künstlern, die auch am Neubau der Stiftskirche arbeiteten, ausgeführt. Der Bibliothekssaal gilt heute als der schönste Rokokosaal der Schweiz.

In den Vitrinen dieser Schaubibliothek sind in wechselnden Ausstellungen einige der kostbarsten und schönsten Handschriften sowie frühe Drucke zu sehen.

Im Mittelalter war Latein die Sprache der kirchlichen Liturgie wie auch die Sprache der Wissenschaft. Daher verwundert es nicht, daß die meisten Handschriften lateinische Texte enthalten. Hervorzuheben sind darunter die aus Italien stammende älteste Handschrift der Vulgata-Evangelien (um 420), Vergil-Fragmente (um 500) sowie die kostbaren irischen Evangelien-Handschriften des 7.–12. Jahrhunderts mit ihren zum Teil ganzseitigen Miniaturen.

Eine ganz besondere Bedeutung haben in der Stiftsbibliothek die frühen deutschsprachigen Handschriften. Hier befinden sich die ältesten althochdeutschen Sprachdenkmäler, also schriftliche Zeugnisse jener frühesten Form der deutschen Sprache, in der man versuchte, die germanischen Dialekte der Karolingerzeit mit den Buchstaben der lateinischen Schrift niederzuschreiben. Karl der Große hatte 789 die Anordnung erlassen, Glaubensbekenntnis und Vaterunser müsse in der Volkssprache bekannt und möglichst auswendig gewußt werden. Bereits ein Jahr später wurde die erste deutsche Vaterunser-Version, das St. Galler Paternoster, als Ergänzung in die St. Galler Handschrift eingetragen, die heute als das älteste deutsche Buch gilt, der sogenannten „Abrogans", ein alphabetisch geordnetes lateinisch-deutsches Wörterbuch.

Auch aus der Blütezeit der mittelhochdeutschen Dichtung um 1200 besitzt die Stiftsbibliothek eine wertvolle Handschrift, die allerdings erst im 18. Jahrhundert aus dem Nachlaß eines Schweizer Humanisten

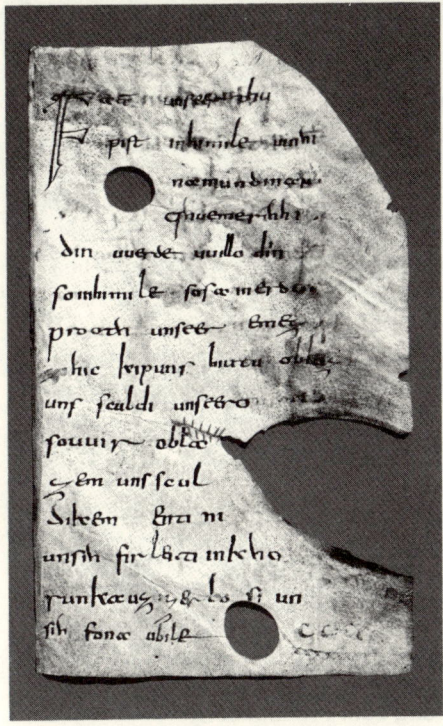

Fater unseer thu pist in himile
uuihi namun dinan
qhueme rihhi din
uuerde uuillo diin so in himile
sosa in erdu
prooth unseer emezzihic kip uns hiutu
oblaz uns sculdi unseero so uuir
oblazem uns sculdikem
enti ni unsih firleiti in khorunka
uzzer losi unsih fona ubile.

Althochdeutsches Vaterunser
aus dem «Abrogans»-Wörterbuch (790 A. D.)
Stiftsbibliothek St. Gallen
(CODEX SANGALLENSIS 911)

Neunter Kranichdruck 1983

Althochdeutsches Vaterunser, 790.

nach St. Gallen kam. Es ist eine Sammlung mittelhochdeutscher Epen von außergewöhnlichem Rang, in der neben dem „Parzival" von Wolfram von Eschenbach vor allem die sogenannte Handschrift „B" des Nibelungenliedes, die heute allgemein als die wichtigste und maßgebende Handschrift dieses Werkes gilt, enthalten ist.

Ein weiteres berühmtes Ausstellungsstück ist der „St. Galler Klosterplan". Es handelt sich um ein einzigartiges Dokument des frühen Mittelalters, das dem baufreudigen Abt Gozbert von St. Gallen gewidmet ist. Die Widmungsinschrift am Rand des Planes läßt schließen, daß er aus dem Kloster Reichenau stammt, wo er um 820 von einem heute verlorenen karolingischen Original abgepaust wurde. Mit der Verbreitung dieses Planes, der als Idealplan eines benediktinischen Klosters zu sehen ist, sollte eine Vereinheitlichung der Klosteranlagen im Reich Karls des Großen erreicht werden. Auf dem Plan ist auch erstmals der Grundriß einer kleinen mittelalterlichen Bibliothek aufgezeichnet, ein zweigeschossiger Raum, in dem unten die Schreibstube und oben der Bücherspeicher ist. Achten Sie beim Verlassen der Bibliothek auf die Kartusche über der Eingangstür. Die griechische Inschrift wird in deutscher Übersetzung nach jahrhundertealtem Brauch meistens als „Seelenapotheke" oder „Heilstätte für den Geist" wiedergegeben. Als die gelehrten Mönche sie vor zwei Jahrhunderten über ihrem neugebauten Büchersaal anbrachten, wollten sie den Bibliotheksbesucher darauf aufmerksam machen, daß Unwissenheit des Geistes eine Krankheit sei und daß die Bücher, vor allen anderen die Heilige Schrift, als Arznei zu wirken hätten. Überdies war diese Inschrift für sie und ihre Gäste eine gelehrte Reminiszenz. Es handelt sich dabei nämlich um die älteste bekannte Bibliotheksinschrift überhaupt, die vor über 3000 Jahren die Tempelbibliothek des Königs Ramses II. in Ägypten geziert hat. (Nach Joh. Duft)

2. Literarischer Spaziergang zum Freudenberg

Ein wenig gegen Ost verlängre deine schritt
Und laß das rauh gebürg verbleiben in der mitt,
So wirst du alsbald bey dreyen schönen Linden
Ein angenehme freüd, dein auge wollust finden!
Hast du zu steigen lust? Wolan, so kannst du hier,
Bey den Drey Weihern ruhn, gantz zur ergötzung dir,
Auff deren grünem grund sich tausend visch bewegen,
Mit wundersamem lust hinschwingen und entgegen.
Da schaust du rings umbher der bergen grünes kleid
Und wie sich dise straß von jenem wege scheid;
Da kannst nach deinem lust die gantze statt besehen,
Wie auff dem Bodensee die schnellen schiffe gehen.
Die berge gegen nord und zu der linken hand
Sind auch gleich allernechst den mauren unsre wand.
(Josua Wetter, Beschreibung der Stadt St. Gallen, 1642)

Den Gang auf den Freudenberg, den Josua Wetter schon vor über dreihundert Jahren beschrieb und den Scheffel seinen Romanhelden Ekkehard am Abend vor seinem Abschied von St. Gallen machen läßt, beginnt man heute am besten mit einer kurzen Seilbahnfahrt. Dicht beim Kloster ist die Talstation des Mühleggbahnlis, das einen durch die wilde Mühlenenschlucht hinauf bringt. Von der oberen Station gelangt der Besucher über eine Treppe auf einen bequemen Spazierweg, der ihn zunächst an den drei Weihern, die früher dem Kloster gehörten, vorbeiführt. Weiter geht der Weg zum Aussichtspunkt „Schillerlinde"; von dort haben Sie wie Ekkehard einen umfassenden Blick: auf das Kloster, die Stadt und ihre Umgebung vom Bodensee bis zum Säntis.
(Textausschnitt siehe *Ekkehard-Rundfahrt*, S. 262)

Exkurs:
Wildkirchli – Joseph Victor von Scheffel „Ekkehard"

Wir empfehlen Ihnen, von St. Gallen aus den Abstecher zum Wildkirchli zu machen. Sie erreichen die Talstation Wasserauen, indem Sie zunächst Richtung Altstätten/Appenzell fahren. Kurz vor Gais, einem sehenswerten Ort mit einheitlichem klassizistischem Häuserensemble am Hauptplatz, biegen Sie rechts nach Appenzell ab, dem ländlichen Hauptort des gleichnamigen Kantons, dessen Stadtbild von schönen Appenzeller Häusern bestimmt wird. Von Appenzell aus ist die Strecke nach Weißbad-Wasserauen gut bezeichnet.

Beschreibung und Texte zum Wildkirchli im Kapitel *Auf den Spuren „Ekkehards"*, Seite 262.

Hauptwil – Friedrich Hölderlin

Die nächste literarische Station nach St. Gallen bzw. dem Wildkirchli ist Hauptwil, wo Hölderlin 1801 als Hauslehrer tätig war. Wir schlagen vor, Hauptwil nicht direkt mit dem Auto anzufahren, sondern auf einem Waldparkplatz an der „Alten Hauptwiler Straße" zwischen Bischofszell und Hauptwil zu parken und sich wie Hölderlin Hauptwil zu Fuß zu nähern.

Sie fahren zunächst von St. Gallen wieder zurück Richtung Konstanz/Kreuzlingen. Nach etwa 10 km biegen Sie links ab auf eine als landschaftlich schöne Strecke ausgewiesene Nebenstraße Richtung Bischofszell, über St. Pelagiberg/Wilen. (Bischofszell hat eine sehenswerte Altstadt mit prächtigen Barockhäusern.) Bei den ersten Häusern von Bischofszell, noch vor der links liegenden Opel-Werkstätte, fahren Sie im spitzen Winkel scharf links auf die „Alte Hauptwiler Straße", die als nicht-asphaltiertes Fahrsträßchen in Kurven hinauf in den Wald des Bischofsberges führt (siehe Skizze). Nach dem Waldaustritt parken Sie das Auto rechts am Waldrand auf dem Waldparkplatz „Waldschenke" und beginnen den Spaziergang (hin und zurück etwa 45 Minuten).

Hauptwil war eine kurze Etappe auf Hölderlins tragischem Lebensweg. Nur drei Monate, von Januar bis April 1801, war er hier Hauslehrer bei der Kaufmannsfamilie Gonzenbach.

Von Bischofszell nach Hauptwil

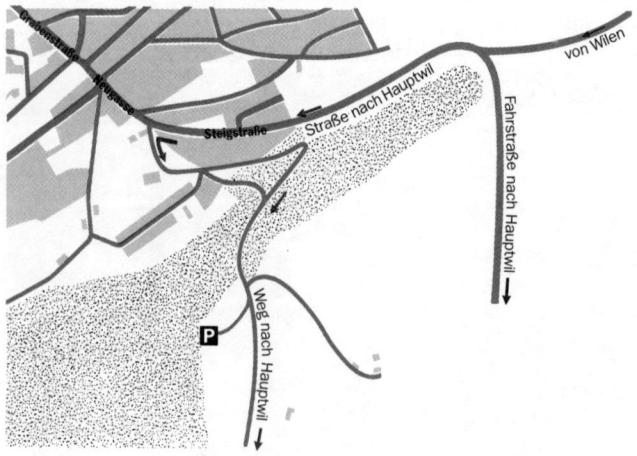

Den Sommer und Herbst des Jahres 1800 hatte Hölderlin in Stuttgart im Haus seines Freundes Landauer verbracht. Hier wurde ihm die Hauslehrerstelle bei der Familie Gonzenbach im schweizerischen Hauptwil angeboten. Zwei Hauslehrerstellen (in Waltershausen und Frankfurt) waren bereits gescheitert, Hauptwil war die dritte. Der nun schon dreißigjährige Dichter, der immer noch keinen sinnvollen Platz im Leben gefunden hatte, befand sich äußerlich und innerlich in einer kritischen Situation. Er schreibt am 11. Dezember an seine Schwester:

Ich gestehe Dir, Teure! daß ich meinen Entschluß, so sehr er meinem Herzen widersprach, doch immer mehr mit meinem Herzen zu reimen weiß. Ich habe in mir ein so tiefes, dringendes Bedürfnis nach Ruhe und Stille – mehr als Du mir ansehn kannst, und ansehn sollst. Und wenn ich dies in meiner künftigen Lage finde, so erhalte ich mein Herz meinen unvergeßlichen Verwandten und Freunden nur um so wärmer und treuer. Ich kann den Gedanken nicht ertragen, daß auch ich, wie mancher andere, in der kritischen Lebenszeit, wo um unser Inneres her, mehr noch als in der Jugend, eine betäubende Unruhe sich häuft, daß ich, um auszukommen, so kalt und allzunüchtern und verschlossen werden soll. Und in der Tat, ich fühle mich oft wie Eis, und fühle es notwendig, solange ich keine stillere Ruhestätte habe, wo alles, was mich angeht, mich weniger nah, und eben deswegen weniger erschütternd bewegt. Hierin liegt für mich, und wie ich glaube, auch für die Meinigen, der Hauptgrund, der mich, wo manches andere auf beiden Seiten gleich war, zu meinem Entschlusse bestimmte.
(F. Hölderlin, Sämtl. Werke, 6. Bd.: Briefe, S. 432/433)

Hölderlin nahm das Angebot der Familie Gonzenbach an. Anton von Gonzenbach war ein gebildeter, durch die Aufklärung geprägter Mann. Der Wohlstand der Familie beruhte seit Generationen auf dem im Thurgau florierenden Leinengewerbe. Hölderlin kam in eine große Familie, acht Kinder lebten noch im Hause der Eltern; die beiden jüngsten Mädchen, 14- und 15jährig, sollte er als Hauslehrer unterrichten.

Es sah so aus, als ob die neue Umgebung Hölderlin wirklich die ersehnte „Ruhe und Stille" geben könnte. Ein zuversichtlicher Ton bestimmte alle Briefe Hölderlins im Januar und Februar 1801. Dann jedoch erfolgte ein Umschwung, der sich schwer deuten läßt, aber im Brief (März 1801) an den Freund Landauer spürbar wird:

Eben, edler treuer Freund! erhalte ich Deinen zweiten Brief, und fühle in Deinem sanften Verweise dreifach, was Du mir bist, und bleiben sollst.

Ich bin hier mit den Posten noch nicht bekannt. Überhaupt ists seit ein paar Wochen ein wenig bunt in meinem Kopfe. O! Du weißt es, Du siehest mir in die Seele, wenn ich Dir sage, daß es mich oft um so mächtiger wieder überfällt, je länger ichs mir verschwiegen habe, dies, daß ich ein Herz habe in mir, und doch nicht sehe wozu? mich niemand mitteilen, hier vollends niemand mich äußern kann.

Sage mir, ists Segen oder Fluch, dies Einsamsein, zu dem ich durch meine Natur bestimmt und, je zweckmäßiger ich in jener Rücksicht, um mich selbst herauszufinden, die Lage zu wählen glaube, nur immer unwiderstehlicher zurückgedrängt bin! – Könnt ich einen Tag bei Euch sein! Euch die Hände bieten! – Bester! wenn Du nach Frankfurt kommst, so denk an mich! Willst Du? Ich werde hoffentlich immer meiner Freunde wert sein.

(F. Hölderlin, Sämtl. Werke, 6. Bd.: Briefe, S. 447)

Kurz darauf, am 11. April, erhielt Hölderlin das Kündigungsschreiben. Die Hintergründe dieser vorzeitigen Kündigung sind unklar und in der Hölderlin-Forschung umstritten. Es ist möglich, daß die angeführten familiären Gründe tatsächlich die alleinige Ursache darstellten, ebenso könnten damals auftretende wirtschaftliche Schwierigkeiten der Familie Gonzenbach (die Firma ging bald darauf in Konkurs) eine Rolle gespielt haben, aber es könnte auch aus dem Brief an Landauer auf ein auffälliges Verhalten Hölderlins geschlossen werden, das Anton von Gonzenbach zu der vorsorglichen Kündigung veranlaßte.

Mitte April 1801 reiste Hölderlin wieder von Hauptwil ab. Möglicherweise machte er einen Umweg über Pfäfers und die Tamina-Schlucht, auf jeden Fall fuhr er im Ruderboot über den östlichen Bodensee nach Lindau und ging von dort durch Oberschwaben und über die Alb hinunter ins Neuffener Tal und zu seiner Familie nach Nürtingen. Diese Heimreise wurde in der Elegie „Heimkunft" dichterisch gestaltet (siehe unter *Lindau*).

Rundgang:

Stadtplan Hauptwil

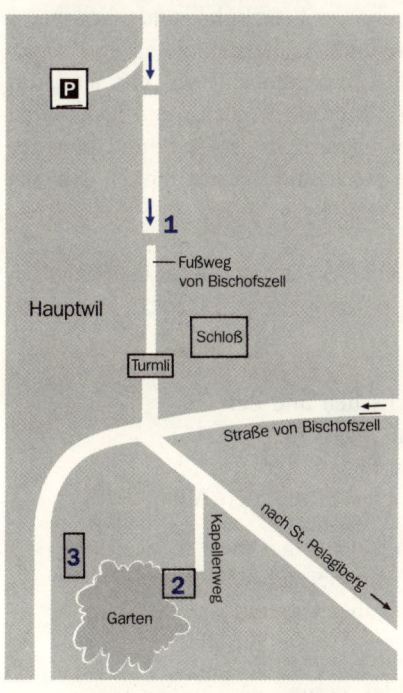

1 Alte Hauptwiler Straße
(Alter Kirchweg) von Bischofszell
nach Hauptwil(Vom Waldparkplatz
bis Hauptwil und zurück reine
Wegstrecke ca. 45 Min.)

2 Schlößli (heute privat)

3 Kaufhaus (heute privat)

1. Auf dem Alten Kirchweg nach Hauptwil

Der literarische Spaziergang folgt direkt Hölderlins Spuren auf der letzten Etappe seiner Reise nach Hauptwil. Der Dichter ging im Januar 1801, im strengsten Winter, zu Fuß von Stuttgart über die Schwäbische Alb nach Sigmaringen, fuhr an den Bodensee (Überlingen) und setzte über nach Konstanz. Von dort wanderte er am 15. Januar über Sulgen nach Bischofszell und auf dem noch erhaltenen alten Kirchweg nach Hauptwil.

Der Spaziergang führt auf eine der Höhen um Hauptwil, von denen der Dichter seinen ersten Eindruck von den Alpen hatte.

In Briefen Hölderlins aus Hauptwil kommen die große Erschütterung, Betroffenheit und die Begeisterung, die der Anblick der Alpen in ihm auslöste, zum Ausdruck. An den Freund Landauer schrieb er:

Vor den Alpen, die in der Entfernung von einigen Stunden hieherum sind, stehe ich immer noch betroffen, ich habe wirklich einen solchen Eindruck nie erfahren; sie sind wie eine wunderbare Sage aus der Heldenjugend unserer Mutter Erde, und mahnen an das alte bildende Chaos, indes sie niedersehn in ihrer Ruhe, und über ihrem Schnee in hellerem Blau die Sonne und die Sterne bei Tag und Nacht erglänzen. Dann kannst Du wohl auch denken, wie mir jetzt, im Frühlingsanfang, alle Elemente wohltun und wie ich die Augen weide an den Hügeln und Bächen und Seen herum, da dies seit drei Jahren der erste Frühling ist, den ich mit freier Seele und frischen Sinnen genieße. (F. Hölderlin, Sämtl. Werke, 6. Bd.: Briefe, S. 445)

Dichterisch gestaltet ist der Eindruck der Hauptwiler Landschaft in der Ode „Unter den Alpen gesungen", dem einzigen Gedicht Hölderlins, das in Hauptwil vollendet wurde:

Heilige Unschuld, du der Menschen und der
Götter liebste vertrauteste! du magst im
Hause oder draußen ihnen zu Füßen
        Sitzen, den Alten,

Immerzufriedner Weisheit voll; denn manches
Gute kennet der Mann, doch staunet er, dem
Wild gleich, oft zum Himmel, aber wie rein ist,
        Reine, dir alles!

Siehe! das rauhe Tier des Feldes, gerne
Dient und trauet es dir, der stumme Wald spricht
Wie vor alters, seine Sprüche zu dir, es
        Lehren die Berge

Heilge Gesetze dich, und was noch jetzt uns
Vielerfahrenen offenbar der große
Vater werden heißt, du darfst es allein uns
        Helle verkünden.

So mit den Himmlischen allein zu sein, und
Geht vorüber das Licht, und Strom und Wind, und
Zeit eilt hin zum Ort, vor ihnen ein stetes
        Auge zu haben,

Seliger weiß und wünsch ich nichts, so lange
Nicht auch mich, wie die Weide, fort die Flut nimmt,
Daß wohl aufgehoben, schlafend dahin ich
                Muß in den Wogen;

Aber es bleibt daheim gern, wer in treuem
Busen Göttliches hält, und frei will ich, so
Lang ich darf, euch all, ihr Sprachen des Himmels!
                Deuten und singen.
(F. Hölderlin, Werke u. Briefe, Bd. 1, S. 81/82)

Hauptwil um 1800.

Im Angesicht der Alpen hat hier der Dichter die Vision eines verlorengegangenen paradiesischen Zustandes, in dem der Mensch im Stande der Unschuld unmittelbaren Zugang zur Natur, zum Göttlichen hat. Es ist der Beruf des Dichters, nach Hölderlins Auffassung, diese Vision zu schauen und „die Sprachen des Himmels (zu) deuten und (zu) singen".

2. Schlößli

Man geht nun die Straße weiter hinab ins Dorf. Links liegt das Schloß der Junkerlinie der Familie Gonzenbach (heute Altersheim); der Weg führt durch den Torbogen des Türmlis, des „Zythäuslis" aus dem 17. Jahrhundert, mitten in den Ort. Jenseits der Straßenkreuzung sieht man bereits das „Schlößli" mit den schwarz-weiß-gestreiften Läden. Hauptwil ist ein interessantes Beispiel für eine frühe Industriesiedlung des 18. Jahrhunderts; das Ortsbild wird bestimmt von Herrenhäusern und gewerblichen Anlagen. Die Gonzenbachs bauten hier die Leinwandindustrie auf.

Das Schlößli ist heute in Privatbesitz. Über dem Eingang befindet sich eine Tafel, die an Hölderlins Aufenthalt erinnert.

3. Kaufhaus

Das Kaufhaus, 1671 als langgestrecktes Fabrikations- und Magazingebäude errichtet, wurde 1783 zum Wohnsitz der Familie Gonzenbach umgestaltet (heute Privatbesitz). Ob Hölderlin 1801 im Schlößli oder im Kaufhaus gewohnt hat, ist nicht geklärt, aber in diesem Zusammenhang auch unerheblich, da der Garten, den Hölderlin in seinem Brief vom 23. 2. 1801 an die Schwester rühmt, beiden Häusern gemeinsam war:

Ich schreibe Dir und den lieben Unsrigen an dem Tage, da unter uns hier alles voll ist von der Nachricht des ausgemachten Friedens, und, da Du mich kennst, brauche ich Dir nicht zu sagen, wie mir dabei zu Mut ist. Ich konnte auch diesen Morgen, da der würdige Hausvater mich damit begrüßte, wenig dabei sagen. Aber das helle Himmelblau und die reine Sonne über den nahen Alpen waren meinen Augen in diesem Augenblicke um so lieber, weil ich sonst nicht hätte gewußt, wohin ich sie richten sollte in meiner Freude.

Ich glaube, es wird nun recht gut werden in der Welt. Ich mag die nahe oder die längstvergangene Zeit betrachten, alles dünkt mir seltne Tage, die Tage der schönen Menschlichkeit, die Tage sicherer, furchtloser Güte, und Gesinnungen herbeizuführen, die ebenso heiter als heilig, und ebenso erhaben als einfach sind.

Dies und die große Natur in diesen Gegenden erhebt und befriediget meine Seele wunderbar. Du würdest auch so betroffen, wie ich, vor diesen glänzenden, ewigen Gebirgen stehn, und wenn der Gott der Macht einen Thron hat auf der Erde, so ist es über diesen herrlichen Gipfeln.

Ich kann nur dastehn, wie ein Kind, und staunen und stille mich freuen, wenn ich draußen bin, auf dem nächsten Hügel, und wie vom Aether herab die Höhen alle näher und näher niedersteigen bis in dieses freundliche Tal, das überall an seinen Seiten mit den immergrünen Tannenwäldchen umkränzt, und in der Tiefe mit Seen und Bächen durchströmt ist, und da wohne ich, in einem Garten, wo unter meinem Fenster Weiden und Pappeln an einem klaren Wasser stehen, das mir gar wohlgefällt des Nachts mit seinem Rauschen, wenn alles still ist, und ich vor dem heiteren Sternenhimmel dichte und sinne.

(F. Hölderlin, Brief an die Schwester, 6. Bd., S. 442/443)

Der Brief an die Schwester steht ganz unter dem Eindruck des Friedensschlusses von Lunéville (Februar 1801). Die ungeheuren Erwartungen, die Hölderlin an diesen Frieden knüpft, inspirieren ihn noch in Hauptwil zu einem ersten Entwurf zu der 1803 vollendeten (aber erst 1954 wieder aufgetauchten) großen Hymne „Friedensfeier".

In seinem 1976 erschienenen Roman „Hölderlin", einer Mischung aus Biographie und Fiktion, schildert der Schriftsteller Peter Härtling das Leben Hölderlins in Hauptwil:

Er hat Abschied genommen. Droben, im tiefverschneiten Oberschwaben, holen ihn winterliche Bilder der Vergangenheit ein. Er denkt an alle seine Abschiede, Aufbrüche. Seltsam, immer ist er im Frost, zu Beginn eines neuen Jahres aufgebrochen, nach Waltershausen, nach Frankfurt und nun in die Schweiz, nach Hauptwil. Doch dieses Mal ist er zufrieden mit dem Herbst. Die entstandenen Gedichte reden ihm nach, wissen den Winter voraus: „Weh mir, wo nehm ich, wenn / Es Winter ist, die Blumen, und wo / Den Sonnenschein, / Und Schatten der Erde? / Die Mauern stehn / Sprachlos und kalt, im Winde / Klirren die Fahnen." In Stuttgart hatte er mit dem Sohn seines zukünftigen Patrons, Anton von Gonzenbach, verhandelt und, anders als bisher, rasch eine Zusage bekommen. Das Gehalt war mit dreihundert Gulden fürs Jahr niedriger als bei Gontards. Nach zehntägiger Wanderung erreichte er die Herrschaft Hauptwil in Thurgau. Er mußte sich nicht umständlich nach dem „Schlößli" und dem Kaufhaus der Gonzenbachs durchfragen. Die Gonzenbachs beherrschten den Ort. Das obere Schloß bewohnte die ältere Linie der Gonzenbachs, die Familie des Hans Jakob, der in der Eidgenossenschaft als Gerichtsherr, in der Republik als Statthalter der Regierung amtierte; im unteren Schloß lebte die Familie des Kaufherrn Anton Gonzenbach, des Dienstherrn Hölderlins. Von den neun Kindern waren die beiden Jüngsten, die fünfzehnjährige Barbara und die vierzehnjährige Augusta seine Schülerinnen.

Er wurde mit freundlicher Zurückhaltung aufgenommen. Sein Zimmer lag, wie in Homburg, Waltershausen und Jena zum Garten, „da wohne ich, ..., wo unter meinem Fenster Weiden und Pappeln an einem klaren Wasser stehen, das mir gar wohlgefällt des Nachts mit seinem Rauschen, wenn alles still ist, und ich vor dem heiteren Sternenhimmel dichte und sinne".

Gonzenbach, anders als Gontard, hatte Kunstverstand, spielte vorzüglich die Violine, musizierte manchmal gemeinsam mit seinem

Hauslehrer, doch die Geschäfte bestimmten, anders als in Frankfurt, selbst den häuslichen Tag. Da wurde nicht listig und elegant bei Soupers ganz zufällig über Transaktionen philosophiert, sondern Gonzenbach und seine ihm auch im Geschäftlichen gewachsene Frau Ursula handelten handfest, stritten über die Qualität von Produkten, überboten sich gegenseitig im Hersagen von Preislisten. Der ganze Ort war für sie tätig, niemand konnte ohne die Gonzenbachs auskommen, „Hauptwil erhält sich aufrecht durch den Handel und die Tätigkeit dieser Familie". Diese Geschäftigkeit, die auch die Unterhaltungen an der Mittagstafel bestimmte, an denen sich die Kinder durchaus wissend beteiligten, Lehrstunden für zukünftige Kaufherrn, gefiel ihm, weil eben alles offen ausgesprochen und nicht, als brächte der Handel Schmutz ins Haus, vertuscht wurde.

Seine Schülerinnen machten es ihm leicht. Sie fügten sich, lernten mühelos, duldeten eine Zeitlang seine Eigenheiten. Daß er nachts in seiner Kammer oft mit sich selber sprach, manchmal auch weinte, klagte, kam ihnen allerdings unheimlich vor. Das paßte nicht in ihre tüchtige Wirklichkeit.

Er ging viel weniger spazieren als früher, so daß er für einen Stubenhocker gehalten wurde; die Mädchen wollten ihm gar nicht glauben, daß er schon so weit unterwegs gewesen sei, die Natur als „Lebenselixier" brauche.

Er ließ die Mädchen Klopstocks „Ode auf den Zürichsee" abschreiben und auswendig lernen. Wenn es ganz still im Zimmer war, er nur das Kratzen der Feder und den angestrengten Atem der Kinder hörte, fühlte er sich in den Weißen Hirsch versetzt und ertrug es kaum, so stillzuhalten. Dann begann er leise zu stöhnen und die Mädchen schauten ihn erschrocken an.

Fehlt Ihnen etwas, Herr Magister?

Sind Sie krank?

Er schüttelte nur unwillig den Kopf. In einem Augenblick so gequälter Abwesenheit griff er nach Barbaras Hand und küßte sie. Das Mädchen sprang auf, die Schwester ebenso, sie rannten empört aus der Kammer. Von Gonzenbach zur Rede gestellt, wußte er sich nicht zu verteidigen, stammelte von einer törichten, ihm selbst unverständlichen Anwandlung, doch Gonzenbach drohte ihm, sollte es sich wiederholen, mit der Entlassung.

Am 9. Februar 1801 wurde zwischen der Französischen Republik und dem Deutschen Reich der Frieden von Lunéville geschlossen.

Wieviele Frieden waren ihm vorangegangen und gebrochen worden. Dieses Mal schien er gefestigt. Das Reich trat seine linksrheinischen Gebiete an Frankreich ab. Die Nachricht versetzte Europa in einen Freudenrausch. Und Hölderlin, der den Frieden als individuelle Erlösung erhoffte, fühlte das Einverständnis zwischen sich und der Welt wiederhergestellt. „Ich glaube, es wird nun recht gut werden in der Welt", schrieb er an Rike. „Ich mag die nahe oder die längstvergangene Zeit betrachten, alles dünkt mir seltne Tage, die Tage der schönen Menschlichkeit, die Tage sicherer, furchtloser Güte, und Gesinnungen herbeizuführen, die ebenso heiter als heilig, und ebenso erhaben als einfach sind."

Einmal hatte er den Frieden gesehen, ist er nicht nur Einbildung gewesen, damals, in Frankfurt, als der Reitende Bote Buonapartes die Truppen vorm Tor aufgehalten hatte. Als man schrie: Es ist Frieden! Es ist Frieden! Und er hat dann doch nicht gehalten. An diesen Boten dachte er, den sichtbar gewordenen Frieden, an diesen in die verdorbene Wirklichkeit einbrechenden Abgesandten des Ideals, an Buonapartes Reiter. „Versöhnender, der du nimmer geglaubt / Nun da bist, Freundesgestalt mir / Annimmst..."

Es könnte dauern. Es dauert nicht. Aus der Hochstimmung fällt er in finstere Einbildungen. Die beiden Mädchen spürten ihm nach, lauerten ihm auf, wenn er sie fragte, weshalb sie ihn verfolgten, grinsten sie, dieses Grinsen vergrößerte sich zu drohenden Masken.

Geht fort, laßt mich in Ruhe! schrie er.

Es ist die Erschöpfung. Nichts als das. Gonzenbach ließ sich nicht mehr beschwichtigen. Es sei besser, wenn er die Stellung aufgebe, besser für ihn wie für die verschreckten Mädchen.

Gonzenbach schrieb ihm ein Zeugnis, in dem er erklärte, was Hölderlin Johanna erklären kann: „Sie werden sich erinnern, mein hochgeschätzter Herr und Freund, daß sowohl mein Sohn, als auch ich, Ihnen von zwey jungen Knaben meiner Familie gesprochen, welche zu mir kommen sollten und die eigentlich der Gegenstand meines Erziehungsplans waren", diese Buben könnten nun nicht nach Hauptwil kommen und damit habe er, Hölderlin, keine Pflichten mehr. Diese wohltätige Lüge mußte ihm helfen.

Ich habe den Frieden nicht ausgehalten, sagte er zu Karl. Wenn man ihn so erwartet wie ich und vom Ganzen viele Male enttäuscht wurde, gerät man aus dem Gleichgewicht. So findet auch der Frieden seine Opfer.

(Peter Härtling, Hölderlin – Ein Roman, S. 329–332)

Schloß Berg – Annette von Droste-Hülshoff

Von Bischofszell aus erreichen Sie Schloß Berg auf der Straße nach Konstanz/Kreuzlingen über Sulgen. Im Ort Berg, oben auf der Höhe, biegen Sie nach links in die Leberenstraße ein, fahren bis zum Ende der Straße, dann kurz nach rechts und gleich wieder links die Schloßstraße entlang bis zum Schloß.

Schloß Berg, ein malerischer Gebäudekomplex, liegt auf der Höhe des Otterbergs, von der aus man einen weiten, freien Blick ins Land hat: nach Süden über das Thurtal und das Alpenvorland, bei günstigem Wetter bis zu den Appenzeller und Glarner Alpen, nach Norden, allerdings nur von einem heute nicht zugänglichen Turm des Schlosses aus, bis zum Bodensee. Dieser Herrensitz war die Stammburg des Mystikers und Dichters Heinrich Seuse (siehe Kapitel *Konstanz*). Seine Vorfahren saßen hier bis zur Mitte des 13. Jahrhunderts als die Herren von Berg, der Dichter selbst ist 1297 bereits in Konstanz geboren.

Schloß Berg führt uns wieder auf die Spuren der Droste. Hier entschied sich mittelbar ihr Lebensweg: sie wäre wohl nie an den Bodensee gekommen, wenn sich nicht bei einem Besuch auf Schloß Berg 1831 ihre Schwester Jenny und der 25 Jahre ältere Freiherr von Laßberg, der auf Eppishausen lebte, kennengelernt und drei Jahre später geheiratet hätten. Als die Droste sich 1835/36 bei ihrer Schwester und ihrem Schwager in Eppishausen aufhielt (siehe Kapitel *Eppishausen*), war es selbstverständlich, daß sie im nahen Schloß Berg bei dem mit ihrer Familie befreundeten Grafen Thurn längere Besuche machte. Es war die erwähnte herrliche Aussicht von diesem Schloß, die die Dichterin begeistert in Briefen schildert und die sie zu einem umfangreichen Gedicht angeregt hat.

Schloß Berg, Gartenseite.

Im November 1835 aus Eppishausen an Schlüter, einen Freund in Westfalen:

...da giebt es hier nun sehr liebe Leute – eine Familie Grafen von Thurn, –... sie bewohnen, zwey Stunden von hier, einen der schönsten Punkte des Landes... – vorerst war ich acht Tage lang bei Thurns,... – ich habe auf diesem Gute – (Berg) eben wie hier, die meiste Zeit am Fenster zugebracht, man sieht die Alpen wie auf unserm Rebhügel, – dort sah ich zuerst das Alpen-Glühen, nämlich dieses Brennen im dunklem Rosenroth, beym Sonnen-Auf- und Untergang, was sie glühendem Eisen gleich macht, und, so häufig die Dichter damit um sich werfen, doch nur bey der selten zutreffenden Vereinigung gewisser Wolken-Lagen und Beschaffenheit der Luft statt findet, – eine dunkel lagernde Wolken Masse, in der sich die Sonnenstrahlen brechen, gehört allemahl mit dazu, aber noch sonst Vieles – nun hören Sie – ich sah, daß eine tüchtige Regen-Bank in Nordwest stand, und behielt desto unverrück-ter meine lieben Alpen im Auge, die noch, zum Greifen hell, vor mir lagen, die Sonne, zum Untergang bereit, stand dem Gewölk nah, und gab eine seltsam gebrochne, aber reizende, Beleuchtung – ich sah nach den Bergen, die recht hell glänzten, aber weiß wie gewöhnlich, als wenn die Sonne sonst auf den Schnee scheint – hatte kein Arg aus einer allmählich lebhafteren, gelblichen, dann röthlichen Färbung, bis sie, mit einem Maale, anfing sich zu steigern, – rosenroth – dunkelroth – blauroth – immer schneller – immer tiefer, ich war außer mir, und hätte in die Knie sinken mögen – ich war allein, und mochte Niemand rufen aus Furcht Etwas zu versäumen, nun zogen die Wolken an das Gebirge, – die feurigen Inseln schwammen in einem schwarzen Meere, – jetzt stieg das Gewölk – Alles ward finster – ich machte mein Fenster zu, steckte den Kopf in die Sopha-Polster, und mochte vorläufig Nichts Anderes sehn noch hörn – Ein anderes Mahl sah ich eine Schneewolke über die Alpen ziehn, während wir hellen Sonnenschein hatten, sie schleifte sich wie ein schleppendes Gewand, von Gipfel zu Gipfel, nahm jeden Berg einzeln unter ihren Mantel, und ließ ihn, bis zum Fuße, weiß zurück, sie zog mit unglaublicher Schnelligkeit, in einer halben Stunde viele Meilen weit, es nahm sich vortrefflich aus, Sie sehen, die Schweizer-Natur macht mitunter die Honneurs ihres Landes sehr artig, und führt ergötzliche National-Schauspiele auf, für die Fremden an den Fenstern.

(A. v. Droste, Hist.-krit. Ausg., Bd. 8,1, S. 178–180)

Die Droste hat dieses eindrucksvolle Erlebnis auch in einem Gedicht verarbeitet:

Schloß Berg

Ein Nebelsee quillt rauchend aus der Aue,
Und duft'ge Wolken treiben durch den Raum,
Kaum graut ein Punkt im Osten noch, am Taue
Verlosch des Glühwurms kleine Lampe kaum;
Horch, leises, leises Zirpen unterm Dache
Verkündet, daß bereits die Schwalbe wache,
Und um manch Lager schwebt ein später Traum.

Die Stirn gelehnt an meines Fensters Scheiben,
Schau immer ich zur wolk'gen Flut hinein,
Und an die Wölkchen, die dort lichter treiben,
Mein Blick hängt unverwendet an dem Schein.
Ja, dort, dort wird nun bald die Sonne steigen,
Mir ungekannte Herrlichkeit zu zeigen;
Dort ladet mich der Schweizermorgen ein.

(...)

Schlaft wohl, schlaft sanft! – indem ich steh und lausche
Nach jedem Flöckchen, das dort rötlich weht;
Ists nicht, als ob der Morgenwind schon rausche?
Wie's drüben wogt und rollt und um sich dreht!
Es breitet sich, es sinkt, und überm Schaume,
Was steigt dort auf? – ein Bild aus kühnem Traume!
O Säntis, Säntis, deine Majestät!

Bist du es, dem ringsum die Lüfte zittern?
Du weißes Haupt mit deinem Klippenkranz,
Ich fühle deinen Blick die Brust erschüttern,
Wie überm Duft du riesig stehst im Glanz –
Ja, gleich der Arche über Wogengrimmen,
Seh ich in weiter Wolkenflut dich schwimmen;
Im weiten, weiten Meere – einsam ganz.

(...)

Doch schau! ist Ebbe in dies Meer getreten?
Es sinkt – es sinkt – und schwärzlich übern Duft
Streckt das Gebirge schon, gleich Riesenbeeten,
Die waldbedeckten Kämme in die Luft;
Ha! Menschenwohnungen an allen Enden!
Fast glaub ich, Gais zu sehn vor Fichtenwänden,
Versteckt nicht Weisbad jene Felsenkluft?

Und immer sinkt es, immer zahllos steigen
Ruinen, Schlösser, Städte an den Strand,
Schon will der Bodensee die Spiegel zeigen
Und wirft gedämpfte Schimmer übers Land,
Und jetzt verrinnt die letzte Nebelwelle, –
Da steht der Äther, perlenrein und helle!
Die Berge möcht man greifen mit der Hand.

(...)

So klar, ein stählern Band, die Thur sich windet,
Ja, wie ich lauschend steh auf meiner Höh,
Ein einzger Blick mir zwölf Kantone bindet;
Wo drüben zitternd ruht der Bodensee,
Wo längs dem Strand die Wimpel lässig gleiten,
Vier Königreiche seh ich dort sich breiten –
Erfüllt ist alles ohne Traum und Fee.
(A. v. Droste, Sämtl. Gedichte, S. 366–370)

Route Untersee

Wir schlagen Ihnen vor, sich für diese literarische Route mindestens zwei Tage Zeit zu nehmen, denn sie erschließt eine besonders reiche Literaturlandschaft und führt Sie außerdem in einen schönen und noch verhältnismäßig unberührten Teil des Feriengebiets Bodensee, besonders auf der Höri.

Literarische Stationen:

KONSTANZ –	(siehe Route Thurgau/St. Gallen)
GOTTLIEBEN –	Gedichte von G. Schwab, C. F. Meyer, E. v. Bodman
ARENENBERG –	Zu Besuch bei den Bonapartes
KARTAUSE ITTINGEN –	Mörike bei den Kartäusermönchen
INSEL WERD –	Idyllischer Verbannungsort des Hlg. Otmar
STEIN AM RHEIN –	Sehenswerte kleine Stadt; Scheffels Weinstube
KATTENHORN –	Bodenseelandschaft aus der Sicht eines zeitgenössischen Lyrikers
GAIENHOFEN –	Hermann Hesses Experiment vom einfachen Leben
RADOLFZELL –	J. V. von Scheffel, der „Herr der Mettnau"
HOHENTWIEL –	Scheffels Roman „Ekkehard", ein Bestseller des 19. Jahrhunderts
INSEL REICHENAU –	Mönch und Abt Walahfrid Strabo, der große Dichter zur Zeit der Karolinger

Entfernungen: (Orientierungswerte)

Konstanz – Gottlieben	:	4 km
Gottlieben – Arenenberg	:	6 km
Arenenberg – Kartause Ittingen	:	23 km
Kartause Ittingen – Insel Werd	:	12 km
Insel Werd – Stein am Rhein	:	1 km
Stein am Rhein – Kattenhorn	:	4 km
Kattenhorn – Gaienhofen	:	7 km
Gaienhofen – Radolfzell	:	13 km
Radolfzell – Hohentwiel	:	12 km
Hohentwiel – Insel Reichenau	:	31 km
Insel Reichenau – Konstanz	:	10 km

Route Untersee

Gottlieben – C. F. Meyer/Emanuel von Bodman/ Gustav Schwab

Die Grenzstadt Konstanz hat mehrere Übergänge zur Schweiz. Sie erreichen Gottlieben, wenn Sie Konstanz in Richtung Schaffhausen über die Zollstation Gottlieben/Tägerwilen verlassen. Kurz vor dem beschrankten Bahnübergang in Tägerwilen weist ein Schild rechts nach Gottlieben.

Das ehemalige Fischerdorf Gottlieben, dessen Geschichte bis ins 10. Jahrhundert zurückreicht, liegt sehr schön, direkt am Einfluß des Seerheins in den Untersee, gegenüber dem bedeutenden Naturschutzgebiet „Wollmatinger Ried".

Der kleine, malerische Ort hat dem Literatur-Reisenden einiges zu bieten: Gedichte von Gustav Schwab und C. F. Meyer beziehen sich auf historische Ereignisse in Gottlieben; der Lyriker Emanuel von Bodman hat von 1920 bis zu seinem Tod 1946 in Gottlieben gelebt; und im Gasthaus „Krone" hält eine kleine Gedenktafel die Erinnerung an Mörikes Besuch 1851 wach.

Am Dorfplatz kann man außerdem noch eines der schönsten Riegelhäuser der Schweiz, die „Drachenburg", von außen und innen (heute Gasthof und Hotel) bewundern. Sowohl die „Drachenburg" (mit „Waaghaus") als auch die „Krone" sind renommierte Gasthäuser (mit herrlichen Seeterrassen), in denen man vorzüglich speist.

Schloß und Dorf Gottlieben um 1800.

Rundgang:

Gottlieben

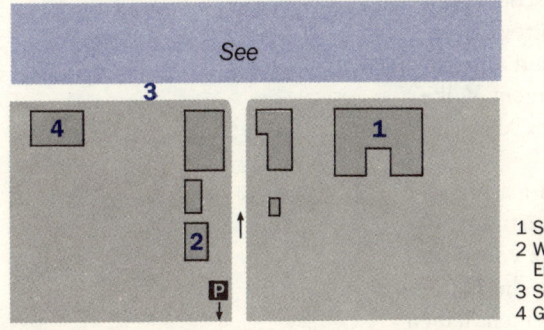

See

1 Schloß Gottlieben
2 Wohnhaus des Schriftstellers
  Emanuel von Bodman
3 Seestraße
4 Gasthaus „Krone"

1. Schloß Gottlieben – C. F. Meyers „Hussens Kerker"

Der Besucher hat Mühe, vom Dorfplatz aus etwas von der alten bischöflichen Burg zu sehen; sie ist von hohen Bäumen verdeckt und nicht zugänglich (heute im Besitz der Opernsängerin Lisa della Casa). Nur vom See her hat man einen freien Blick auf das Schloß.

Im 13. Jahrhundert erbaute Bischof Eberhard II. von Konstanz diese Burg als Wasserschloß, um von den Konstanzern, mit denen er in Händel geraten war, unabhängig zu sein. Von der mittelalterlichen Burg sind noch die beiden düster wirkenden Türme erhalten, der Palas wurde im 19. Jahrhundert für Napoleon III. in neugotischem Stil umgestaltet. Im Westturm befand sich oben das Gefängnis des Reformators Hus, der von April bis Juni 1415 hier eingekerkert und danach auf dem Scheiterhaufen vor den Toren von Konstanz verbrannt wurde. Das Schicksal dieses aufrechten und standhaften Mannes hat 1865 den Protestanten C. F. Meyer zu seinem Gedicht „Hussens Kerker" angeregt:

Hussens Kerker

Es geht mit mir zu Ende,
Mein Sach und Spruch ist schon
Hoch über Menschenhände
Gerückt vor Gottes Thron,
Schon schwebt auf einer Wolke,
Umringt von seinem Volke,
Entgegen mir des Menschen Sohn.

Den Kerker will ich preisen,
Der Kerker, der ist gut!
Das Fensterkreuz von Eisen
Blickt auf die frische Flut,
Und zwischen seinen Stäben
Seh ich ein Segel schweben,
Darob im Blau die Firne ruht.

Wie nah die Flut ich fühle,
Als läg ich drein versenkt,
Mit wundersamer Kühle
Wird mir der Leib getränkt –
Auch seh ich eine Traube
Mit einem roten Laube,
Die tief herab ins Fenster hängt.

Es ist die Zeit zu feiern!
Es kommt die große Ruh!
Dort lenkt ein Zug von Reihern
Dem ew'gen Lenze zu,
Sie wissen Pfad und Stege,
Sie kennen ihre Wege –
Was, meine Seele, fürchtest du?
(C. F. Meyer, Sämtl. Werke, Bd. 2, S. 202)

2. Wohnhaus des Schriftstellers Emanuel von Bodman

Das aus dem 17. Jahrhundert stammende Haus Am Dorfplatz 1 trägt eine Erinnerungstafel an den Schriftsteller Emanuel von Bodman, der dieses Haus von 1920 bis zu seinem Tod 1946 bewohnte und hier einen Kreis von Malern und Dichtern (u. a. auch Hesse und Rilke) um sich versammelte. Nach seinem Tode richtete seine Witwe eine kleine Gedenkstätte ein, die aber in Vergessenheit geriet. Das Haus befindet sich heute in desolatem Zustand; Renovierung sowie Einrichtung einer neuen Gedenkstätte sind aber geplant.

Emanuel von Bodman stammt aus dem Grafengeschlecht, dessen Stammburg Hohenbodman über dem Dorf Bodman am Überlinger See heute noch als Ruine erhalten ist (siehe Kapitel *Bodman*). Er wurde 1874 in Friedrichshafen geboren, studierte und lebte in München, Berlin und Zürich und kehrte nach dem 1. Weltkrieg an den Bodensee zurück. In seiner Lyrik spielt der See eine wichtige Rolle: „Durch die Zeitläufte in Not geraten, lebe ich nun wieder in der Nähe meiner zweiten Jugendstadt Konstanz in Gottlieben, einem Fischerdorf am Rhein, wo ich in der Berührung mit der Erde wie Antäus wieder neue Kraft sauge. Wieder verwurzelt in einer uranfänglichen Landschaft meiner Seele, mit Wald, Ried und dem natürlichen Seespiegel, fühle ich das Wesen des Geschehens und der Dinge näher, ähnlich wie im Hochgebirge, wo ich im Sommer steige."

Der Bodensee

Weithin weht der Glockenklang
Von den Türmen nieder,
Und der See hallt süß und bang
Das Geläute wider –
Wie wenn die versunkne Zeit
In der blauen Tiefe
Angerührt zu Lust und Leid
Aus dem Schlafe riefe.
(Emanuel von Bodman, Gesammelte Werke, S. 353)

3. Seestraße – Gustav Schwabs „Des Fischers Haus"

Dort, wo man heute angenehm am See promenieren kann, ereignete sich 1692 eine große Katastrophe für das kleine Fischerdorf: vier Häuser, die damals dicht am See standen, versanken im Rhein. Gustav Schwab berichtet darüber in seinem Buch „Der Bodensee": „Im J. 1692 versank zu Gottlieben bei einem starken Wind und einer fast unmerklichen Erderschütterung, innerhalb 5 Stunden das Ufer mit 4 Häusern in den Untersee. Man glaubte, daß es von Karpfen und Forellen unterfressen worden sey".

Diese Katastrophe nahm Schwab zum Anlaß für sein Gedicht „Des Fischers Haus", in dem er Kritik am Herrschaftsanspruch des Menschen gegenüber der Natur erhebt, damals ein erstaunliches Thema, das heute aktuell geworden ist:

Sein Haus hat der Fischer gebaut,
Es stehet dicht an den Wellen,
In der blauen Flut sichs beschaut,
Als spräch' es: wer kann mich fällen.

Die Mauern, die sind so dicht,
Voll Korn und Wein sind die Räume,
Es zittert das Sonnenlicht
Herunter durch Blüthenbäume.

Und Reben winken herein
Von grünen, schirmenden Hügeln,
Die lassen den Nord nicht ein,
Die umhaucht nur der West mit den Flügeln.

Und am Ufer der Fischer steht,
Es spielt sein Nez in den Wellen,
Umsonst ihr euch wendet und dreht,
Ihr Karpfen, ihr zarten Forellen!

Sein frevelnder Arm euch zieht
Im engen Garn ans Gestade;
Kein armes Fischlein entflieht,
Das kleinste nicht findet Gnade.

Auf steiget kein Wasserweib
Euch zu retten, ihr stillen, ihr guten!
Und lockt mit dem seeligen Leib
Ihn hinab in die schwellenden Fluten.

„Ich bin der Herrscher im See,
Ein König im Reiche der Wogen!"
So spricht er und schnellt in die Höh'
Den schweren Angel im Bogen.

Und euer Leben ist aus,
Der Fischer, mit frohem Behagen,
Er tritt in das stattliche Haus,
An den harten Stein euch zu schlagen.

Er legt sich auf weichen Pfühl
Von Gold und Beute zu träumen; –
O Nacht, so sicher und kühl,
Wo Hamen und Angel säumen!

Da regt sich das Leben im Grund,
Da wimmelts von Karpf' und Forelle,
Da nagts mit geschäftigem Mund
Und schlüpft unters Ufer im Quelle.

Und frühe beym Morgenroth
Der Fischer kommt mit den Flechten;
Am Tage drohet der Tod,
Die Rache schafft in den Nächten.

Von Jahr zu Jahr sie nicht ruht,
Die Alten zeigen's den Jungen;
Bis daß die schweigende Flut
Ist unter das Haus gedrungen;

Bis daß in sinkender Nacht,
Wo der Fischer träumt auf dem Pfühle,
Das Haus, das gewaltige kracht,
Versinkt in der Wogen Gewühle.

Ausgießet sich Korn und Wein,
Es öffnet der See den Rachen,
Es schlingt den Mörder hinein,
Er hat nicht Zeit zum Erwachen.

Die Gärten, die Bäume zugleich,
Sie schwinden, sie setzen sich nieder,
Es spielen im freyen Reich
Die Fische, die fröhlichen, wieder.

(Gustav Schwab, Der Bodensee, 1827, S. 493/494)

4. Gasthaus „Krone" – Eduard Mörike in Gottlieben

Sonntag, den 27., nach Mittag, bei schönem Wetter mit den Hausleuten einen Spaziergang nach Gottlieben gemacht und in der Krone eingekehrt, vor deren Fenstern der Rhein vorbeifließt. Das schöne, alte, durchaus im gotischen Stil von Louis Napoleon wieder hergestellte Schloß, in dem ich vor zehn Jahren war, betrachtet. Es liegt in einer hübschen Gartenanlage dicht am Strom; in einem seiner beiden festen Türme zeigt man noch Hussens scheußliches Gefängnis, den Block, an dem er angeschlossen lag. Ein großes, mit Brettern geladenes Schiff mit hochgeschwelltem Segel zog langsam in der Mitte des Flusses hinunter. Wir sahen eine Zeitlang dem Gewimmel unzähliger kleiner Fischlein zu, die vorn im sonne-klaren Wasser spielten. –

(Eduard Mörike an Margarethe von Speeth, 5. 5. 1851)

Die „Krone" ist einer der wenigen noch bestehenden Gasthöfe, in denen Mörike nachweislich eingekehrt ist. 1851 war die „Krone" allerdings noch ein einfaches Gasthaus in einem Bauernhaus, in dem die Fischer von Gottlieben verkehrten. Eine kleine Tafel in der rechts vom Eingang gelegenen Gaststube des heutigen Romantik-Hotels erinnert an Mörikes Besuch.

Mörike würde sich sicher darüber freuen, denn als er auf seiner ersten Bodenseereise durch Geislingen kam, erinnerte er sich an den Dichter Schubart, der dort gelebt hatte, und war sehr enttäuscht, in dessen Stammlokal überhaupt keinen Hinweis auf den Dichter vorzufinden: „Im goldnen Löwen, wo dieser arme Bruder in Apoll so manchen guten Schluck getan, fand ich zu meinem heimlichen Verdrusse Alles modern herausstaffiert. Ich schwur, wenn ich das nächstemal wiederkäme, ein Porträt des Poeten als fromme Stiftung an die Wand zu hängen."

Arenenberg – Napoleonmuseum

Fahren Sie nun von Gottlieben zurück nach Tägerwilen und auf der N 13 Richtung Schaffhausen nach Ermatingen, vorbei am stattlichen Gasthaus „Adler", der „Auberge Napoléon". In diesem Gasthaus waren zur Zeit des Exils der Familie Bonaparte viele Gäste, die auf Schloß Arenenberg keinen Platz fanden, untergebracht. Im alten Gästebuch finden sich auch später berühmte Namen, wie Graf Zeppelin, Thomas Mann, Hermann Hesse u. a. Der „Adler" ist heute noch eine empfehlenswerte Adresse, ein Haus, in dem viel von der früheren Atmosphäre erhalten ist. Kurz danach weist ein Schild halblinks auf die Zufahrt zum Schloß Arenenberg hin.

Das kleine Schlößchen, jahrelang Exil für Mitglieder der aus Frankreich ausgewiesenen Familie Bonaparte, bietet außer seiner wunderbaren Lage, die Sie von verschiedenen Terrassen des Schlößchens genießen können (schon deswegen lohnt sich ein Besuch), im Innern mit seiner vollständig erhaltenen Einrichtung eine einmalige Gelegenheit, sich ein anschauliches Bild von der Wohnkultur des ersten und zweiten Kaiserreichs zu machen und darüber hinaus Familiengeschichte der Bonapartes zu studieren.

Arenenberg wurde im 16. Jahrhundert von einem Konstanzer Patrizier als Landsitz erbaut. Nach dem Sturz und der Verbannung der Bonapartes wurde es 1817 von Hortense, der Stieftochter und Schwägerin Napoleons, Ex-Königin von Holland, erworben und als Exilsitz ausgebaut. Nach dem Sturz des zweiten Kaiserreiches 1870 und dem Tod Napoleons III. 1873 lebte dessen Witwe, Ex-Kaiserin Eugénie, auf Arenenberg. 1906 übergab sie das Schloß dem Kanton Thurgau, der es als Napoleonmuseum der Öffentlichkeit zugänglich machte. Golo Mann schreibt über Schloß Arenenberg:

Schön ist der Blick durch die Spiegelfenster des Schlosses Arenenberg, am schönsten im Herbst: der weitgegliederte See mit seiner Insel, die Waldberge des deutschen Ufers, die Hegau-Kegel; Dörfer und Klostertümer; Fruchtbäume und Wein. Uralte, mit der Landschaft vermählte Zivilisation; nordisches Italien. Wenn schon Exil, habe ich mir, auf der Terrasse zwischen Schloß und Kapelle stehend, oft gedacht, dann würde ich mir Arenenberg als Exil gefallen lassen.

Von der Familie Hugentobler, auch schon in der zweiten Generation, so gelehrt wie liebevoll behütet, breitet Schloß Arenenberg seine

Erinnerungen vor uns aus. Es ist die Geschichte der Bonapartes, dieser für das 19. Jahrhundert so sehr charakteristischen und in ihm so einzigartigen Familie, zu unsolide und kurzfristig, um eine echte Dynastie zu sein, zu reich an Talenten und Käuzen, zeitweise zu gewaltig wirkend, um bloße Operette zu sein; Militärs und Politiker, Träumer, Menschenfreunde und Hasardeure, Salonlöwen, Ehebrecher, Schuldenmacher, Gestalten Balzacs, Gestalten Stendhals, Gestalten Zolas – Fortuna, Infortuna, Fortuna. Da hängen ihre Potäts an den Wänden, offizielle Prunkgemälde, private Skizzen, Selbstbildnisse, Photographien. Da stehen die Tische, an denen sie speisten, spielten, schrieben, die Fauteuils, in denen sie saßen, erekt und fein wie die Kaiserin, hingerekelt und Zigarren rauchend wie Plon-Plon, Möbel im Stil des Ersten Empire, in dem des Zweiten, im Viktorianischen. Da sieht man die Geschenke, welche die echten Gekrönten den falschen übersandten, die Bücher, in denen sie blätterten, beim Schein der Kerzen, dann der Petroleumlampen, Piano und Harfe, Malinstrumente und Stickrahmen der Hortense, Louis Napoléons bernischen Säbel, Lous englische Schreibgarnitur. Der das Schloß nie sah, ohne den aber all die Herrlichkeit nie möglich gewesen wäre, dominiert in ihm, so wie er über Geschwister und Adoptivkinder, Neffen und Großneffen dominierte. Man sieht ihn in allen Phasen seines Lebens. (...)

Hier ist es, als hätte ein Dornröschenschloß sich aufgetan, so wie es war, als der böse Zauber es traf. Im intimsten, persönlichsten Rahmen wandelt man auf den Spuren vergangenen Lebens, mit einem Gefühl von Feierlichkeit und fast von Indiskretion.

(Golo Mann, Nachtphantasien, 1963, S. 7)

Von Arenenberg zunächst wieder hinunter auf die N 13 nach Mannenbach, weiter (reizvolle Fahrt am Untersee entlang) bis Steckborn, an der Kreuzung im Ort links hoch Richtung Frauenfeld. Oben auf dem Seerücken nach dem Wald haben Sie vom Parkplatz rechts an der Straße einen schönen Blick auf den Untersee und die Höri gegenüber mit Gaienhofen, Hermann Hesses Bodenseelandschaft. Hinter Hörhausen biegen Sie rechts ab, fahren durch Herdern durch, dann links Richtung Frauenfeld. Hinter Weiningen folgen Sie den Hinweisschildern nach rechts zur Kartause Ittingen. Der große Parkplatz befindet sich hinter der Kartause am Waldrand.

Kartause Ittingen – Eduard Mörike

Lassen Sie sich die seltene Gelegenheit nicht entgehen, ein gut erhaltenes Kartäuser-Kloster (mit Museum), das auch Mörike schon faszinierte und zu drei kostbaren Gedichten anregte, zu besuchen.

Das am Uferhang der Thur zwischen Weinbergen und Obstbäumen schön gelegene Kloster entspricht in seiner baulichen Anlage der besonderen Lebensform der Kartäusermönche. An einen kleinen Kreuzgang, um den sich die Gemeinschaftsräume (Kirche, Kapitelsaal, Refektorium und Bibliothek) gruppieren, schließt sich ein großer Kreuzgang an, um den einzeln stehende Eremitenhäuschen angeordnet sind. Im Unterschied zu allen anderen Mönchsorden versuchte der Ordensstifter der Kartäuser, der Hlg. Bruno von Köln, die alten Mönchsideale von Gemeinschaft und Einsiedlertum zu verbinden. Jeder Mönch bewohnte allein ein Häuschen mit Garten. Dort verbrachte er die meiste Zeit seines Lebens mit Arbeit und Andacht. Nur zu festgesetzten Zeiten begab er sich in die Kirche, den Kapitelsaal oder das Refektorium.

Im 19. Jahrhundert war das Kloster verfallen, wurde säkularisiert und ging in den Besitz des Kantons Thurgau über. Der „Stiftung Kartause Ittingen" ist es in hervorragender Weise gelungen, das ehemalige Kloster

Thurtal und Kartause Ittingen.

wieder zu beleben und zu einem thurgauischen Kulturzentrum auszu-
bauen. Die großen landwirtschaftlichen Güter werden wieder bewirt-
schaftet; im Klausurbereich ist ein interessantes historisches Museum
(zu dem auch die barocke Klosterkirche gehört) eingerichtet, dem ein
Kunstmuseum (zeitgenössische Kunst) angeschlossen ist. In der ehemaligen Klostermühle befindet sich heute ein Restaurant, in dem vorzügli-
che eigene Produkte angeboten werden. Bei guter Witterung sitzt man
idyllisch im Klosterhof am Fischteich.

Für den Literatur-Reisenden ist die Kartause Ittingen durch die Besuche
Eduard Mörikes wichtig. Drei Gedichte Mörikes, „Göttliche Reminiszenz",
„Dem Herrn Prior der Kartause J." und „Besuch in der Kartause", bezie-
hen sich auf Ittingen im Thurgau. Alle drei Gedichte erwecken beim Lesen
den Eindruck, als sei Mörike ein häufiger, mit dem Prior befreundeter
Gast des Klosters gewesen, während er in Wirklichkeit nur zwei kurze
Besuche in der Kartause machte. Die drei Gedichte sind nicht unmittel-
bar nach diesen Besuchen, sondern erst Jahre später entstanden. Die
Kartause Ittingen muß also einen lange nachwirkenden Eindruck gemacht haben.

Als Mörike im September 1840 mit seinem Bruder Louis die Kartause
zum ersten Mal besuchte, bestand das Kloster noch, befand sich aber in
desolatem Zustand. Es ist möglich, daß Mörike bei diesem Besuch sich
„am ausgesuchten Tisch des Priors freute klösterlicher Gastfreund-
schaft", wie es im Gedicht heißt, denn es ist bekannt, daß die beiden
Brüder auf ihrer Reise an den Bodensee in einem Kloster speisten und
daß der letzte Prior von Ittingen, ganz untypisch für einen Kartäuser und
zum Ärgernis für seine Umgebung, eine offene und wohlbestellte Tafel
hielt. Anlaß dieser Reise in den Thurgau war die Absicht von Louis Mörike,
das Gut Geißberg vom Kloster Kreuzlingen zu pachten. Die Brüder
mußten zu diesem Zweck mit der Kantonalregierung, dem „Großen Rat",
in Frauenfeld verhandeln. Die Entscheidung zog sich aber hin, so daß für
Ausflüge in die Umgebung, zum Beispiel zum Kloster Ittingen, Zeit blieb.
Ein weiterer Bodensee-Aufenthalt des Dichters fällt ins Frühjahr 1851.
Damals wohnte Mörike mit seiner Schwester Klara mehrere Wochen lang
in Egelshofen bei Konstanz.

Während dieses Bodensee-Aufenthalts besuchte Mörike die Kartause
ein zweites Mal, elf Jahre nach seinem ersten Besuch. Inzwischen war
das verlotterte Kloster 1848 vom Thurgauer Großen Rat aufgehoben
worden. Mit leiser Wehmut schildert Mörike diese veränderte Situation in
seinem letzten Ittinger Gedicht, dem „Besuch in der Kartause".

Rundgang/Literarischer Spaziergang:

Kartause Ittingen

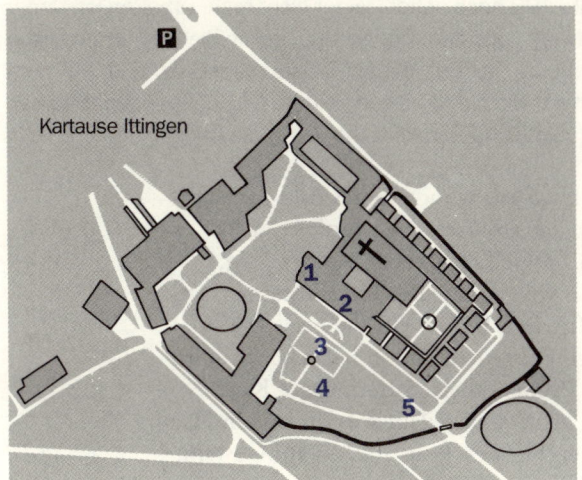

1 ehemaliges Priorat
2 ehemaliges Refektorium (heute Teil des Museums)
3 ehemaliger Prioratsgarten
4 ehemaliges Gartenhaus
5 Sandweg

Kartause Ittingen 1845.

Der literarische Rundgang durch die Kartause Ittingen führt zu Orten, die mit Mörikes Gedichten „Dem Herrn Prior der Kartause J." und „Besuch in der Kartause" in Verbindung gebracht werden können. Es sind dies: das Priorat, der Prioratsgarten, in dem das „kleine Gartenhaus", das Sie auf der Abbildung Seite 198 noch sehen, leider nicht mehr erhalten ist, ferner der „breite Sandweg" bei den Rosen und schließlich im ehemaligen Refektorium, das heute Teil des Ittinger Museums ist, ein Bild, auf dem eine Uhr zu sehen ist, wie sie Mörike in seinem Gedicht beschrieben hat. Das Gedicht „Göttliche Reminiszenz" leitet die Ittinger Gedichte ein:

Vorlängst sah ich ein wundersames Bild gemalt,
Im Kloster der Kartäuser, das ich oft besucht.
Heut, da ich im Gebirge droben einsam ging,
Umstarrt von wild zerstreuter Felsentrümmersaat,
Trat es mit frischen Farben vor die Seele mir.
An jäher Steinkluft, deren dünn begraster Saum,
Von zweien Palmen überschattet, magre Kost
Den Ziegen beut, den steilauf weidenden am Hang,
Sieht man den Knaben Jesus sitzend auf Gestein;
Ein weißes Vlies als Polster ist ihm unterlegt.
Nicht allzu kindlich deuchte mir das schöne Kind;
Der heiße Sommer, sicherlich sein fünfter schon,
Hat seine Glieder, welche bis zum Knie herab
Das gelbe Röckchen decket mit dem Purpursaum,
Hat die gesunden, zarten Wangen sanft gebräunt;
Aus schwarzen Augen leuchtet stille Feuerkraft,
Den Mund jedoch umfremdet unnennbarer Reiz.
Ein alter Hirte, freundlich zu dem Kind gebeugt,
Gab ihm soeben ein versteinert Meergewächs,
Seltsam gestaltet, in die Hand zum Zeitvertreib.
Der Knabe hat das Wunderding beschaut, und jetzt,
Gleichsam betroffen, spannet sich der weite Blick
Entgegen dir, doch wirklich ohne Gegenstand,
Durchdringend ew'ge Zeitenfernen, grenzenlos:
Als wittre durch die überwölkte Stirn ein Blitz
Der Gottheit, ein Erinnern, das im gleichen Nu
Erloschen sein wird; und das welterschaffende,
Das Wort von Anfang, als ein spielend Erdenkind,
Mit Lächeln zeigt's unwissend dir sein eigen Werk.
(Eduard Mörike, Sämtl. Werke, Bd. I, S. 808)

Anregung für dieses Gedicht könnte eine Sendung von Versteine-rungen gewesen sein, die Mörike von einer Verwandten geschickt be-kam. Dafür bedankte er sich am 4. 8. 1845 mit Versen, in denen bereits das Thema der „plötzlichen Erinnerung" auftaucht. Am 22. 8. übergab er dann das Gedicht „Göttliche Reminiszenz" seiner Frau mit dem Wid-mungsvermerk: „Dem lieben Gretchen. Zu dem ihr geschenkten Ammon-shorn." Es bleibt Mörikes Geheimnis, was ihn beim Anblick der Versteine-rungen an die Kartause Ittingen erinnerte, denn in der Kartause gab es kein Bild mit diesem ikonographischen Inhalt. Mörike hat selbst in einem Brief an seinen Verleger darauf hingewiesen, „daß das beschriebene Gemälde in Wirklichkeit nicht existiert". In den beiden folgenden Ittinger Gedichten aber ist die reale Atmosphäre des Ortes auch heute noch spürbar. Die beiden von Mörike als „Klosterszenen" bezeichneten Ge-dichte gehören formal und thematisch eng zusammen, obwohl sie von der Entstehungszeit her weit auseinanderliegen – „Dem Herrn Prior der Kartause J." entstand im August 1845, fast gleichzeitig mit „Göttliche Reminiszenz", „Besuch in der Kartause" dagegen erst 1861. Beide gestalten in der Form fiktiver Briefe Bilder aus dem Leben in der Kartause. Im ersten stellt Mörike im antiken Versmaß des römischen Dichters Catull die lebensvolle Gestalt eines gelehrten und kultivierten Priors dar. Dabei handelt es sich offensichtlich nicht um eine individuelle historische Person, sondern um die fiktive Verkörperung eines Lebens-prinzips:

Dem Herrn Prior der Kartause J.

Sie haben goldne Verse mir, phaläkische,
Das zierlichste Latein, geschickt. Ich möchte wohl
Sie gleicherweis erwidern; doch mit gutem Grund
Enthalt' ich mich des Wagestücks, Vortrefflicher!
Kein Wunder, wenn ein grundgelehrter Freund Sie nur
Den zweiten Pater elegantiarum nennt.
Etwas bedenklich scheint es zwar, ich muß gestehn,
Daß ein Herr Prior, Prior des Kartäuserstifts,
Mit unserm Veroneser wettzueifern sich
Inallewege als berufnen Meister zeigt.
Wenn Ihr Herr Bischof das erführe! – doch es soll,
Was über allen Türen Ihres Klosters steht,
An Pfosten, Gängen, selbst am heimlichen Gemach,

Der Rosengarten in der Kartause Ittingen.

Silentium! – das strenge Wort, mir heilig sein.
In wenig Tagen komm' ich selbst; schon lange lockt
Die neue Märzensonne mich. Dann find' ich wohl
Im Garten frühe meinen stattlich muntern Greis,
Beschäftigt, wilder Rosenstämmchen jungem Blut
Durch fürstlichen Gezüchtes eingepflanzten Keim
Holdsel'ge Kinder zu vertraun; von weitem schon
Ruft er sein Salve, und behend entgegen mir
Den breiten Sandweg, weichen Trittes, schreitet er
Im langen Ordenskleide, wollig, weiß wie Schnee.

Inzwischen hier ein Hundert Schnecken, wenn's beliebt!
Ich fügte gern ein Stückchen Rotwild noch hinzu,
Das mir der Förster heut geschenkt, doch fällt mir ein,
Daß man nicht Pater elegantiarum nur,
Vielmehr auch Pater esuritionum ist.
(Eduard Mörike, Sämtl. Werke, Bd. I, S. 815 f)

Worterklärungen:
- phaläkische Verse: nach dem griechischen Dichter Phaläkos benanntes Versmaß.
- Pater elegantiarum: Vater galanter Gedichte; gemeint ist Catull.
- Veroneser: Catull stammte aus Verona.
- Pater esuritionum: Vater des Hungerns (ein Catull-Zitat).

Das spätere Gedicht nimmt als Ausgangspunkt die Situation nach der Auflösung des Klosters; es gibt einen elegischen Rückblick, geprägt durch den „Gegenschein von Trauer und Scherz". Hier steht die Uhr des verstorbenen Priors als Zeichen der Vergänglichkeit im Mittelpunkt. Mörike am 21. 12. 1861 an Paul Heyse: „Hierbei, lieber Freund, folgt eine Epistel in Jamben aparte für Dich pour passer le temps, ein halb elegischer Scherz, der Hauptsache nach nicht gefabelt."

Besuch in der Kartause

Als Junggesell, du weißt ja, lag ich lang einmal
In jenem luftigen Dörflein an der Kindelsteig
Gesundheitshalber müßig auf der Bärenhaut.
Der dicke Förster, stets auf mein Pläsier bedacht,
Wies mir die Gegend kreuz und quer und führte mich
Bei den Kartäusern gleich die ersten Tage ein.
Nun hätt' ich dir von Seiner Dignität zunächst,
Dem Prior, manches zu erzählen: wie wir uns
In Scherz und Ernst, trotz meines schwäbischen Ketzertums,
Gar bald verstanden; von dem kleinen Gartenhaus,
Wo ein bescheidnes Bücherbrett die Lieblinge
Des würdigen Herrn, die edlen alten Schwarten, trug,
Aus denen uns bei einem Glase Wein, wie oft!
Pränestes Haine, Tiburs Wasser zugerauscht.
Hievon jedoch ein andermal! Er schläft nun auch
In seiner Ecke dort im Chor. Die Mönche sind,
Ein kleiner Rest der Brüderschaft, in die Welt zerstreut;
Im Kreuzgang lärmt der Küfer, aus der Kirche dampft
Das Malz, den Garten aber deckt ein Hopfenwald,
Kaum daß das Häuschen in der Mitte frei noch blieb,
Von dessen Dach, verwittert und entfärbt, der Storch
Auf einem Beine traurig in die Ranken schaut.

So, als ich jüngst, nach vierzehn Jahren, wiederkam,
Fand ich die ganze Herrlichkeit dahin. Sei's drum!
Ein jedes Ding währt seine Zeit. Der alte Herr
Sah alles lang so kommen und ganz andres noch,
Darüber er sich eben nicht zu Tod gegrämt.

Bei dünnem Weißbier und versalzenem Pökelfleisch
Saß ich im Gasthaus der gewes'nen Prälatur,
Im gleichen Sälchen, wo ich jenes erste Mal
Mit andern Fremden mich am ausgesuchten Tisch
Des Priors freute klösterlicher Gastfreiheit.
Ein großer Aal ward aufgetragen, Laberdan
Und Artischocken aus dem Treibhaus. „Fleischiger",
So schwur, die Lippen häufig wischend, ein Kaplan,
„Sieht sie Fürst Taxis selber auf der Tafel nicht!"

Des höchsten Preises würdig aber deuchte mir
Ein gelber, weihrauchblumiger Vierunddreißiger,
Den sich das Kloster auf der sonnigsten Halde zog.
Nach dem Kaffee schloß unser wohlgelaunter Wirt
Sein Raritätenkästchen auf, Bildschnitzerei'n
Enthaltend, alte Münzen, Gemmen und so fort,
Geweihtes und Profanes ohne Unterschied:
Ein heiliger Sebastian in Elfenbein,
Desgleichen Sankt Laurentius mit seinem Rost
Verschmähten nicht als Nachbarin Andromeda,
Nackt an den Fels geschmiedet, trefflich schön, in Buchs.
Nächst alledem zog eine altertümliche
Stutzuhr, die oben auf dem Schranke ging, mich an;
Das Zifferblatt von grauem Zinn, vor welchem sich
Das Pendelchen nur in allzu peinlicher Eile schwang,
Und bei den Ziffern, groß genug, in schwarzer Schrift
Las man das Wort: Una ex illis ultima.
„Derselben eine ist die letzt'" – verdeutschte flugs
Der Pater Schaffner, der bei Tisch mich unterhielt
Und gern von seinem Schulsack einen Zipfel wies,
Ein Mann wie Stahl und Eisen; die Gelehrsamkeit
Schien ihn nicht schwer zu drücken, und der Küraß stand
Ihm ohne Zweifel besser als die Kutte an.

Dem dacht' ich nun so nach für mich, da streift mein Aug'
Von ungefähr die Wand entlang und stutzt mit eins:
Denn dort, was seh' ich? wäre das die alte Uhr?
Wahrhaftig ja, sie war es! – und vergnügt wie sonst,
Laufst nicht, so gilt's nicht, schwang ihr Scheibchen sich
                                        auf und ab.

Betrachtend stand ich eine Weile still vor ihr
Und seufzte wohl dazwischen leichthin einmal auf.
Darüber plötzlich wandte sich ein stummer Gast,
Der einzige, der außer mir im Zimmer war,
Ein älterer Herr, mit freundlichem Gesicht zu mir:
„Wir sollten uns fast kennen, mein' ich – hätten wir
Nicht schon vorlängst in diesen Wänden uns gesehn?"
Und alsbald auch erkannt' ich ihn: der Doktor war's
Vom Nachbarstädtchen und weiland der Klosterarzt,
Ein Erzschelm damals, wie ich mich noch wohl entsann,
Vor dessen derben Neckerei'n die Mönche sich
Mehr als vor seinem schlimmsten Tranke fürchteten.
Nun hatt' ich hundert Fragen an den Mann und kam
Beiher auch auf das Ührchen. „Ei, ja wohl, das ist",
Erwidert' er, „vom seligen Herrn ein Erbstück noch,
Im Testament dem Pater Schaffner zugeteilt,
Der es zuletzt dem Brauer, seinem Wirt, vermacht." –
„So starb der Pater hier am Ort?" – „Es litt ihn nicht
Auswärts; ein Jahr, da stellte sich unser Enaksohn,
Unkenntlich fast in Rock und Stiefeln, wieder ein.
,Hier bleib' ich', rief er, ,bis man mich mit Prügeln jagt!'
Für Geld und gute Worte gab man ihm denn auch
Ein Zimmer auf der Sommerseite, Hausmannskost
Und einen Streifen Gartenland. An Beschäftigung
Fehlt' es ihm nicht: er brannte seinen Kartäusergeist
Wie ehedem, die vielbeliebte Panacee,
Die sonst dem Kloster manches Tausend eingebracht.
Am Abend, wo es unten schwarz mit Bauern sitzt,
Behagt' er sich beim Deckelglas, die Dose und
Das blaue Sacktuch neben sich, im Dunst und Schwul
Der Zechgesellschaft, plauderte, las die Zeitung vor,
Sprach Politik und Landwirtschaft – mit einem Wort,
Es war ihm wohl, wie in den schönsten Tagen kaum.
Man sagt, er sei bisweilen mit verwegenen
Heiratsgedanken umgegangen – es war damals
So ein lachendes Pumpelchen hier, für den Stalldienst,
                                    wie mir deucht –

Doch das sind Possen. Eines Morgens rief man mich
In Eile zum Herrn Pater: er sei schwer erkrankt.
Ein Schläglein hatte höflich bei ihm angeklopft
Und ihn in größern Schrecken als Gefahr gesetzt.
Auch fand ich ihn am fünften oder sechsten Tag
Schon wieder auf den Strümpfen und getrosten Muts.
Doch fiel mir auf, die kleine Stutzuhr, welche sonst
Dem Bette gegenüberstand und allezeit
Sehr viel bei ihm gegolten, nirgend mehr zu sehn.
Verlegen, als ich darnach fragte, fackelt' er:
Sie sei kaputt gegangen, leider, so und so.
Der Fuchs! dacht' ich, in seinem Kasten hat er sie
Zu unterst, völlig wohlbehalten, eingesperrt,
Wenn er ihr nicht den Garaus etwa selbst gemacht.
Das unliebsame Sprüchelchen! Mein Pater fand,
Die alte Hexe fange nachgerade an
Zu sticheln, und das war verdrießlich." – „Exzellent!
Doch setzten Sie den armen Narren hoffentlich
Nicht noch auf Kohlen durch ein grausames Verhör?" –
„Je nun, ein wenig stak er allerdings am Spieß,
Was er mir auch im Leben, glaub' ich, nicht vergab." –
„So hielt er sich noch eine Zeit?" – „Gesund und rot
Wie eine Rose sah mein Seine Reverenz
Vier Jahre noch und drüber, da denn endlich doch
Das leidige Stündlein ganz unangemeldet kam.
Wenn Sie im Tal die Straße gehn dem Flecken zu,
Liegt rechts ein kleiner Kirchhof, wo der Edle ruht.
Ein weißer Stein, mit seinem Klosternamen nur,
Spricht Sie bescheiden um ein Vaterunser an.
Das Ührchen aber – um zum Schlusse kurz zu sein –
War rein verschwunden. Wie das kam, begriff kein Mensch.
Doch frug ihm weiter niemand nach, und längst war es
Vergessen, als von ungefähr die Wirtin einst
In einer abgelegnen Kammer hinterm Schlot
Eine alte Schachtel, wohl verschnürt und zehenfach
Versiegelt, fand, aus der man den gefährlichen
Zeitweisel an das Tageslicht zog mit Eklat.
Die Zuschrift aber lautete: ‚Meinem werten Freund
Bräumeister Ignaz Raußenberger auf Kartaus.'"

Also erzählte mir der Schalk mit innigem
Vergnügen, und wer hätte nicht mit ihm gelacht?
(Eduard Mörike, Sämtl. Werke, Bd. I, S. 816–819)

Das Uhrenmotiv, das Mörike in seinem Gedicht „Besuch in der Kartause „in den Mittelpunkt stellt, ist ein für Ittingen typisches Motiv.

Dem Reisenden, der in die Kartause Ittingen kommt, fallen die vielen Sonnenuhren auf, die sich an der ehemaligen Klausur befinden; es sind nicht weniger als neun. Bei Auflösung des Klosters fanden sich außerdem in den Zellen und sonstigen Räumlichkeiten auffallend viele Uhren. Das Leben der Kartäuser war streng nach der Zeit geregelt und eingeteilt. Die Uhr war dafür ein unverzichtbares Utensil. Dem Mönch sollte aber außerdem immer die Endlichkeit der Zeit bewußt sein; dazu dienen die Inschriften. Auf der Sonnenuhr an der Chorwand der Kirche zum großen Kreuzgang ist auch heute noch zu lesen: „Utere praesente memento ultimae" (= Nütze die gegenwärtige [Stunde], denk an die letzte).

Eine Uhr, wie sie Mörike beschreibt, ist auf einem Bild im Refektorium (an der Stirnwand das zweite von rechts) zu sehen; fast könnte sie Pate für die erdichtete gestanden haben. Ihre Inschrift lautet: „Una ex his morti deputata" (Eine von ihnen ist für den Tod bestimmt).

Von der Kartause fahren Sie zunächst wieder zurück nach Herdern. Dort im Ort biegt die Straße nach Stein am Rhein scharf links ab. Nach dem Wald führt rechts ein kleines Sträßchen (Hinweisschild) zu der romantisch gelegenen *Wallfahrtskapelle Klingenzell* mit herrlichem Blick auf Untersee und Rhein. Nach diesem sehr lohnenden kurzen Abstecher wieder zurück und vollends hinab nach Eschenz. Auf der N 13 kurz nach links, dann (noch im Ort) rechts ab, dem Hinweisschild „Werd" folgend zum Parkplatz am Ufer. Ein Fußgängersteg führt zur Insel hinüber.

Insel Werd – Walahfrid Strabo

Die kleine Insel Werd bei Stein am Rhein ist ein besonders hübscher und stimmungsvoller Platz am See. Von dem schmalen Steg, welcher die Insel mit dem Festland verbindet, hat man einen schönen Blick auf Stein mit der Burg Hohenklingen.

Hier auf der Insel starb 759 als Gefangener der Hlg. Otmar, der erste Abt von St. Gallen. Der Chor der im 9.–11. Jahrhundert erbauten Wallfahrtskirche steht über seinem damaligen Grab. Seine Lebensbeschreibung (Vita) ist uns u. a. von dem Reichenauer Mönch und Dichter Walahfrid Strabo überliefert.

Otmar wurde am Bischofssitz in Chur zum Priester ausgebildet und von dem Arboner Tribun Waltram an die Galluszelle berufen. Hier gestaltete er die lockere Eremitensiedlung des Hlg. Gallus, der mit seinen Brüdern nach der sehr strengen Kolumbansregel gelebt hatte, zu einer festen Klostergemeinschaft um, für die er auf Druck der fränkischen Herrschaft die Benediktinerregel einführte. Er wurde so zum ersten eigentlichen Abt von St. Gallen. Bald jedoch geriet das Kloster in Konflikt mit der fränkischen Macht. Offensichtlich war St. Gallen zu selbständig, zu wenig reichstreu und zu volksverbunden. Otmar wurde als Repräsentant seines Klosters unter dem Vorwand eines Sittlichkeitsverbrechens angeklagt, auf der Burg Hohenbodman gefangengesetzt und zum Hungertod verurteilt, dann aber zu lebenslanger Haft auf die Insel Werd gebracht: „Der Fall Otmars muß sich in wenigen Monaten abgespielt haben: Am 1. März 759 nennt ihn eine Urkunde Abt von Sankt Gallen, am 16. November desselben Jahres stirbt er auf der Insel Werd im Alter von ungefähr siebzig Jahren." (Johannes Duft, St. Otmar, S. 75–78)

Zehn Jahre später erlaubten es die politischen Verhältnisse den St. Galler Mönchen, den Leichnam ihres verehrten Abtes ins Kloster zurückzuholen und dort zu bestatten.

Sechzig Jahre später, um 835, entstand die Vita des Hlg. Otmar. Eine mittelalterliche Heiligenvita ist nicht mit einer modernen Biographie gleichzusetzen. Während wir heute von einer Biographie die objektive Darstellung eines Lebenslaufs und seiner Bedingungen erwarten, ist eine Heiligenvita von Ansatz und Funktion her etwas ganz anderes. Da im Mittelalter das irdische Leben nicht als Wert an sich galt, war es in seiner Begrenztheit und Ausschließlichkeit allein nicht darstellungswürdig, sondern nur in seiner Beziehung zum Jenseitigen. Daraus entstehen Legenden. Im Falle Otmars haben sie rechtfertigenden Charakter: das Ansehen des Abtes und damit des Klosters soll nach den schmachvollen Vorgängen im Leben Otmars durch sichtbare Zeichen des Himmels nach seinem Tod wiederhergestellt werden. Für diese Legenden dienen die Evangelienberichte von der Stillung des Sturms und der Speisung der Fünftausend als Muster.

In der Otmars-Vita stellen die ersten neun von 17 Kapiteln die eigentliche Biographie des Heiligen dar. Der folgende Textausschnitt aus der deutschen Übersetzung der lateinisch geschriebenen Vita setzt mit dem Kapitel 6 ein:

(6.) Wie er hinter den festen Riegeln der Gefangenschaft sein Leben endete.

Nachdem die ungerecht begonnene Gerichtsversammlung noch ungerechter geschlossen war, wurde der Gottesmann Otmar in der Königspfalz beim Landgut Bodman eingekerkert. Weil keinem gestattet wurde, dieselbe zu betreten oder mit ihm zu sprechen, verbrachte er einige Tage ohne die Stütze körperlicher Nahrung. Als er so in langwieriger Mißhandlung Hunger litt, pflegte Perahtgoz, einer seiner Klosterbrüder, nachts herbeizukommen und ihm mit Nahrung beizustehen. Bald darauf erwirkte aber ein gewisser Gozbert, ein einflußreicher Mann, von den ungerechten Fürsten, daß ihm der Gottesmann anvertraut wurde, und er brachte ihn auf einer Insel des Rheinflusses, namens Stein [Werd], neben seinem Landgut in Gewahrsam. Dort widmete sich der heilige Vater ausschließlich geistlicher Übung, das heißt dem Beten und Fasten, und diente dem Herrn um so ungehinderter, als er von menschlichem Umgang und irdischen Sorgen befreit war. Mit solchen und ähnlichen Werken bewährter Frömmigkeit beschäftigt ging er nach kurzer Zeit an einem 16. November aus dieser Enge weltlicher Verwirrung in die Weite himmlischer Freude ein. Sein Leichnam wurde auf jener Insel bestattet und verblieb dort während langer Zeit, ohne zu verwesen.

(7.) Wie nach langer Zeit sein Leib ohne Verwesung aufgefunden wurde.

Nachdem aber seit seinem Hinschied zehn Jahre verflossen waren, wurden seine Brüder vom Herrn durch eine Erscheinung ermahnt, sie sollten den Leib des teuren Vaters in das Kloster zurückführen. Als dieser Ratschluß des göttlichen Willens offenbar wurde, gingen elf jener Klosterbrüder nachts zum Ort hinunter, in welchem die Überreste des heiligen Mannes lagen, öffneten das Grab und fanden seinen Leichnam von jeder Verwesung unversehrt, mit der einen Ausnahme, daß der äußerste Teil eines Fußes, den das Wasser bespülte, nur wegen veränderter Farbe wie verwesend erschien. In diesem wahrhaft passenden Wunder leuchteten die ersten Anzeichen seiner Heiligkeit auf, und zwar in dem Sinn, daß sein Leib so unversehrt von Verderbnis angetroffen wurde, wie er selber frei gewesen war vom Vergehen, unter dessen Anschuldigung er eine Zeitlang besiegt schien. Nachdem sich daher die frommen Brüder einläßlicher über diese ungewöhnliche Sachlage unterrichtet hatten, erhoben sie ehrfürchtig den Leichnam, brachten ihn auf ein Schiff, entzündeten Kerzen und stellten die eine zu seinen Häupten, die andere zu seinen Füßen.

(8.) Wie wunderbar bei der Ueberführung seines Leibes der Sturm gestillt wurde.

Sie stießen vom Ufer ab und vertrauten sich den unsicheren Gewalten des tiefen Sees an. Als sie sich mit größter Beharrlichkeit dem Ruderwerk hingaben, weil sie in aller Eile zurückkehren wollten, brach gleich darauf ein solcher Ansturm von Regen und Winden ein, daß sie kaum an ein Entrinnen glaubten. Doch durch die wunderbare Fügung des allmächtigen Gottes und – wie wir glauben – wegen der Verdienste des heiligen Mannes geschah es, daß sogar die Elemente, die scheinbar ohne Sinne sind, dem Befehl ihres Schöpfers dienten und wahrnahmen, welch großen Mannes Reliquien dort überführt wurden. Denn der See, der ringsum vom regenschweren Unwetter aufgewühlt war und seine Wellen hoch aufwarf, bereitete den Ruderern überhaupt keine Mühe; sondern wohin immer das Schiff kam, vertrieb es die Winde und zerdrückte es die heranbrausenden Fluten. Und weil so von jeder Seite die Wellendämme, Regengüsse und Windesstürme in beträchtlichem Abstand zurückgehalten wurden, war das Schiff wie mit einem Zaun umgeben, so daß kein einziger Tropfen des allüberall heftig niederprasselnden Regens einfiel. Sogar die Kerzen, die zu Ehren des seligen Vaters brennend beim Haupt und den Füßen hingestellt worden waren, verloren ihr anfängliches Licht solange nicht, bis sein Leichnam in das Kloster getragen wurde.

(Johannes Duft, St. Otmar – Die Quelle zu seinem Leben, S. 35, 37, 39)

Von der Insel Werd auf der N 13 weiter nach Burg und rechts über die Rheinbrücke nach Stein am Rhein.

Stein am Rhein – Scheffels Weinstube

Das kleine Städtchen Stein am Rhein ist für den Literatur-Reisenden zwar nur eine bescheidene Station, aber als Ort sehr sehenswert. Die mittelalterliche Bausubstanz ist fast unversehrt erhalten. Insbesondere der Rathausplatz mit den alten Bürgerhäusern aus dem 15./16. Jahrhundert, das als Museum zugängliche ehemalige Benediktinerkloster St. Georgen direkt am Rhein und schließlich hoch über der Stadt die aus dem 13. Jahrhundert stammende, als Anlage vollständig erhaltene Burg Hohenklingen (Zufahrt ausgeschildert; Burgcafé im ehemaligen Wehrgang) mit herrlichem Blick auf Stein, die Insel Werd und den Untersee lohnen einen Besuch.

Von literarischem Interesse ist das Hotel „Sonne" am Rathausplatz: Scheffels Weinstube. Scheffel ist zwischen 1873 und 1886 oft von Radolfzell nach Stein herübergekommen, hat hier im Wirtshaus der Witwe Etzweiler im Kreis der Stammgäste seinem Verdruß mit den Reichenauer Fischern Luft gemacht und sich an seinen Liedern erfreut, die die Wirtstochter Marie für ihn sang. Darauf beziehen sich Texte und Bilder, die in einer Scheffel-Ecke im 1. Stock der „Sonne" zur Erinnerung an den Dichter ausgestellt sind. Wir lesen da Briefe, unterzeichnet „Von ihrem ergebenen Radolfzeller Nachbar J. Victor von Scheffel", und eine Neujahrskarte für die Wirtstochter Marie:

> Mag sich Dein Lied so hell und rein
> Und kräftig wie der junge Rhein
> Noch oft am Fuß des Hohenklingen
> Wie Glockenton gen Himmel schwingen.
> (Joseph Victor von Scheffel, 1. Jan. 1884)

Sie fahren nun bei Öhningen (Ennetbruck) wieder über die Grenze und auf der Höristraße weiter Richtung Radolfzell. Zwischen Öhningen und Wangen liegt rechts am Seeufer Kattenhorn. Vor der Kirche (Parkmöglichkeit) führt ein kleines Sträßchen nach rechts zum Ufer hinab.

Kattenhorn – Werner Dürrson

Im Gegensatz zu den enthusiastischen Schilderungen der Bodenseelandschaft im 19. Jahrhundert, die vor allem das Idyllische betonen, überwiegt bei den Texten zeitgenössischer Schriftsteller die Kritik am Ausverkauf dieser schönen Landschaft. Werner Dürrson, 1932 im Schwarzwald geboren, verbrachte einen Sommer auf der Höri, und in dieser Zeit entstand sein Gedicht:

Ins Freie

Eingeklemmt in das System
verkaufter Landschaft bleibt mir

der See noch, geh ich auf vor-
geschriebenem Weg von

Schildern belauert hangabwärts
Mauern Zäunen entlang am

Schloß vorbei komme ich zum
gefängnistorbreiten Uferstück
der Besitzlosen:

Raum der sich
auftut, befremdliche Weite

schattenlos Licht frischen
Wind um die Hüften kann ich

durch Faulschlamm durch Schlick
ins soziale Klärwasser waten

ferne Strände vor Augen hinaus-
schwimmen bis zur Erschöpfung
(Werner Dürrson, Das Kattenhorner Schweigen)

Sie können in Kattenhorn den im Gedicht genannten Weg „am Schloß vorbei" zum „gefängnistorbreiten Uferstück" gehen und haben dort wie Dürrson „ferne Strände vor Augen".

Die Fahrt geht nun über Wangen und Hemmenhofen, wo der Maler Otto Dix von 1933 bis zu seinem Tod 1969 lebte, nach Gaienhofen. (Parkmöglichkeit am Rathaus)

Gaienhofen/Höri – Hermann Hesse/Ludwig Finckh

So abgeschieden die Höri auch heute noch ist, gehört sie doch zu den wichtigen Stationen der literarischen Bodenseereise: Hermann Hesse hat acht Jahre (1904–1912) in Gaienhofen gelebt und gearbeitet. Der unerwartete Erfolg seines Romans „Peter Camenzind" (erschienen im Januar 1904) ermöglichte es dem 27jährigen Hesse, als freier Schriftsteller zu leben. Im Sommer 1904 heiratete er die neun Jahre ältere Fotografin und Pianistin Maria Bernoulli aus einer alten Basler Gelehrtenfamilie, und sie beschlossen, „künftig ganz auf dem Lande zu leben". Für den Versuch, ein „einfach-aufrichtiges, natürliches, unstädtisches und unmodisches Leben zu führen", schien ihnen das Dorf Gaienhofen mit seinen damals nur 300 Einwohnern der richtige Ort zu sein:

> Gas oder elektrisches Licht gab es in der ganzen Gegend nicht, und es war auch nicht ganz einfach, das Dörfchen zu erreichen oder zu verlassen, außer dem Dampfschiff, das nur sehr selten und bei Eis oder Sturm oft gar nicht fuhr, gab es nur einen Pferdepostwagen, mit dem man in stundenlanger Fahrt, mit langen Aufenthalten in jedem Zwischendorf, eine Bahnstation erreichen konnte. Es war aber gerade das, was wir uns gewünscht hatten, ein verwunschenes, verborgenes Nest ohne Lärm, mit reiner Luft, mit See und Wald.
>
> (Eine Bodensee-Erinnerung, aus: Hesse, Bodensee, S. 31)

Daß ein junger Erfolgsautor in ein derart abgelegenes Dorf zog, war nicht so ungewöhnlich und originell, wie es zunächst den Anschein hat. Stadtflucht und Sehnsucht nach einem naturverbundenen Leben auf dem Lande waren um die Jahrhundertwende in Deutschland, besonders unter Künstlern und Intellektuellen, eine Reaktion auf die zunehmende Industrialisierung und die Massengesellschaft der Großstädte. Hesse selbst ordnet sein damaliges ‚Aussteigerleben' in diese allgemeine Zeitströmung ein:

> ...von Tolstoi her und auch von Jeremias Gotthelf her, und gespeist aus einer damals in Deutschland ziemlich lebhaften Regung von Stadtflucht und Landleben mit moralisch-künstlerischer Begründung lebten nun eben diese hübschen, aber unklar formulierten Glaubensartikel in unsern Köpfen, wie sie auch im „Peter Camenzind" zum Ausdruck kamen.
>
> (Beim Einzug in ein neues Haus, aus: Hesse, Bodensee, S. 26)

In „Peter Camenzind" hat Hesse gewissermaßen in der Fiktion vorweggenommen, was er nun in Gaienhofen verwirklichen will.

Nach den Krisen und seelischen Gefährdungen seiner Jugendjahre ist die Zeit in Gaienhofen der für Hesse wichtige Versuch, durch Heirat und „Seßhaftigkeit" Sicherheit zu finden.

Hesse war in Gaienhofen in vielfältiger Weise als Autor, Herausgeber und Rezensent tätig und fand allgemeine Anerkennung. Den Erfolg, den er mit seinem „Peter Camenzind" hatte, konnte er in den folgenden Jahren festigen und ausbauen. Schon 1905/6 erschien sein nächster erfolgreicher Roman „Unterm Rad".

In den folgenden Jahren veröffentlichte Hesse drei Sammelbände mit den in Gaienhofen entstandenen Erzählungen („Diesseits" 1907, „Nachbarn" 1908, „Umwege" 1912) und den Musikerroman „Gertrud" (1910).

Titel von Erstausgaben einiger in Gaienhofen entstandener Werke Hesses.

Zu Hesses Gaienhofener Jahren gehört ganz wesentlich die Freundschaft und das nachbarliche Zusammenleben mit Ludwig Finckh. Beide Dichter waren seit der Tübinger Zeit miteinander befreundet. Der etwas jüngere Finckh studierte damals in Tübingen Jura, Hesse machte in der Buchhandlung Heckenhauer, gegenüber der Stiftskirche, eine Buchhändlerlehre. In seinem Roman „Der Rosendoktor" schildert Finckh den Beginn der Freundschaft mit Hesse, den er – in Anlehnung an Hesses Roman „Peter Camenzind" – „Peter" nennt. Er sieht diese Freundschaft romantisch verklärt:

Seit kurzem begegnete ich in einer Gasse oft einem jungen Menschen in abgerissenem Kittel, der merkwürdig leuchtende Augen hatte. Ich kannte ihn nicht, aber als ich ihm zum zweitenmal begegnete, mußte ich ihn grüßen. So gingen wir einige Tage aneinander vorbei, bis ich ihn eines Abends bei Gustav traf. Wir sahen uns an und lächelten. Und als wir uns die Hand gaben, wußten wir, daß wir Freunde waren. Er war Buchhändler und lud mich ein, ihn zu besuchen, um seine neuen Bücher zu sehen. Ich nahm mit Freuden an.

Peter bewohnte eine kleine Stube vor der Stadt, die mit Büchern angefüllt war; auf dem Tisch stand ein Wasserglas mit einer roten Rose. „Ich habe sie im Abonnement, die Rosen", sagte er; „jeden Morgen gehe ich an einer Gärtnerei vorbei, und habe mit dem Gärtner verabredet, daß ich irgendeine Rose auslesen und mitnehmen darf." (…) Peter hatte eine Unmenge Bücher und Schriften daliegen. „Wollen Sie ein paar haben? Ich habe so viele Bücher, aber keines freut mich ganz, wenn ich's allein bei mir verschließe; Sie müssen sich ein paar heraussuchen."

Ich tat's sehr froh und sagte, daß bei mir zu Hause Bücher verpönt seien, weil sie nicht nützlich waren. Geliehen oder aus dem Bücherzirkel konnten wir haben, aber selber kaufen war ein Unfug. Dazu war das Geld nicht vom Herrgott geschaffen worden.

Da schenkte mir Peter drei schöne Bücher und schrieb seinen und meinen Namen hinein. „Ich mag nicht gern verleihen, lieber will ich's Ihnen schenken."

Ich war glücklich und dankbar.

Und dabei warf ich einen Blick auf den Tisch, auf dem die Schriften lagen. Er gab mir einen zerrissenen Zettel in die Hand. Mechanisch las ich und sah, daß ein Vers darauf stand, eine kurze Strophe.

„Das ist hinreißend schön", sagte ich. „Wer hat das gemacht?"

Da sah ich ihm ins Gesicht und wußte es. „Sie sind ein Dichter", sagte ich leise.

Er sah mich traurig an. „Ich glaube, daß ich's bin."

Von nun an waren wir oft beieinander; ich war beglückt in seiner Freundschaft, bewunderte und liebte ihn. Wir gingen miteinander spazieren und ins Wirtshaus, wir lasen uns Bücher vor und hielten oft unsre Hand. Es war ein Leben von einem zum andern, das uns reich und froh machte.

Er nannte mich „Frühling" und behauptete, mein drittes Wort sei „der Frühling"; als ich mich wehrte und mir's verbat, lachte er und sagte, ich solle doch froh sein, er sei nur ein Spätling.

Er war schön und geistreich, und traurig bemerkte ich, wie arm und einfältig ich war und wie wenig ich zu geben hatte; ich wurde ganz still, wenn er seine Geige holte, denn davor konnte ich mich ins nächste Mausloch verkriechen mit meiner armseligen Geigerei, so schön und süß und traurig spielte er. Aber er umarmte mich dann und behauptete, ich sei ihm mehr wert als das bißchen Verstand, das er habe, und spottete über sich.

„Du Frühling du, was machst für Sachen; weißt du, wenn ich dich nicht hätte."

Aber er kehrte immer alles um. Er war's, der gab und schenkte aus seinem ganzen großen und zarten Herzen, er hielt mich aufrecht in meinem dunkeln Irren und tröstete mich, wenn ich verzagte. Und wir haben manchmal in einer Mondnacht auf einer Brücke gesessen und stundenlang miteinander geredet und geschwiegen und uns das Heimlichste und Reinste unsers Herzens sehen lassen. Ich habe in meinem Leben das Glück gehabt, einen Mann zu finden, der ein Kind war und ein heimlicher König; geächtet zwar, wie alles Große und Gute geächtet ist zu irgendeiner Zeit, aber um so stolzer und reicher. Er hat mich in keiner Not verlassen und hat immer das Beste meines Herzens gewußt. Das ist mein köstlichster und reinster Gewinn vom Leben gewesen.

Ich bin oft in der Nacht gelegen mit geschlossenen Augen. Dann sah ich ihn durch eine Gasse gehen, die dunkel war; aber um ihn war Helle und Leuchten, und wo er hinging, wurde Licht und Tag und sank hinter ihm ins Dunkel zurück.

(Ludwig Finckh, Der Rosendoktor, 6. Kap.)

1905 kam Finckh zu Hesse an den Bodensee und blieb, anders als Hesse, für sein ganzes Leben in Gaienhofen. Hesse schrieb später, daß von allen damaligen Freunden nur für Finckh der Bodensee zur wirklichen Heimat geworden sei. Auch bei Finckh war es der Erfolg seines ersten Romans „Der Rosendoktor", der ihm ein unabhängiges Leben ermöglichte. Er schrieb außer dem „Rosendoktor" mehrere Romane, Erzählungen, Gedichte und liebevolle Bodenseeschilderungen.

Die gemeinsamen Gaienhofener Jahre waren für Finckh, auch noch im Rückblick, die glücklichste und erfüllteste Zeit seines Lebens:

Wir lagen in jenen Sommern viel im Boot auf dem See, sonnten uns, fuhren nach Steckborn hinüber oder ins „Schweizerland", ein Gasthaus zwischen Steckborn und Berlingen, wo Rudolf G. Binding Ferienwochen verbrachte; oder wir lagen an unserem schilfumsäumten Pappelplatz Hornstaad zu, wo eine kleine Bucht den schönsten Badeplatz bot. In der Ferne tauchte die Insel Reichenau und im feinen Dunst das Münster von Konstanz auf. Es waren sonnige, unbeschwerte, sorgenlose Tage unter Blumen und Tieren, Haubentaucher und Wildenten schwammen um uns; grüne, goldene und rosenfarbene Libellen schwebten im Schilf, Eidechsen und auch unschuldige braune Ringelnattern sahen uns zu, sonnenhungrig wie wir selber. Manchmal zog Hesse, chattus puer, wie als Knabe in Calw mit dem Schmetterlingsnetz aus, ein Meister im Falterfang, und manchmal stand er am Ufer oder auf dem langen Landungssteg und hing die Angel ins Wasser, auch dies wohlgeübt an der Nagold im Schwarzwald.

(Ludwig Finckh, Das alte Bauernhaus, aus: Gaienhofener Idylle, S. 27)

Finckhs „Gaienhofener Idylle" war für Hesse nur die Oberfläche. Obwohl er nach außen diese Lebensweise zu teilen schien, kommt doch schon sehr früh in Dichtungen und Selbstzeugnissen seine Unzufriedenheit zum Ausdruck:

Landschaft

Wälder stehen, See und Land
Wie in alten Kinderzeiten,
Und es ruhen alle Weiten
Friedevoll in Gottes Hand.

Eine stille Stunde lang
Kann ich so verzaubert schauen,
Und es schläft der alte Drang,
Und es schläft das alte Grauen.

Doch ich weiß: Die jetzt gebannt,
Werden balde auferstehen,
Und ich muß im grünen Land
Als ein Gast und Fremdling gehen.

(Hermann Hesse, Ges. Schriften)

Lindenblüte

Jetzt blühen wahrhaftig schon die Linden wieder, und am Abend, wenn es zu dunkeln beginnt und wenn die schwere Arbeit getan ist, kommen die Frauen und die Mädchen daher, steigen an der Leiter in die Äste hinauf und pflücken sich ein Körblein voll Lindenblüten. Davon machen sie späterhin, wenn jemand krank wird und Nöte hat, einen heilsamen Tee. Sie haben recht; warum soll die Wärme, die Sonne, die Freude und der Duft dieser wundersamen Jahreszeit so ungenützt vergehen? Warum soll nicht in Blüten oder sonstwo etwas davon verdichtet und greifbar hängenbleiben, daß wir es holen, heimtragen und später einmal in kalten und bösen Zeiten einen Trost daran haben können?

Wenn man nur von allem Schönen so einen Beutel voll aufbewahren und für bedürftige Zeiten aufsparen könnte! Freilich, es wären doch nur künstliche Blumen mit künstlichem Duft. Alle Tage rauscht die Fülle der Welt an uns vorüber; alle Tage blühen Blumen, strahlt das Licht, lacht die Freude. Manchmal trinken wir uns daran dankbar satt, manchmal sind wir müde und verdrießlich und mögen nichts davon wissen; immer aber umgibt uns ein Überfluß des Schönen. Das ist das Herrliche an jeder Freude, daß sie unverdient kommt und niemals käuflich ist; sie ist frei und ein Gottesgeschenk für jedermann, wie der wehende Duft der Lindenblüte. Die Frauen, die emsig in den Ästen hocken und einsammeln, die haben hernach einen Tee für Atemnot und Fieber, aber das Beste und wahrhaft Feine davon haben sie nicht. Das haben nicht einmal die sommerabendlichen, lustwandelnden Liebespaare in ihrer süßen, dumpfen Trunkenheit; aber der Wanderer hat es, der vorübergeht und tiefer atmet. Der Wanderer hat das Beste und Zarteste von allen Genüssen, weil er neben dem Schmecken auch noch das Wissen von der Flüchtigkeit aller Freude hat. Ihn kümmert es wenig, daß er nicht an jedem Brunnen trinken kann, und der Überfluß ist ihm gewohnt; dafür schaut er auch dem Verlorenen nicht lange nach und begehrt nicht an jedem Orte, wo es einmal gut sein war, gleich Wurzeln zu schlagen. Es gibt solche Lustreisende, die gehen Jahr für Jahr an denselben Ort, und es gibt viele, die können von keinem schönen Anblick Abschied nehmen, ohne daß sie beschließen, recht bald wieder herzukommen. Das mögen gute Leute sein, aber gute Wanderer sind sie nicht. Sie haben etwas von der dumpfen Trunkenheit der Liebesleute und etwas von dem sorglichen Sammlersinn der

Lindenblütenpflückerinnen. Aber den Wandersinn haben sie nicht, den stillen, ernst-fröhlichen, immer abschiednehmenden.

Hier ist gestern einer durchgewandert, ein reisender Handwerksbursche, der grüßte in seiner Bettlerfreiheit die Sammler und Bewohner auf eine spöttische Art. Er nahm an der großen Linde, die voller Weibsleute war, die Leiter weg und ging davon, und obwohl ich selber den Frauen die Leiter wieder hingetragen und ihr Schmähen besänftigt habe, hat der Streich mich doch gefreut.

Oh, ihr Wanderburschen, ihr fröhlichen Leichtfüße, jedem von euch, auch wenn ich ihm einen Fünfer geschenkt habe, sehe ich wie einem König nach, mit Hochachtung, Bewunderung und Neid. Jeder von euch, auch der Verlottertste, hat eine unsichtbare Krone auf; jeder von euch ist ein Glücklicher und ein Eroberer. Auch ich bin euresgleichen gewesen, und weiß, wie Wanderschaft und Fremde schmeckt. Sie schmeckt, trotz Heimweh und Mangel und Unsicherheit, gar süß.

Und immerzu strömt der honigsüße Duft aus den alten Bäumen den Weg entlang durch den lauen Sommerabend. Kinder singen unten am Strand und spielen mit Windmühlen aus rotem und gelbem Papier. Liebespaare spazieren langsam und lässig an den Hecken hin, und durch den rotgoldenen Staub der Straße surren Bienen und Hummeln in verzückten Kreisen und mit goldenem Getöne.

Wahrlich, ich beneide die Liebespaare an den Hecken nicht um ihre süße, dumpfe Trunkenheit, so wenig ich die spielenden Kinder um ihre rechenschaftslose Seligkeit beneide oder die schwärmenden Bienen um ihren taumelnden Flug. Nur die Wanderburschen beneide ich. Die haben den Duft und die Blüte von allem.

Noch einmal jung, unwissend, ungebunden, frech und neugierig in die Welt hineinzulaufen, hungrige Kirschenmahlzeiten am Straßenrande zu halten und bei den Kreuzwegen das „rechts oder links" an den Rockknöpfen abzuzählen! Noch einmal kurze, laue, duftende Sommernächte unterwegs im Heu verschlafen, noch einmal eine Wanderzeit in harmloser Eintracht mit den Vögeln des Waldes, mit den Eidechsen und Käfern leben! Das wäre wohl einen Sommer und ein Paar neue Stiefelsohlen wert. Aber es kann nicht sein. Es hat keinen Wert, die alten Lieder zu singen, den alten Wanderstab zu schwingen, die alten, lieben, staubigen Straßen zu gehen und sich einzubilden, man sei nun wieder jung und alles sei, wie es damals war.

Nein, das ist vorbei. Nicht, daß ich alt oder ein Philister geworden wäre! Ach, ich bin vielleicht törichter und zügelloser als je, und zwischen mir und den klugen Leuten und ihren Geschäften ist noch immer kein Verständnis und kein Bündnis aufgekommen. Ich höre auch immer noch, wie in den drängendsten Jünglingszeiten, die Stimme des Lebens in mir rufen und mahnen, und ich habe nicht im Sinn, ihr ungetreu zu werden. Aber sie ruft nicht mehr zu Wanderschaft und Freundschaft und zu Zechgelage mit Fackeln und Gesang, sondern sie ist leise und dringlich geworden und führt mich immer einsamere, dunklere, stillere Wege, von denen ich noch nicht weiß, ob sie in Lust oder in Leid enden sollen, die ich aber gehen will und gehen muß.

Ich hatte mir als junger Mensch das Mannesalter ganz anders vorgestellt. Nun ist es auch wieder ein Warten, Fragen und Unruhigsein, mehr Sehnsucht als Erfüllung. Die Lindenblüten duften, und Wanderburschen, Sammelweiber, Kinder und Liebespaare scheinen alle einem Gesetz zu gehorchen und wohl zu wissen, was sie zu tun haben. Nur ich weiß nicht, was ich zu tun habe. Ich weiß nur: weder die rechenschaftslose Seligkeit der spielenden Kinder noch das gleichmütige Vorübergehen der Wanderer, weder die dumpfe Trunkenheit der Liebesleute noch der sorgliche Sammelsinn der Blütenpflückerinnen ist mir beschieden. Beschieden ist mir, der Stimme des Lebens zu folgen, die in mir ruft, ihr zu folgen, auch wenn ich ihren Sinn und ihr Ziel nicht zu erkennen vermag und auch wenn sie mich immer mehr von der fröhlichen Straße hinweg in das Dunkle und Ungewisse führen will.

(Hermann Hesse, Bodensee, 1907, S. 180/182)

Hesses Versuch, am Bodensee ein gesichertes Leben zu führen, scheiterte; es war von Anfang an eine Selbsttäuschung. Das Gefühl, sich getäuscht zu haben, wird im Laufe der Gaienhofener Jahre immer stärker, macht sich Luft in vielen und langen Reisen, schließlich 1911 bis nach Indien. Als er von dieser Reise zurückkommt, wird ihm klar: „Ich hatte Gaienhofen erschöpft, es war dort kein Leben mehr für mich."

Rundgang/Literarischer Spaziergang:

Stadtplan Gaienhofen

1 Höri-Museum
(Dichter-Gedenk-
stätten Hesse/
Finckh)

2 Erstes Wohnhaus
Hesses
1904–1907 (privat)

3 Wohnhaus Finckhs
(privat)

4 Zweites Wohnhaus
Hesses
1907–1912
(heute Fremden-
heim Waentig)

5 Literarischer
Spaziergang

Als Ausgangspunkt ist der Kapellenplatz in der Ortsmitte von Gaienhofen günstig, dort liegt das Hesse-Haus direkt neben dem Höri-Museum. Wir schlagen vor, den Rundgang im Museum zu beginnen und
anschließend die ehemaligen Wohnhäuser der Dichter aufzusuchen.
Dabei müssen allerdings die Öffnungszeiten des Museums beachtet
werden.

Um auch einen Eindruck von der Bodenseelandschaft, die für
Hesses Dichtung so wichtig wurde, zu bekommen, sollte man einen

„literarischen Spaziergang" auf die Höhe hinter Gaienhofen unternehmen, von dort hat man den von Hesse oft beschriebenen weiten Blick auf die Seelandschaft.

Wer den vorgeschlagenen Spaziergang machen möchte, wendet sich vom Wohnhaus Finckhs gleich nach Norden, Richtung Grillplatz, und kommt erst am Ende des Spaziergangs zu Hesses zweitem Haus am Erlenloh.

1. Höri-Museum

Im „Südkurier" charakterisierte ein Journalist anläßlich der Eröffnung das Höri-Museum als „ein Museum für Wanderer, auf der Suche nach Spuren der Vergangenheit, nichts für Hektiker". Der Reiz des Intimen, ohne kleinlich oder provinziell zu sein, zeichnet dieses Museum aus, für das man sich Zeit nehmen sollte. Das Höri-Museum ist im ehemaligen Schulhaus untergebracht, und es ist ein großer Glücksfall, daß der stimmungsvolle kleine Platz davor, mit Hesse-Haus, Kapelle, altem Brunnen und Linde, noch so erhalten ist, wie er zu Hesses Zeit war.

Der literarische Teil des Museums befindet sich im ersten Stock. Im ersten Raum ist das ehemalige Arbeitszimmer Ludwig Finckhs untergebracht. Vieles davon ist erhalten: Einbauschränke, Schreibtisch, Schreibtischstuhl (der gleiche, den Hesse in seinem Arbeitszimmer im Haus am Erlenloh hatte) und Schreibmaschine (mit Frakturschrift). An den Wänden hängen Bilder und Grafiken der Malerfreunde, am Fenster zwei Fotografien von Hesse, die rechte hing immer in Finckhs Arbeitszimmer (Original im Hesse-Raum, Vitrine 2). In den Glasschränken links vom Eingang werden das Werk des Schriftstellers Ludwig Finckh, sein Einsatz für die Erhaltung des Hohenstoffeln und seine Teilnahme am dörflichen Leben (Höri-Musik) dokumentiert. Das holzgetäfelte Arbeitszimmer Finckhs, das der Konstanzer Graphikdesigner Erich Hofmann rekonstruierte, hat so gar nichts Museales, es ist gelungen, etwas von der persönlichen Atmosphäre des Dichters spürbar zu machen.

Obwohl die anschließenden Hesse-Gedenkräume kein so geschlossenes Ensemble zeigen können, entsteht durch die vielen Leihgaben (u. a. aus Marbach, Calw, Bern und Montagnola; zusammengestellt von Thomas Scheuffelen), unter denen sich viele persönliche Erinnerungsstücke befinden, ein lebendiges und umfassendes Bild von Hesses Gaienhofener Jahren.

Im letzten Hesse-Raum wurde eine Leseecke mit Büchern und Schallplatten eingerichtet. Der Besucher kann nicht nur schauen und aufnehmen, sondern sich gleich an Ort und Stelle aktiv mit Hesses Werk beschäftigen.

Da das Höri-Museum sich als Heimatmuseum versteht, sind in dem Gebäude außer den literarischen Gedenkstätten und der Gemeindebücherei auch eine Dokumentation der Ortsgeschichte, zwei historische bäuerliche Stuben, eine Ausstellung über Fasnachtsbrauchtum und (im Dachgeschoß) Ausgrabungsfunde aus der Jungsteinzeit untergebracht.

In der Galerie des Museums werden Bilder von Künstlern gezeigt, die während des Dritten Reiches Zuflucht auf der Höri gesucht haben. Es sind vor allem Arbeiten, die die Höri-Landschaft zum Thema haben. Unter den Künstlern sind so bekannte Namen wie Max Ackermann (1887–1975), Erich Heckel (1883–1970) und Otto Dix (1891–1969). Das Dix-Haus im benachbarten Hemmenhofen soll in Kürze zu einem Museum ausgestaltet werden.

2. Erstes Wohnhaus Hesses

Dies war also mein erstes Haus. Eigentlich freilich hatten wir bloß die Hälfte des Hauses gemietet, die andre Hälfte bestand aus Scheune und Stall, die der Bauer zur eigenen Verwendung behielt. Der Wohnteil des Fachwerkhauses bestand unten aus einer Küche und zwei Stuben, deren größere mit dem großen Kachelofen unser Wohn- und Speisezimmer war, rohe Holzbänke liefen der halben Wand entlang, es war dort warm und behaglich zwischen den Holzwänden. Das kleine Zimmer daneben war das meiner Frau, dort stand ihr Klavier und Schreibtisch. Eine primitive Brettertreppe führte ins obere Geschoß. Dort war, dem Wohnzimmer unten entsprechend, ein großer Raum mit zwei Fenstern übereck, aus denen, an der Kapelle vorbei, Stücke der Seelandschaft zu sehen waren; dies war mein Studierzimmer, darin stand der große Schreibtisch, den ich mir hatte bauen lassen und den ich als einziges Stück von damals noch heute habe, auch ein Stehpult stand wieder darin, und alle Wände voll von Büchern. Trat man ein, so mußte man auf die hohe Balkenschwelle achten; wer das außer acht ließ, stieß sich in der niedrigen Türe den Kopf an, es ist manchem passiert. Der junge Stefan Zweig mußte bei seinem Besuch sich erst eine Viertelstunde hinlegen und erholen, ehe er sprechen konnte, er war zu rasch und enthusiastisch eingetreten, als daß ich ihn noch vor der Schwelle hätte warnen können. Daneben waren auf diesem Boden noch zwei Schlafzimmer, und darüber ein großer Dachboden. Ein Garten war nicht bei diesem Hause, nur ein kleiner Grasfleck mit zwei, drei geringen Obstbäumen, dazu grub ich dem Hause entlang eine Rabatte und pflanzte Johannisbeersträucher und einige Blumen hinein. In diesem Haus habe ich drei Jahre gewohnt, während dieser Zeit ist mein erster Sohn zur Welt gekommen und sind viele Gedichte und Erzählungen entstanden. Im „Bilderbuch" und anderwärts findet sich manche Schilderung aus unserm damaligen Leben. Etwas, was kein späteres Haus mehr zu geben hatte, machte dieses Bauernhaus mir lieb und einzigartig: Es war das erste! Es war die erste Zuflucht meiner jungen Ehe, die erste legitime Werkstatt meines Berufes, hier zum erstenmal hatte ich das Gefühl von Seßhaftigkeit, und eben darum auch zuweilen das Gefühl der Gefangenschaft, des Verhaftetseins an Grenzen und Ordnungen; hier zum erstenmal ließ ich mich auf den hübschen Traum ein, mir an einem Orte eigener Wahl etwas wie Heimat schaffen und erwerben zu können. Und es geschah mit geringen und primitiven Mitteln. Nagel um Nagel in diesen Stuben habe ich selber eingeschlagen, und es waren nicht gekaufte Nägel, sondern die Kistennägel von unsrem Umzug, die ich Stück für Stück auf unsrer steinernen Hausschwelle geradegeklopft hatte. Ich habe die klaffenden Ritzen im Obergeschoß ausgestopft, mit Werg und mit Papier, und rote Farbe drüber gestrichen, ich habe in dem schlechten Boden bei der Hauswand gegen Trockenheit und Schatten um die paar Blumen gekämpft. Das Einrichten dieses Hauses war mit dem schönen Pathos der Jugend geschehen, mit dem Gefühl eigenster Verantwortlichkeit für unser Tun, und mit dem Gefühl, es sei fürs ganze Leben.

(Beim Einzug in ein neues Haus, Hesse, Bodensee, S. 23/24)

Das alte, einfache Bauernhaus, von dem Finckh meinte, daß es wohl nicht lange nach dem Brand des Dorfes im Dreißigjährigen Krieg erbaut worden sei, hatte entscheidende Vorzüge, auf die Hesse auf keinen Fall verzichten wollte: es lag in einer intakten dörflichen Umgebung und bot vom Fenster seines Arbeitszimmers den weiten Blick auf die Seelandschaft:

Eine Kunst aber, eine einzige, ist mir immer zu Gebote gestanden: die Kunst, schön zu wohnen. Seit der Zeit, da ich meinen Wohnort mir selber wählen konnte, habe ich immer eine charakteristische, große, weite Landschaft vor meinen Fenstern gehabt... Ein Dichter ist in vielen Beziehungen das anspruchloseste Wesen der Welt. Aber in anderen Beziehungen wieder verlangt er viel, und er stirbt lieber, als daß er verzichten würde. Mir zum Beispiel wäre es unmöglich zu leben, ohne daß die Umgebung meinen Sinnen wenigstens ein Minimum an echter Substanz, an wirklichen Bildern böte. In einer modernen Stadt, inmitten von kahler Nutzarchitektur, inmitten von Papierwänden, von imitiertem Holz, von lauter Ersatz und Täuschung zu leben, wäre mir vollkommen unmöglich, ich würde da sehr bald eingehen.

(Hermann Hesse, Wahlheimat, 1930)

Erstes Wohnhaus Hesses in Gaienhofen.

Zu den in diesem Haus, seiner „ersten legitimen Werkstatt", noch im Jahr des Einzugs entstandenen Texten gehört die Skizze „Ein Septembermorgen am Bodensee", deren Anfang nachfolgend abgedruckt ist:

Ein Septembermorgen am Bodensee

Die Nebelmorgen haben nun wieder begonnen, schon mit Anfang September. In den ersten Tagen waren sie beengend, düster und traurigmachend, so lange man noch das leuchtende Blau und Rotbraun der Hochsommermorgen frisch im Gedächtnis hatte. Sie schienen kalt, stumpf, freudlos, vorzeitig herbstlich und erweckten jene ersten, halb unbehaglichen, halb sehnsüchtigen Gedanken an Stubenwärme, Lampenlicht, dämmerige Ofenbank, Bratäpfel und Spinnrad, die jedes Jahr allzu früh kommen und die ersten Herbstschauer sind, ehe die fröhlichen und farbigen Wochen der Obst- und Weinlese sie wieder vertreiben und in ein nachdenkliches, erwärmendes Ernte- und Ruhegefühl verwandeln.

Nun ist man schon wieder an die Seenebel gewöhnt und nimmt es für selbstverständlich hin, daß man vor Mittag die Sonne nicht zu sehen bekommt. Und wer Augen dafür hat, genießt diese grauen Vormittage dankbar und aufmerksam, mit ihrem feinen verschleierten Lichterspiel, mit ihren an Metall und Glas erinnernden Seefarben und ihren unberechenbaren perspektivischen Täuschungen, die oft wie Wunder und Märchen und fabelhafte Träume wirken. Der See hat kein jenseitiges Ufer mehr, er verschwimmt in meerweite, unwirkliche Silberfernen. Und auch diesseits sieht man Umrisse und Farben nur auf ganz kleine Entfernungen, weiter hinaus ist alles in Wolke, Schleier, Duft und feuchtes Lichtgrau aufgelöst. Die ernsten, einzelstehenden, überaus charaktervollen Pappelwipfel schwimmen matt als fahle Schatteninseln in der nebligen Luft, Segelboote gleiten in unwahrscheinlichen Höhen geisterhaft über den dampfenden Wassern hin, und aus unsichtbaren Dörfern und Gehöften dringen gedämpfte Laute – Glockengeläute, Hahnenrufe, Hundegebell – durch die feuchte Kühle wie aus unerreichbar fernen Gegenden herüber.

Auch das ist seltsam und ergreifend, wie der Nebel alles Benachbarte und scheinbar Zusammengehörende trennt, wie er jede Gestalt umhüllt und abschließt und unentrinnbar einsam macht. Es geht auf der Landstraße ein Mann an dir vorbei, er treibt eine Kuh oder Ziege oder schiebt einen Karren oder trägt einen Korb, und hinter ihm her trabt wedelnd sein Hund, und du siehst ihn herkommen und sagst Grüß Gott, aber kaum ist er an dir vorbei und du wendest dich und schaust ihm nach, so siehst du ihn alsbald undeutlich werden und spurlos ins Graue hinein verschwinden. Nicht anders ist es mit den Häusern, Gartenzäunen, Bäumen, Scheunen und Weinberghecken. Du glaubtest die ganze Umgebung untrüglich auswendig zu kennen und bist nun eigentümlich erstaunt, wie weit jener Garten von der Straße entfernt liegt, wie hoch diese Mauer und wie niedrig jenes Häuslein ist. Hütten, die du eng benachbart glaubtest, liegen einander nun so ferne, daß von der Türschwelle der einen die andere dem Blick nicht mehr erreichbar ist. Und du hörst in nächster Nähe Menschen und Tiere, die du nicht sehen kannst, gehen und arbeiten und Rufe ausstoßen. Alles dies hat etwas Märchenhaftes, Fremdes, Entrücktes, und für Augenblicke empfindest du das Symbolische darin erschreckend deutlich. Wie ein Ding

dem andern und ein Mensch dem andern, sei er wer er wolle, unerbitt-
lich fremd ist, und wie unsere Wege immer nur für wenig Schritte und
Augenblicke sich kreuzen und den flüchtigen Anschein der Zusammen-
gehörigkeit, Nachbarlichkeit und Freundschaft gewinnen...
    (Hermann Hesse, Bodensee, S. 49/50)

Es ist interessant zu verfolgen, wie in diesen drei Abschnitten ein für
den Bodensee typisches und vom Dichter nuancenreich gestaltetes
Stimmungsbild ‚Nebel über der Seelandschaft' plötzlich eine neue Di-
mension erhält, da „das Symbolische darin erschreckend deutlich" wird.
Beschreibung mündet in Erfahrung der existentiellen menschlichen
Grundsituation von Isolierung und Einsamkeit des einzelnen, die ein
Grundmuster in Hesses Leben und Werk bildet. Der Text erscheint wie
eine Vorstufe zu dem kurz danach entstandenen bekannten Gedicht „Im
Nebel":

Im Nebel

Seltsam, im Nebel zu wandern!
Einsam ist jeder Busch und Stein,
Kein Baum sieht den andern,
Jeder ist allein.

Voll von Freunden war mir die Welt,
Als noch mein Leben licht war;
Nun, da der Nebel fällt,
Ist keiner mehr sichtbar.

Wahrlich, keiner ist weise,
Der nicht das Dunkel kennt,
Das unentrinnbar und leise
Von allen ihn trennt.

Seltsam, im Nebel zu wandern!
Leben ist Einsamsein.
Kein Mensch kennt den andern,
Jeder ist allein.
    (Hermann Hesse, Vom Baum des Lebens, S. 19)

3. Wohnhaus Ludwig Finckhs

Ludwig Finckh zog 1905 zu Hesse auf die Höri. Er erinnert sich rückblickend:

Ich hatte mich im Gasthof zum „Deutschen Kaiser" einquartiert, der trotz seinem blendenden Namen bisher nur von reisenden Geschäftsleuten und Handwerksburschen aufgesucht war, und hatte im Tag 20 Pfennige zu zahlen. Meist aber saß ich zum Abendbrot bei Hesses, – da taute er auf und las vor, – bei einem Glase roten Meersburger, – was er tagsüber geschafft hatte...

Ich hatte nach kurzer Zeit ein halb verfallenes Häuschen auf einer Anhöhe entdeckt, das leer stand und einem Schweizer in Steckborn gegenüber gehörte. Es wurde gemieden, denn es war zuletzt von einer alten Frau bewohnt gewesen, die im Rufe stand, hexen zu können. Ein Obstgarten, verwahrlost wie alles, schloß sich an, und ein Bach floß durch ein Tälchen am Abhang. Man hieß es das Döbele. An seinem südlichen Ende, – im Frühjahr erfüllt von Dotterblumen, Veilchen, Anemonen, Schlüsselblumen, – erhob sich, halb versteckt, am Weiher eine friedliche Mühle, die „Öle", in der ein riesiges hölzernes Wasserrad zu Zeiten in Gang gesetzt wurde.

Ludwig Finckhs Wohnhaus.

Dieses Döbele stach mir so in die Augen, daß ich beschloß, das Häuschen zu erwerben, sobald ich es vermochte. Der Fall war rasch entschieden. Hesse streckte mir das Geld vor, und da die Deutsche Verlagsanstalt in Stuttgart in kurzem mein Dreigespann herausbrachte, schien die Zukunft gesichert. Ich erstand die „Villa", wie die Gaienhofer sie spöttisch nannten, von Jean Ulmer und ging mit Feuereifer daran, Fenster und Türen zu streichen, die gestohlenen Läden zu erneuern und mich als Großgrundbesitzer zu fühlen.
(Ludwig Finckh, Himmel und Erde, S. 17/18)

Als Ludwig Finckh heiratete, wollte er das Häuschen ausbauen, aber während er und seine Frau auf Hochzeitsreise waren, brannte es bis auf den Grund nieder. Hesse berichtet:

...es war noch mitten in der Nacht, und unterm Fenster stand... Freund Bucherer und meldete mir, daß das kleine Häuschen, das Ludwig Finckh sich gekauft und soeben für seine junge Frau hergerichtet hatte, in Flammen stehe. Schweigend gingen wir durchs Dorf hinauf, da stand der Himmel hochrot, und das kleine putzige Hexenhäuschen, eben erst frisch ausgebaut, gemalt und eingerichtet, brannte vor unsern Augen bis zur letzten Schindel nieder, während sein Besitzer auf der Hochzeitsreise war und morgen eintreffen und seine Frau in das Haus einführen sollte. Als der Trümmerhaufen noch glühte und rauchte, mußten wir uns auf den Weg machen, um dem Freund entgegenzugehen und ihn und seine Frau mit der Unglücksbotschaft zu empfangen.
(Beim Einzug in ein neues Haus, Hermann Hesse, Bodensee, S. 25)

Sie beschlossen, an derselben Stelle neu zu bauen.

Auch Hesse hatte sich entschlossen, ein eigenes Haus zu bauen. Der gleiche Baumeister, Hans Hindermann aus Basel, der in Steckborn wohnte, wurde für beide Häuser erwählt, und die Gaienhofer wußten nicht mehr, wo sie die Maurer, Zimmerleute und Gesellen nehmen sollten, da ihre „Schriftsetzer" plötzlich Bauherren geworden waren.
Unser Haus sollte im ländlichen Stil bleiben und einen hohen Giebel der Seeseite zu bekommen, ins Täle und in die Schweiz hinüber schauend – ein Arbeits- und ein Schlafzimmer und nur eine einzige große Bauernstube, holzgetäfelt und von einem großen grünen Kachelofen zu heizen. Hesses Haus, durch einen schmalen Fußpfad im Döbele

von uns getrennt, südlich auf einer Anhöhe überm Erlenloh, als Stadthaus nach den Wünschen Mias gebildet, würde eine umfassende Aussicht über den ganzen Untersee haben.

So bauten wir in diesem Sommer miteinander um die Wette.

(Ludwig Finckh, Himmel und Erde, S. 26)

Finckh lebte mit seiner Familie bis zu seinem Tod 1964 in diesem Haus.

4. Zweites Wohnhaus Hesses

Hesses zweites Haus in Gaienhofen.

Von unsrem Bauernhaus nahmen wir einen langsamen und leichten Abschied, denn wir hatten beschlossen, uns nun selber ein Haus zu bauen. Es hatten sich dafür verschiedene Gründe eingefunden. Erstens waren unsre äußeren Verhältnisse günstig, und bei dem einfachsparsamen Leben, das wir führten, war jedes Jahr Geld zurückgelegt worden. Dann hatten wir schon lange Sehnsucht nach einem richtigen Garten, und nach einer freieren und höheren Lage mit weiter Aussicht. Auch war meine Frau viel krank gewesen, und es war ein Kind da, und solche Luxuseinrichtungen wie eine Badewanne und ein Badeofen schienen uns jetzt nicht mehr so ganz entbehrlich wie vor drei Jahren. Und, so dachten und sprachen wir, wenn unsre Kinder nun hier auf dem Lande aufwuchsen, so war es schöner und richtiger, wenn sie es auf eigenem Grund und Boden, im eigenen Haus, im Schatten eigener Bäume tun konnten.

Kurz, es war beschlossen worden, Land zu kaufen und zu bauen. Ein von Basel her befreundeter Architekt, Hindermann, war zur Verfügung, die Schwiegereltern gaben den größten Teil der Bausumme als Darlehen, Land war überall billig zu kaufen, ich glaube, das Quadratmeter kostete etwa zwei oder drei Groschen. So haben wir in unsrem vierten Bodenseejahr ein Grundstück gekauft und ein hübsches Haus darauf gebaut. Wir wählten einen Platz weit außerhalb des Dorfes, mit freier Aussicht über den Untersee. Man sah das Schweizer Ufer, die Reichenau, den Konstanzer Münsterturm und dahinter ferne Berge. Das Haus war bequemer und größer als das verlassene, es war Raum darin für Kinder, Magd, Gast; Schränke und Truhen wurden eingebaut, und wir brauchten das Wasser nicht mehr wie bisher vom Brunnen her zu tragen, es gab eine Wasserleitung im Haus, und unterm Boden einen Wein- und Obstkeller und eine Dunkelkammer für die Photographien meiner Frau, und noch dies und jenes Hübsche und Angenehme. Nachdem wir eingezogen waren, gab es auch Enttäuschungen und Sorgen, die Senkgrube war häufig verstopft, und in der Küche blieb das Altwasser im Schüttstein stehen und drohte überzulaufen, während ich mit dem herbeigeholten Baumeister vor dem Hause auf dem Bauche lag und mit Ruten und Drähten in den wieder aufgegrabenen Ablauföhren wühlte. Das Ganze aber bewährte sich und machte uns Freude, und wenn auch unser tägliches Leben ebenso einfach geführt wurde wie vorher, so gab es doch eine Menge von kleinem Luxus, den ich mir nie hätte träumen lassen. In meinem Arbeitszimmer war eine Bibliothek eingebaut und ein großer Mappenschrank. An allen Wänden drängten sich die Bilder, wir hatten jetzt manche Künstlerfreunde, kauften einiges und bekamen andres geschenkt. In den Räumen des weggezogenen Max Bucherer wohnten jetzt im Sommer zwei Maler aus München, Otto Blümel und Ludwig Renner, die wir gerne hatten und mit denen ich noch heute befreundet bin.

(Beim Einzug in ein neues Haus – H. Hesse, Bodensee, S. 25, 26, 28)

In diesem Studierzimmer entstanden der Musikerroman „Gertrud", große Teile des Landstreicherromans „Knulp" und die Erzählungen des Bandes „Umwege". Es ist auffallend, daß in diesen Werken der Bodensee als Thema der Dichtung keine so dominierende Rolle mehr spielt wie in den Texten der ersten Gaienhofener Jahre. Es sind nun nicht so sehr die Hesse umgebenden Landschaftsbilder, sondern die als immer drückender empfundenen Lebensumstände in Gaienhofen, die ihn als Schriftsteller beschäftigen. Hesses Gefühl, in der dörflichen Abgeschiedenheit in eine Sackgasse geraten zu sein, sich künstlerisch nicht weiterentwickeln zu können, wird in der Erzählung „Der Weltverbesserer" thematisiert und findet eine fiktive Lösung durch die Rückkehr des Helden in die Stadt. Die Problematik von Hesses sich immer schwieriger gestaltender Ehe (sie wurde 1923 geschieden) spiegelt sich sowohl als Seitenthema in „Gertrud" als auch in dem in Gaienhofen begonnenen und in Bern vollendeten Roman „Roßhalde".

Nur fünf Jahre lang bewohnte Hesse mit seiner Familie das Haus am Erlenloh, dann verkaufte er es an den Maler Walter Waentig. Das Haus ist heute noch im Besitz dieser Familie und wird als Fremdenheim geführt. Wer Lust hat, im einstigen Hesse-Haus zu wohnen, hat dazu Gelegenheit und kann vielleicht wie der Dichter den herrlichen Blick über den See von der Terrasse aus genießen. 1912 verließ Hermann Hesse Gaienhofen:

Hesse auf der Terrasse seines zweiten Hauses (Scherenschnitt).

Beinahe acht Jahre habe ich nun am Untersee zwischen Konstanz und Stein gewohnt, und wenn ich nun ans Abschiednehmen denke und zum letztenmal meinen Garten bestelle, so tue ich's nicht aus Müdigkeit, weil mir die Gegend verleidet wäre, sondern aus Bedürfnis nach Menschennähe. Die Landschaft des Untersees wird mir zeitlebens fehlen, es sprechen an wenigen Orten so stark wie hier zu jedem Fenster herein See und Wald, Himmel und Wiese zu mir. Ich weiß nicht, ob ich jemals wieder ein Studierzimmer finden werde, zu dem von allen Seiten eine so weite, lichte, unverdorbene Landschaft hereinschaut, und ich meine schon im voraus zu fühlen, wie der Anblick des weiten Wassers, über dem alle Lufterscheinungen so rein und farbig wirken, mir später überall fehlen wird. Auch denke ich beim Spaten und Rechen mit betrübten Zweifeln daran, daß ich kaum irgendwo wieder ein so rein ländliches Gärtnerleben werde führen können, wie ich es hier den größten Teil des Jahres hindurch getan habe.

Aber alles Schöne zumal kann man eben nirgends haben, und ich glaube zu wissen, was ich tue, wenn ich das alles zum Opfer bringe, um irgendwo in einer guten, nicht zu großen Stadt Freunde und Nachbarn, Gespräch und Musik zu finden...

...und dann will ich Abschied nehmen von meinem kleinen, grünen Ruderboot, von See und Rhein und von vielen Erinnerungen, deren beste ich doch mit mir nehmen werde und nie verlieren will.

(Untersee, Hermann Hesse, Bodensee, S. 252/255)

5. Literarischer Spaziergang

Der Weg führt am Finckh-Haus vorbei durch das Döbele, dann ansteigend durch Obstwiesen zum Aussichtspunkt auf der Höhe (ca. 10 Min.). Von hier hat man einen weiten Blick über die Höri auf den Untersee, die Insel Reichenau und das Schweizer Ufer mit dem Seerükken bis zum Konstanzer Münsterturm, bei guten Sichtverhältnissen bis zu den Schweizer Alpen im Hintergrund. Diese Landschaftseindrücke hat Hesse in seinen Texten verarbeitet, dabei häufig jedoch aus vielfältigen Einzeleindrücken zusammenfassend ein fiktives Landschaftsbild gestaltet, so daß eine direkte Zuordnung der Texte nicht möglich ist:

Und gestern, ich war allein noch wach im Haus, schlug mir der Wind so dringlich ans Fenster und über dem Kapellenturm flogen die Wolken so eilig und begierig durch die Nacht, daß ich nicht länger sitzen bleiben konnte. So nahm ich leise Mantel, Hut und Stock und ging hinaus. Da schrie der Sturm in der Höhe, unten schlug im Dunkeln der unruhige See, im ganzen Dorfe war kein Fenster mehr hell, und nur am Ufer schritt unwillig der Grenzwächter auf und ab, tief in den dicken Mantel gehüllt und mit aufgestelltem Kragen. Und als ich auf die erste Höhe kam, da lag weithin schwarzes Land und Wasser, See, dahinter der bleich scheinende Himmel gespannt, an dem die schweren Wolken stürmten. Die langen Bergzüge bückten sich im Schlaf und streckten da und dort fahle Traumhörner gegen den Himmel. Das ging wie eine breite heftige Woge über mein Herz, als bräche meine ganze Jünglingszeit mit aller Freiheit und Macht auf mich herein, höbe mich vom Boden und risse mich in unerhörte Weiten mit. O, du Wald, du stiller schwarzer Wald, und du Seeweite und du schlafende Insel im Wasser! O, ihr fernen Berge! Unvermerkt fiel ich in meinen Wanderschritt, als ob es in alle Fernen ginge, und die von der Nacht verhüllte Gegend lag als ein Märchenland verschwiegen um mich her. Bis nach einer Stunde der erste Kreuzweg kam. An diesem stand ich lachend still und dachte an mein Weib und an mein Haus, auch fiel mir ein, daß ich beim stürmischen Fortgehen die Lampe nicht gelöscht hatte. Die schien nun weiter, solange das Öl es vermochte, über die gelben Seiten eines alten Büchleins, über Tisch und Wände und durch die Scheiben ins schlafende Dorf hinaus.

(Herbstnächte, Hermann Hesse, Bodensee, S. 63)

Berge in der Nacht

Der See ist erloschen,
Schwarz schläft das Ried,
Im Traume flüsternd.
Ungeheuer ins Land gedehnt
Drohen die hingestreckten Berge.
Sie ruhen nicht.
Sie atmen tief, und sie halten
Einer den andern an sich gedrückt.
Tief atmend,
Mit dumpfen Kräften beladen,
Unerlöst in verzehrender Leidenschaft.
(Hermann Hesse, Unterwegs, S. 37)

Windiger Tag im Juni

Der See starrt wie Glas,
Am steilen Hügelhang
Weht silbern das dünne Gras.

Jammernd und todesbang
Schreit ein Kiebitz in der Luft,
Taumelt in zuckenden Bogen.

Vom anderen Ufer herübergeflogen
Kommt Sensengeläut und sehnlicher Wiesenduft.
(Hermann Hesse, Unterwegs, S. 21)

Vom Aussichtspunkt aus hat man verschiedene Möglichkeiten, nach Gaienhofen zurückzuwandern und Hesses zweites Wohnhaus am Erlenloh aufzusuchen: entweder in einem etwas weiteren Bogen, wie auf der Kartenskizze eingezeichnet, oder abkürzend: nach Süden hinab zum Grillplatz, dort rechts den schmalen Pfad in den Wald und die Holztreppen hinunter, dann in spitzem Winkel nach links den breiten Weg am Bach entlang abwärts, direkt auf den Hermann-Hesse-Weg zu (das Haus Nr. 2 ist das von Hesse erbaute Haus am Erlenloh).

Radolfzell/Mettnau – Joseph Victor von Scheffel

Scheffel hat zwei ganz verschiedene Abschnitte seines Lebens am Bodensee verbracht: 1854, als junger 28jähriger Mann, erwanderte er hier die Stationen seines Romans „Ekkehard" und schrieb ihn zum großen Teil in dieser Gegend, am Hohentwiel und am Wildkirchli. 20 Jahre später, als er seine dichterische Arbeit bereits aufgegeben hatte, baute er in Radolfzell ein Haus und lebte dort bis zu seinem Tod.

Der Verfasser von gefühlsseligen Dichtungen („Trompeter von Säkkingen", „Ekkehard"), von Kneip- und Kommersliedern („Gaudeamus", „Alt-Heidelberg du Feine", „Im Schwarzen Walfisch zu Askalon"), der deutsche Patriot – kann dieser Schriftsteller heute noch interessieren?

Scheffel war im späten 19. Jahrhundert der Lieblingsdichter der Deutschen, er wurde wie kein anderer Autor schon zu Lebzeiten enthusiastisch gefeiert. An seinem 60. Geburtstag wurde ihm zu Ehren die Heidelberger Schloßruine beleuchtet; als er am 9. April 1886 starb, glich seine Beerdigung einer Nationalfeier. Die Auflagen seiner Werke erreichten für damalige Verhältnisse schwindelerregende Höhen. Hundert Jahre später ist er so gut wie vergessen und das Verdammungsurteil eines Trivialautors über ihn gesprochen.

Die Ekkehard-Lektüre kann beide extremen Sichtweisen korrigieren. Scheffel war kein „großer" Dichter, aber „ein gescheiter und geschickter Epigone", der zwar dem Zeitgeschmack des späten 19. Jahrhunderts verhaftet blieb, aber dennoch ein Autor ist, den man auch heute noch mit Vergnügen lesen kann.

Wesentlich zu seiner Popularität als Dichter trug Scheffels lebenslange Wanderlust bei:

Im Zwielicht des Morgens entschreit ich dem Haus,
Und rück' halbverschlafen als Freibeuter aus,
In hohen Gedanken und Stiefeln.
Wohl trag ich die Büchse, doch jag ich kein Wild,
Nur hier und dort eine Stimmung, ein Bild,
Wie Zufall der Wandrung es bietet.
(J. V. v. Scheffel, Waldeinsamkeit – Erstes Blatt)

Wandern war für Scheffel die unverzichtbare Grundvoraussetzung für seine dichterische Arbeit: er mußte die Schauplätze, bevor er sie beschrieb, erwandern. Im Vorwort zu seiner Erzählung „Juniperus" (1866) hat er diesen für seine Arbeitsweise wichtigen Zusammenhang zwischen Schreiben und Wandern programmatisch formuliert:

Scheffel als Wanderer 1882.

Nach Ansicht eines Großvaters deutscher Chronikschreibung, des wackeren Johannes Aventinus, soll ein rechtsinniger Historiographus und Lehrer der freyen Künst nicht allein Buchkammern und Kästen fleißig durchsuchen; allerlei Handschriften, alte Freyheit, Uebergabbrieff, Chronica, Ruff, Reimen, Sprüch, Lieder, Abenthewer, Gesäng, Betbücher, Meßbücher, Salbücher, Calender, Todtenzettel, Regyster der Heyligenleben durchlesen und abschreiben, sondern auch in eigener Person Hitze und Kälte, Schweiß und Staub, Regen und Schnee, Winter und Sommer erleiden, der alten und zerbrochenen Stätt, Flecken und Burgstall Gelegenheit erforschen und erfinden, alle Stift und Klöster durchfahren, Heiligthumb, Seulen, Bildniß, Creutz, alte Stein, alte Müntz, Gräber, Gemäld, Gewölb, Oestrich, Kirchen, Ueberschriften besuchen und besichtigen und überhaupt seine besseren Gedanken wandernd und schauend auszudenken bestrebt sein.

Solche Vorschrift für richtig und weise erachtend, hat auch der Schreiber dieses Vorworts jezuweilen seine Bücherei abgeschlossen, die Reisetasche des Fahrenden umgehangen und gleich dem alten Aventinus manch eynen Winkel durchloffen und durchkrochen.

(J. V. v. Scheffel, Sämtl. Werke, 2. Bd., S. 7/8)

Die gleiche Arbeitsweise gilt auch für den Roman „Ekkehard". Scheffel hat auch hier, dem Aventinus folgend, nach dem Durchsuchen der „Buchkammern" in der St. Galler Klosterbibliothek „die Reisetasche des Fahrenden umgehangen" und am Bodensee die Handlungsorte des Romans „durchloffen". Wissenschaftliche Studien brachten ihn auf den Stoff, den er zu einem historischen Roman verarbeitete: Mit einer Habilitationsschrift über mittelalterliche Rechtsgeschichte beschäftigt, stieß er in der Klosterbibliothek von St. Gallen auf die „Casus Sancti Galli", die Klostergeschichten, die Ekkehard IV. um 1050 als Fortsetzung der von Ratpert begonnenen Klosterchronik geschrieben hatte. Dort wird im 90. Kapitel von Hadwig, der Witwe des Schwabenherzogs Purchard, berichtet, die den St. Galler Mönch Ekkehard (II.) für einige Zeit als Lehrer, als „ihren Meister", auf den Hohentwiel holte. Über diese Quelle schreibt Scheffel im Vorwort zum „Ekkehard":

Ohne es aber zu beabsichtigen, führen jene Schilderungen zugleich über die Schranken der Klostermauern hinaus und entrollen das Leben und Treiben, Bildung und Sitte des damaligen alemannischen Landes mit der Treue eines nach der Natur gemalten Bildes.

Daß ihn dieser Stoff zu einer „Verdichtung" reizte, hängt sicher nicht unwesentlich damit zusammen, daß die Großmutter Scheffels, die aus Rielasingen am Fuße des Hohentwiels stammte, dem Kind schon früh durch das Erzählen der Sagen vom Hohentwiel eine tiefe Zuneigung zu dieser Landschaft und ihrer Geschichte vermittelt hatte.

„Ekkehard" ist ein typisches Beispiel des historischen Romans in der Tradition von Walter Scott („Ivanhoe") und Wilhelm Hauff („Lichtenstein"). In seiner Verbindung von Fiktion und wissenschaftlichem Anstrich – Scheffel gab seinem Werk beinahe 300 Anmerkungen und Quellennachweise bei – entsprach es dem seit der Romantik ausgeprägten Geschichtsbewußtsein des 19. Jahrhunderts.

Der Erfolg von Scheffels Roman war beispiellos; besonders nach 1870 wuchsen die Auflagenzahlen und machten den „Ekkehard" zum meistgelesenen historischen Roman überhaupt. In der Druckerei von Scheffels Verleger Bonz in Stuttgart stand eine Schnellpresse, auf der ausschließlich Scheffels Werke gedruckt wurden. Es war das bildungsbeflissene deutsche Bürgertum, das den „Ekkehard" zu einem Bestseller machte, aber es ist bemerkenswert, daß zum Beispiel auch Theodor Fontane den Roman schätzte und eine sehr positive Rezension schrieb:

„Ekkehard" zählt zu den besten Büchern, die ich gelesen. Man empfängt einen ganz reinen Eindruck. Die Himmelsluft, in der Kunst und Schönheit zu Hause sind, weht durch das Ganze. Eine befreundete Dame schrieb mir darüber: „An diesem reizenden, aber auch zugleich äußerst geschmacklosen Buche konnte nur die Gedankenlosigkeit unserer Zeit ernsthaft Gefallen finden. Alles Beschreibende und Lokale ist entzückend, alles Historische unwahr, unmöglich." Ich halte dieses Urteil nur in seinem Lobe für richtig, in seinem Tadel keineswegs.

„Geschmacklos", wenn ich meinen Geschmack befrage, ist das Buch sicherlich nicht. Es ist im Gegenteil geschmackvoll, nur daß diese Bezeichnung nicht ausreicht für alle seine Tugenden. Es ist fein, kenntnisreich, gerecht, humoristisch, eine Poetenarbeit durch und durch. Es berührt einen doppelt wohltuend, einmal von Natur, dann von Kunst wegen. Aus einer dichterisch liebenswürdigen Natur heraus geboren, ist es in der Art seiner künstlerischen Gestalt nahezu vollendet. Es erinnert an Walter Scotts allerbeste Arbeiten. An Kunst und Studium ist Scheffel ihm überlegen, an feinem Humor ihm ebenbürtig, ebenso an Schilderungskraft und Lokalpatriotismus. Was Scott voraus hat, ist die schöpferische Fülle; eine Erzählung, wie Scheffel sie einmal geschrieben, schrieb Scott in seiner glänzendsten Zeit in drei Monaten. Aber als Einzelleistung kann „Ekkehard" neben dem „Waverley" bestehen.

„Alles Historische ist unwahr und unmöglich", so das eben angeführte Urteil. Der Beweis dafür dürfte sehr schwer anzutreten sein. Daß das Buch ein Resultat der liebevollsten und ernstesten Studien ist, darüber kann nicht gut ein Zweifel sein. Der Text beweist es, noch mehr die Anmerkungen, die selber wieder ein kleines Buch füllen würden. Die Studien allein machen es freilich nicht, ein historischer Blick und ein rückwärts gewandtes prophetisches Ahnungsvermögen müssen hinzukommen. Aber diesen Blick und dies Ahnungsvermögen haben echte Poeten fast immer. Wenn mit Recht gesagt worden ist, der große Historiker müsse immer auch Poet sein, so ist es ebenso wahr, daß jeder echte Poet ein Verständnis für das Historische mitbringt. Wem sich das Leben erschließt, dem erschließen sich auch die Zeiten. Denn zu allen Zeiten wurde gelebt. Hier steckt, glaube ich, die eigentlichste Bedeutung dieses Buches. Diese Gestalten aus dem 10. Jahrhundert sind auch Menschen, Menschen von Fleisch und Bein, ausgerüstet mit denselben Zügen, gut und schlecht wie wir selber. Die Unterschiede liegen im „Kostüm", in der Welt der äußerlichen Dinge, nicht im Innerlichen. Man liebte und haßte, hoffte und bangte, geradeso wie heut. Wer die Menschen in einsamen Tälern, auf Alpen und an Stranddünen aufmerksam beobachtet hat, wird nicht sehr in die Irre gehen, wenn er sagt: So waren die Leute vor tausend Jahren auch. (Theodor Fontane, Sämtl. Werke, 1. Bd., S. 404 ff.)

Die letzten 14 Jahre seines Lebens verbrachte Scheffel in Radolfzell am Bodensee. „Portum inveni" – ich habe den Hafen gefunden – ist das Motto, das er diesem Lebensabschnitt gegeben hat. Im Sommer 1871 war Scheffel mit seinem Verleger Bonz auf dessen Sommersitz in Radolfzell. Im gleichen Jahr erwarb er ein Badegrundstück auf der Mettnau, auf dem er 1872/73 ein Haus baute. Er verwirklichte jetzt, was er zehn Jahre vorher als Vision entworfen hatte: „Wenn ich mein Leben frei gestalten könnte, würde ich ein abgeschiedenes Häuslein im Gebirge oder an einem See bewohnen, und die Städte nur ausnahmsweise betreten." (Scheffel, Geburtstagsbrief v. 16. 2. 1863)

Das 1863 erträumte „abgeschiedene Häuslein" geriet zur respektablen, im italienischen Stil gehaltenen Villa „Seehalde". Dazu kam 1876 der Kauf des alten Rebgutpächterhauses auf der Mettnau, samt der gesamten Halbinsel mit Jagd- und Fischereirechten, und der Bau des „Scheffelschlößchens".

Der „Herr auf Mettnau", wie Scheffel genannt wurde, hat in den Radolfzeller Jahren nichts Nennenswertes mehr geschrieben. Von seiner damaligen junkerhaften Lebensweise (Verwaltung seines Gutes, Jagd und Fischfang) geben Briefe Scheffels ein anschauliches Bild: „Ich bin an frischer Luft, mit Obstbaumpflanzen, Weinlese, Fischfangen langsam erquickt und erholt, dem Tintenfaß fremd geworden." – „Ich habe hier kaum fünf Bücher und will in der Natur der Gesundheit leben."
Ganz so unbeschwert waren die Radolfzeller Jahre für Scheffel aber nicht. Die Diskrepanz zwischen seiner Stellung als gefeiertem Dichter und der Tatsache, daß er neben drittklassigen Huldigungs- und Widmungsgedichten nur noch eine größere Arbeit fertigstellen konnte, war ihm sicher bewußt. Der persönlich eher scheue Scheffel litt auch unter der Zudringlichkeit seiner Verehrer. Die Fütterung der Raubtiere sei zwischen elf und zwölf Uhr, ließ er einer Gruppe von Einlaß begehrenden Verehrerinnen ausrichten.

Rundgang/Literarischer Spaziergang:

Stadtplan Radolfzell

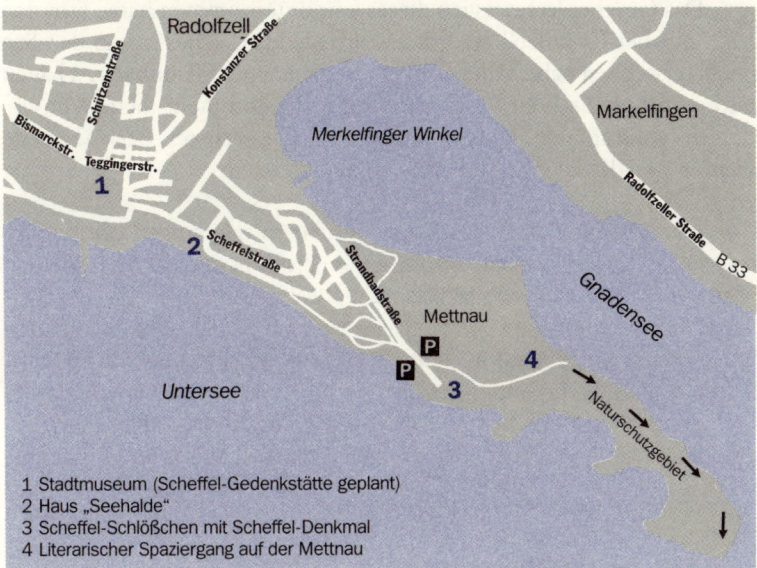

1 Stadtmuseum (Scheffel-Gedenkstätte geplant)
2 Haus „Seehalde"
3 Scheffel-Schlößchen mit Scheffel-Denkmal
4 Literarischer Spaziergang auf der Mettnau

1. Stadtmuseum mit Scheffel-Gedenkstätte

Im Stadtmuseum in Radolfzell soll eine Scheffel-Gedenkstätte eingerichtet werden. Geplant ist ein Raum, in dem eine Auswahl aus den heute noch magazinierten reichen Beständen an Zeugnissen aus Scheffels Radolfzeller Zeit ausgestellt werden soll: Originalmanuskripte, Erstausgaben bzw. Prachtausgaben des Verlags Bonz, Originalzeichnungen des mit Scheffel befreundeten Malers Anton von Werner u. a.

Die weiteren Stationen des Rundgangs befinden sich alle auf der Halbinsel Mettnau. Von der Radolfzeller Altstadt fahren Sie den Schildern „Mettnau" nach, überqueren die Bahnlinie und befinden sich bereits in der Scheffelstraße. Das Haus Nr. 14, heute Staatl. Forstdirektion, ist das ehemalige Wohnhaus Scheffels.

2. Haus „Seehalde"

Am 22. Dezember 1871 schreibt der Dichter an seinen Freund Anton von Werner:

Das Gescheidest, was ich dieses Jahr unternommen habe, war, daß ich... mir bei Radolfzell ein Stück Gartenland, welches bis an den See reicht, erworben habe. Auf dieses ein bescheidenes Wohnhaus zu bauen und später idyllisch einzurichten, wird mehr und mehr mein Wunsch, da ich vollkommen karlsruhmüde bin. Die Fenster der Westseite werden gerade auf den Hohentwiel gerichtet sein.

Die „Villa Seehalde", umgeben von einem parkartigen Garten, der bis an das Seeufer reicht, ist baulich in ihrem ursprünglichen Zustand erhalten. Scheffel bewohnte dieses stattliche und gar nicht „bescheidene" Haus, abgesehen von zeitweiligen Gästen, allein, nur mit seinem Sohn Viktor, seine Ehefrau hatte sich von ihm getrennt. Wenn man bedenkt, daß er außerdem noch das nur zwanzig Minuten entfernte „Schlößchen" auf der Mettnau als Landsitz bewohnte, kann man sich eine Vorstellung von Scheffels großbürgerlicher Lebensweise machen.

Scheffels Villa „Seehalde".

Von der Villa Seehalde fahren Sie wieder zurück bis kurz vor die Bahntrasse, biegen nach rechts ein und fahren die Strandbadstraße hinaus bis zu den letzten Parkplätzen am Kurzentrum. Von dort sind es nur wenige Schritte bis zum „Scheffelschlößchen", vor dem heute eine Büste des Dichters aufgestellt ist.

3. Scheffel-Schlößchen mit Scheffel-Denkmal

Auch dieses Haus ist baulich unverändert, verändert hat sich aber die Umgebung. Der Kurbetrieb auf der Mettnau hat nichts von der ursprünglichen Ruhe und Abgeschiedenheit der Scheffelzeit übriggelassen. Heute wird das Haus von der Kurverwaltung Mettnau als Gästehaus genutzt; es ist werktags geöffnet. In den Räumen ist noch die ursprüngliche, im Stil der Neogotik und Neorenaissance gehaltene Holztäfelung und zum Teil die Ausstattung erhalten. Im Treppenhaus erinnern Bilder und Dokumente an den einstigen Besitzer. Scheffels Arbeitszimmer oben im Turm, mit der von ihm gerühmten herrlichen Aussicht, ist heute das Arbeitszimmer des Kurdirektors. Im Erdgeschoß sind die beiden zum See hin liegenden Zimmer, Scheffels ehemalige Trinkstube und das Jagd- und Kaminzimmer, zugänglich.

Im Arbeitszimmer des Dichters entstand aber außer Gelegenheits- und fragwürdigen Widmungsgedichten nur noch eine größere Arbeit: 1878 erschien „Waldeinsamkeit", Stimmungsbilder, in die auch Eindrücke der Seelandschaft eingegangen sind.

Auch wenn beim Scheffelschlößchen nichts mehr von der ursprünglichen Einsamkeit dieser Landschaft zu spüren ist, so kann doch ein Spaziergang zur Spitze der Halbinsel, je nach Tages- oder Jahreszeit, noch etwas davon vermitteln.

Scheffelschlößchen auf der Mettnau.

4. Spaziergang auf der Halbinsel Mettnau

Der Weg (hin und zurück 1 Stunde) führt links vom Scheffel-Schlöß-chen zunächst zum Mettnau-Turm. Bis hierher ist das Naturschutzgebiet immer zugänglich. Vom Turm hat man einen umfassenden Blick über die Halbinsel und auf Radolfzell. Besonders schön und ursprünglich wird der Weg von da an. Leider ist das Gatter rechts vom Turm nicht immer geöffnet. (Zur Brutzeit der Wasservögel ist das Gebiet nicht zugänglich.) Der Weg führt durch ein ursprüngliches Schilf- und Moorgelände bis zur Spitze der Halbinsel, einem herrlichen Aussichtsplatz: Der Untersee öffnet sich hier weit, gegenüber liegt die Westspitze der Insel Reichenau, südlich das Schweizer, nördlich das Allensbacher Ufer. Hier ist „Moengals Revier"!

Im Moengal-Kapitel des „Ekkehard" nimmt der junge Scheffel in der Lebensweise des Leutpriesters von Radolfzell seine eigene Lebenshaltung ein Vierteljahrhundert später vorweg:

Der Fährmann steuerte rüstig vorwärts. Schon waren sie dem Ufervorsprung, der die Zelle Radolf's und die wenig umliegenden Behausungen trägt, nahe. Da trieb ein seltsam Schifflein im See, roh, ein hohler Baumstamm, aber ganz verdeckt und überbaut mit grünem Gezweig und Schilfrohr, und war kein Ruderer zu erschauen, der es lenkte. Der Wind schaukelte es dem Geröhricht am Gestade entgegen.

Ekkehard hieß seinen Fergen das absonderliche Fahrzeug anhalten. Da stieß derselbe mit seiner Ruderstange in die grüne Verhüllung.

Pest und Aussatz Euch in's Gebein! fluchte es mit tiefer Stimme aus der Höhlung hervor, oleum et operam perdidi, Hopfen und Malz ist verloren. Wildgans und Kriekente sind des Teufels!

Ein Zug Wasservögel, der mit heiserem Geschnatter in der Nähe aufstieg und landeinwärts flog, bestätigte des Fluchenden Ausspruch.

Im Buschwerk des Sch700leins aber knisterte es und hob sich auf, ein wettergebräuntes runzeldurchfurchtes Antlitz schaute herüber, um den Leib schmiegte sich ein verblichen geistlich Kleid, das, an den Knien mit unsicherem Messerschnitt gekürzt, zerzaust herabhing; im Gürtel stak ein Köcher statt des Rosenkranzes, die gespannte Armbrust lag auf des Sch700leins Vorderteil.

Pest und Aussatz – wollte des Fahrzeugs Insasse nochmals anheben, da schaute er Ekkehards Tonsur und Benediktinergewand und änderte den Ton: Hoiho! salve confrater! Beim Bart des heiligen Patrik von Armagh, so mich Euer Fürwitz noch eine Viertelstunde länger ungehindert gelassen, könnt' ich Euch zu einem waidlichen Bissen Seewildbret einladen. Mit Bewegung schaute er den in die Ferne streichenden Wildenten nach.

Ekkehard aber hob lächelnd den Zeigefinger: ne clericus venationi incumbat! Kein Geweihter des Herrn soll der Jagd pflegen.

Stubenweisheit, rief der andere, gilt nicht bei uns am Untersee. Seid Ihr etwann gesendet, beim Leutpriester zu Radolfszelle Kirchenschau zu halten?

Beim Leutpriester zu Radolfszelle? frug Ekkehard. Steht hier der Bruder Marcellus vor mir? Er tat einen Seitenblick auf des Waidmanns rechten Arm, an dem sich die Kutte zurückgestreift hatte; in rauhen Linien war ein von einer Schlange umwundenes Heilandbild eingeätzt und stund mit punktierten Buchstaben drüber Christus vindex.

Bruder Marcellus? lachte der Gefragte und strich mit der Hand über die Stirn, fuimus Troes, willkommen in Moengals Revier!

Er stieg aus seinem hohlen Baum in Ekkehard's Schiff hinüber: Der heilige Gallus soll leben! sprach er und küßte ihn auf Wange und Stirn, lasset uns an's Land fahren, Ihr seid mein Gast, wenn auch ohne Wildenten.

Das Gestad von Radolf's Zelle war erreicht: eine dünne, nur auf einer Seite geprägte Silbermünze stellte den Fährmann zufrieden. Sie gingen an's Land. Wenig Häuser und schmucklose Fischerhütten standen um das Grabkirchlein, das Radolf's Gebeine birgt.

Wir sind an Moengals Pfarrhaus, sprach der Alte, tretet ein. Ihr werdet hoffentlich dem Bischof zu Konstanz keinen Bericht von meinem Hauswesen erstatten, wie jener Dekan von Rheinau, der behauptete, er habe bei mir Krüge und Trinkhörner von einer jedem Zeitalter verhaßten Größe erschauen müssen.

Sie traten in eine holzgetäfelte Halle. Hirschgeweih und Auerochsenhörner hingen über dem Eingang, Jagdspieße, Leimruten, Fischgarne lehnten in malerischer Unordnung an den Wänden, an das umgestürzte Fäßlein im Winkel schmiegte sich der Würfelbecher: wäre es nicht des Leutpriesters Behausung gewesen, so hätte füglich auch der Förster des kaiserlichen Bannwaldes hier wohnen können.

In kurzem stund ein Krug säuerlichen Weines auf dem Eichentisch, auch Brot und Butter lieferte die Vorratskammer. Dann kam der Leutpriester aus der Küche zurück, hielt sein Gewand wie eine gefüllte Schürze und schüttete einen Platzregen von geräucherten Gangfischen vor seinen Gast. Heu quod anseres fugasti, antvogelosque et horotumblum! Weh, daß du mir die Wildgänse verscheucht, und die Enten samt der Rohrdommel! sprach er, aber wenn einer nur die Wahl zwischen Gangfisch und garnichts hat, greift er immer noch zum ersten. (...) Wie ich hier im Schweiß meines Angesichtes den Tannenbaum fällte und den Nachen zimmerte und den Strichvogel aus den Lüften herunterholte, da ist mir ein Licht aufgegangen, was gesund sein heißt – Fischfang und Waidwerk beizen die unnützen Mücken aus dem Kopf – so stehe ich seit dreißig Jahren der Zelle Radolfi vor, rusticitate quadam imbutus, einer gewissen Verbauerung ausgesetzt, was verficht's? Ich bin gleich der Kropfgans in der Wüste, gleich der Eule, die in Trümmern nistet, sagt der Psalmist, aber frisch und stark, und der alte Moengal gedenkt sobald noch nicht ein stummer Mann zu werden und weiß, daß er wenigstens vor einem Unglück sicher sein darf...

Was meint Ihr für ein Unglück? frug Ekkehard.

Daß ihm Sankt Petrus dereinst den himmlischen Torschlüssel vor die Stirn schlägt und spricht: hinaus mit dir, der du unnütz und eitel Philosophie getrieben!

(J. V. v. Scheffel, Ekkehard, 6. Kap., S. 64–68)

Eine ganz andere Seite Scheffels zeigt das Gedicht „Winterdämmern". Es gibt eine landschaftliche Stimmung des Bodensees wieder, die der Reisende so nicht erleben wird, da er wahrscheinlich nicht im Winter und hoffentlich nicht bei Nebel am See ist:

Nebel tanzen auf den Wellen
Und im Duft entschwand das Land...
Heute will der Tag nicht hellen,
Mondbleich losch der Sonne Brand.

Wie ein Spiegel, dran man hauchte,
Starrt die Flut umtrübt und fahl,
Und in gleiche Trübnis tauchte
Ferne, Strand und Mühlental.

Wilde Enten flieh'n und fludern
Schwarmweis' aus dem Schilfbereich...
Wohlgeordnet ist ihr Rudern,
Starken Schiffsgeschwadern gleich.

In der uferlosen Weiten
Silbergrauem Dämmerschein
Laß auch ich mein Fahrzeug gleiten,
Dämmrung hüllt mich selber ein.

Fische fangen, Vogelstellen,
Dichter sein... o Wind und Tand!
...Nebel tanzen auf den Wellen,
Und im Duft entschwand das Land!
(J. V. v. Scheffel, Sämtliche Werke, 3. Bd., S. 77)

Das Lebensgefühl Scheffels in seiner Bodenseezeit schließt beide Haltungen ein, sowohl die unbeschwerte, vitale Moengals als auch die resignative des Gedichts. Die letztere überwiegt gegen Ende seines Lebens:

Seit den idyllischen Tagen, die ich in Ihrem Hause in Seon verlebte, ist Freud und Leid in starkem Wechsel über mich ergangen. Die Ehren der Welt haben keinen grossen Eindruck gemacht; im rauhen Getrieb des realen Lebens, das ich durch Ansiedelung am Untersee und ungesegneten Betrieb von Weinbau und Landwirtschaft bös kennen lernte, nehmen auch die Musen keine dauernde Heimstatt mehr und so merke ich allmählich, dass der Zenit lang schon überschritten ist und viel Gutes kaum mehr nachfolgen wird. Ruhe und täglich neue Freude bietet die Natur, da ich aus den Fenstern der Seehalde bei Radolfzell von den Bergen des Hegau bis zum Schnee des Glärnisch und der rhätisch-vorarlberger Alpen schaue.
(Brief Scheffels vom 4. 12. 1882)

Wer nicht die Ekkehard-Rundfahrt als ganzes unternehmen will (vgl. S. 260 ff.), macht von Radolfzell einen Abstecher zum Hohentwiel, einem wichtigen Schauplatz von Scheffels Roman „Ekkehard" (vgl. S. 275 ff.).

Insel Reichenau – Pirmin/Walahfrid Strabo

Reichenau, grünendes Eiland, wie bist du vor andern gesegnet,
Reich an Schätzen des Wissens und heiligem Sinn der Bewohner,
Reich an des Obstbaums Frucht und schwellender Traube
                                              des Weinbergs:
Immerdar blüht es auf dir und spiegelt im See sich die Lilie,
Weithin schallet dein Ruhm bis ins neblige Land der Britannen.
(zitiert nach Peter Faessler, Bodensee u. Alpen, S. 54)

So schwärmte bereits im 9. Jahrhundert Ermenrich, Abt des Klosters
Ellwangen und ehemaliger Schüler der Reichenauer Klosterschule. Tau-
send Jahre später, 1827, rühmte Gustav Schwab in seinem Bodensee-
Handbuch die natürliche Fruchtbarkeit der Insel:

Wenn die Insel Maynau den Wandrer für Augenblicke der wirklichen Welt entreißt und in ein fremdes Zauberland zu versetzen scheint,
so macht dagegen die Insel Reichenau einen fast entgegengesetzten,
aber darum in seiner Art nicht weniger wohlthuenden Eindruck. Es
liegt demselben nehmlich durchaus nichts Feenhaftes zum Grunde,
vielmehr ist dem Reisenden, wenn er diese große und wohnliche Insel
betritt, zu Muthe, als wenn ihn eine wohlbekannte Heimath, deren
Reize ihm längst vertraut und eben dadurch so lieb sind, aufnähme. Der
Segen der Natur, den sie mit nicht weniger verschwenderischer Hand
auch diesem Eilande gespendet, ist doch hier nicht so ungewöhnlich
concéntriert; er hat mehr Raum sich auszubreiten, und wenn auf
Maynau die verlassene Commende einem Feenschlosse gleicht, dessen
unsichtbare Besitzerin, die alleinige Herrin seines Wundergartens und
seiner Früchte zu seyn scheint, wenn dort kein Fußtritt an irdische
Bewohner mahnt: so haben sich auf Reichenau eine Menge glücklicher
Sterblichen in den Überfluß getheilt, zwischen Rebenhügeln, Wiesen
und Obstgärten nach allen Seiten hinlaufende Wege angelegt, Gärten
und Felder umzäunt und abgetheilt, und unzählige Hütten über die
Insel ausgestreut.
(zitiert nach Max Schefold, Die Bodenseelandschaft, S. 90)

Auch für den heutigen Reisenden ist die Reichenau ein faszinierendes Erlebnis. Die ehemalige Klosterinsel bietet ihm drei verschiedenartige Höhepunkte: landschaftliche Schönheiten vom Uferwanderweg aus; Kunstschätze von außergewöhnlichem Rang, wie z. B. in St. Georg in Oberzell den einzigen erhaltenen Zyklus frühmittelalterlicher Monumentalmalerei nördlich der Alpen; und schließlich literarische Kostbarkeiten aus dem 9. Jahrhundert, u. a. Walahfrid Strabos Buch vom Kräutergarten.

Die Fruchtbarkeit und Kultiviertheit der Insel ist, wie an anderen Orten auch, das Ergebnis jahrzehntelanger harter Arbeit der ersten Mönche, die eine unzugängliche Wildnis auf der Insel vorgefunden hatten. Diese Urbarmachung wird in der Gründungssage der Reichenau in der für das Mittelalter typischen Bildhaftigkeit erzählt: Auf der Suche nach einem geeigneten Platz für ein Gotteshaus kam der Klostergründer Pirmin mit einem gewissen Sintlaz an den See:

Darauf sprach Pirmin: „Mich bedünkt, ich sehe in der Nähe eine Insel, zum Dienste Gottes geeignet, die wir leicht zu Schiff erreichen mögen. Laßt uns dahin eilen, damit uns Gott dort seine Gnade offenbare." Sintlas antwortete: „Das möge nicht geschehen, heiliger Vater, denn diese Insel ist der Schlangen, Kröten und grausamen Würmer Höhle, Heimat und Besitzung, kein Mensch hat dort je Wohnung gehabt." Da sprach der heilige Vater Pirmin: „Was redest du, Kleingläubiger? Das Erdreich ist des Herrn mit allem, was darin lebt und wohnt. Hat nicht Christus Jesus seinen Auserwählten Gewalt gegeben, über den Aspiden und Basilischgen zu wandeln und auf den Löwen und den Tracken zu treten?" Nun hinderte ihn Sintlas nicht, die Schiffe zu besteigen. „Sowie der heilige Priester auf die Insel kam, haben die Scharen der giftigen Tiere und Würmer, wie von widerwärtiger Kraft bezwungen, flüchtig die Insel verlassen, eine große Zahl und Menge von ihnen fuhr hinweg; drei Tage und Nächte schwammen sie über den See, der ganz von ihnen bedeckt war. Keines von ihnen ward je mehr gesehen."

„Mit Rütthauen, Bickeln, Karsten und Schaufeln" wurde die Insel von allen unnützen Dornen befreit, „und ist in kurzer Zeit ein wundersamer Platz und eine geschickte Wohnung der Menschen da geworden, wo vormals die Löcher und Höhlen der unmenschlichen Eggaisen und Würmer waren."

(Gallus Öhem um 1500, zitiert nach O. Feger, Geschichte des Bodenseeraumes)

Soweit die Gründungssage, die auch auf dem Jubiläumsbild von 1624 (900-Jahr-Feier), das im rechten Seitenschiff des Münsters hängt, dargestellt ist.

Die genauen historischen Vorgänge der Klostergründung sind zwar nicht völlig geklärt, da Quellen zur frühen Geschichte der Reichenau nur spärlich überliefert sind, aber es ist unbestritten, daß es sich hier von Anfang an um eine bewußt politische Gründung gehandelt hat, im Unterschied etwa zum Kloster St. Gallen, das aus der unscheinbaren Zelle eines frommen Einsiedlers gewachsen ist. Die Entstehung des Inselklosters hängt eng mit der Reichspolitik der Karolinger in der ersten Hälfte des 8. Jahrhunderts zusammen. Um die Eingliederung des noch kaum christianisierten alemannischen Herzogtums ins fränkische Reich abzusichern, begann der Hausmeier Karl Martell eine zentralistisch angelegte Neuorganisation der Kirche im rechtsrheinischen Gebiet. Ziel dieser Reform war eine enge Verbindung der Bistümer und Klöster mit dem fränkischen Reich. Wahrscheinlich im Auftrag Karl Martells gründete 724 der Westgote Pirmin mit 40 Mönchen das Kloster Reichenau, das er bereits drei Jahre später wieder verlassen mußte – Opfer eines Konflikts zwischen den Karolingern und den alemannischen Herzögen. Das Kloster Reichenau als Instrument fränkischer Integrationspolitik blieb jedoch bestehen und gewann schon nach wenigen Jahrzehnten große überregionale Bedeutung. Im 9. und 10. Jahrhundert erreichte die Abtei den Höhepunkt ihrer Entwicklung: unter den bedeutenden Äbten Waldo, Heito, Walahfrid und Witigowo wurde die Reichenau zu einem einzigartigen kulturellen und wissenschaftlichen Zentrum; die Äbte hatten zusätzlich hohe Reichsämter inne und übten als Erzieher und Berater in der kaiserlichen Familie großen politischen Einfluß aus. Das Grab Kaiser Karls III. in der Klosterkirche in Mittelzell ist ein Zeichen der engen Beziehung der Reichenau zu den Karolingern. Im 12. Jahrhundert bereits begann der allmähliche Niedergang der mächtigen Reichsabtei. Da das Kloster nur noch Mönche aus dem Hochadel aufnahm, wurde der Konvent immer kleiner, bis er z. B. zur Zeit des Konstanzer Konzils (1414) nur noch aus zwei Klosterherren bestand. 1540 trat der letzte Reichsabt des Klosters seine Abtswürde an den Bischof von Konstanz ab. 1803 schließlich wurde die Reichenau als bischöfliches Gut säkularisiert.

Heute stehen vom ehemaligen Klosterbereich, der die ganze Insel umfaßte, nur noch drei großartige Kirchen: das Münster in Mittelzell, St. Georg in Oberzell und St. Peter und Paul in Niederzell. In der Schatzkammer des Münsters sind einige Kunstschätze aus der Blütezeit des

Klosters ausgestellt, darunter auch der berühmte, sogenannte „Krug von der Hochzeit von Kana", wohl ein spätantiker Marmorkrug aus dem 5. Jahrhundert, der auch in der Reichenau-Szene des „Ekkehard" erwähnt wird. Die kostbaren Handschriften der ehemaligen Klosterbibliothek sind nicht mehr auf der Reichenau; sofern überhaupt noch erhalten, sind sie weit verstreut.

Zwei Gestalten aus der frühen Geschichte des Klosters sind für uns auch literarisch interessant: der Klostergründer Pirmin und der berühmte Abt Walahfrid Strabo. Von Pirmins Leben ist nur wenig Sicheres überliefert. Unbekannt ist seine genaue Herkunft. Bevor er auf die Reichenau kam, war er Klosterbischof von Meaux bei Paris. Nach der Gründung des Klosters Reichenau hat er im Elsaß noch weitere Klöster gegründet, u. a. Murbach, und ist 753 als Abt des Klosters Hornbach gestorben.

Nur ein einziger Text von Pirmin ist uns überliefert, und dieser auch nur in einer einzigen Handschrift um 800 aus dem Kloster Einsiedeln: das Pastoralbüchlein, auch „Scarapsus" genannt. Es handelt sich dabei um ein Missionshandbuch, das in gedrängter Form die Grundprinzipien christlicher Heilslehre und christlicher Moral zusammenfaßt. Dieser Text ist ganz auf die damalige Situation ausgerichtet: es geht darum, eine nur oberflächlich christianisierte und noch stark den alten heidnischen Bräuchen verhaftete Bevölkerung zur Einhaltung und zum Verständnis christlicher Gebote und kirchlicher Formen zu führen und damit die Christianisierung Alemanniens zu vollenden. Pirmin zeigt sich in diesem Text sowohl als gelehrter Theologe auf der Höhe des Wissens seiner Zeit wie auch als wirkungsvoller Volksprediger:

> Ihr sollt nicht Götzenbilder anbeten; besonders Felsen und Bäumen, Ecksteinen, Quellen und Kreuzwegen sollt ihr keine Gebete und keine Gelübde darbringen. Besprechern und Losdeutern, Gauklern, Opferschauern, Propheten, Wahrsagern, Magiern, Zauberern, gottlosem Wahrsagen beim Niesen, Weissagen durch Vögel oder anderen schlechten und teuflischen Einfällen sollt ihr nicht glauben und auch nicht üben. Das Fest der Frühlingsfeuer und das Begehen des Ersten eines Monats, einen Lorbeerzweig aufhängen, auf den Schritt achten, über einen Leichnam Frucht und Wein ausschütten, Brot in den Brunnen werfen, oder wenn die Frauen beim Weben Minerva anrufen, den Tag der Venus oder einen anderen bestimmten Tag nur zur Hochzeit nehmen, einen bestimmten Tag für das Reisen vorbehalten: was ist das alles anders als teuflisches Werk? Zeichen, Amulette,

Kräuter und Bernstein sollt ihr euch und den euren nicht umhängen. Wetterpropheten sollt ihr nicht glauben. Auch sollt ihr denen nichts geben, die sagen, die Seelen der Verstorbenen könnten Gewinn bringen. Glaubt nicht den Feuerschauerinnen, die den Menschen ein Schicksal nennen, um irgend etwas Zukünftiges anzukündigen, was ihnen Gutes oder Schlechtes geschehen wird. Glaubt ihnen nicht, Gott allein ist es gegeben, die Zukunft zu wissen. Am ersten Tag des Monats sollt ihr nicht Felle von Hirschen oder Pferden anziehen. Männer sollen keine Frauenkleider und Frauen sollen keine Männerkleider an diesen Tagen oder zu anderen Spielen tragen. Glieder aus Holz sollt ihr nicht für Kreuzwege, für Bäume oder für etwas anderes schnitzen und darbringen, denn sie können euch die Gesundheit nicht bringen. Bei Mondfinsternis sollt ihr nicht schreien. Keiner soll Teufelsgesängen glauben und nicht wagen, sie über sich singen zu lassen. Kein Christ soll es wagen, bei den Kirchen, in den Häusern, an Kreuzwegen oder an irgendeinem anderen Ort Reigen, Sang- und Tanzspiele oder Scherze und verwerfliche Spiele zu treiben. Gaukeleien, Lästerreden, Liebeleien oder Unzüchtiges sollt ihr nicht aussprechen. Alle teuflischen Amulette sowie allem, was hier genannt ist, sollt ihr nicht glauben, nicht anbeten, darauf keine Gelübde machen und dafür keine Ehre aufwenden. Denn der Herr sagt im Buch Exodus: „Du sollst dir kein Bild machen, auch nicht irgendein Gleichnis von dem, was oben im Himmel oder unten auf der Erde oder was unter der Erde im Wasser ist; du sollst sie nicht anbeten noch ihnen dienen." (...)

Bringt zur heiligen Kirche als Opfer Kerzen, Öl und Weihrauch, die Erstlinge und den Zehnten, Almosen und alle eure guten Versprechen. Dorthin sollt ihr kommen an den hohen Festen und sonntags; an den Festen heiliger Märtyrer und Bekenner, kommt zu den Vigilien und Tagzeiten, zum Hören der heiligen Messe und zum Empfang des Opfers, wie es die Heilige Schrift lehrt. Keiner soll wagen, in der Kirche selbst oder wo sonst die heilige Lesung vorgetragen wird, zu schwatzen, vielmehr sollt ihr gern die heiligen Lesungen hören. Sagt doch der Herr durch Moses: „Höre, Israel, und schweig." Verachtet nicht den Herrentag, haltet ihn mit Ehrfurcht. Knechtliches Werk, wie das Arbeiten auf dem Acker, auf der Wiese, im Weinberg oder was sonst schwere Arbeiten sind, sollt ihr nicht verrichten. Auch sollt ihr an den Herrentagen keine Rechtshändel oder Anklagen untereinander verhandeln außer der Arbeit, die zum Kochen einer Speise für die Erquickung des Leibes notwendig ist. Denn der Herrentag wurde als erster geschaffen, an ihm wurde die Finsternis vertrieben, es erschien das Licht, an ihm sind die Grundfesten der Welt gebildet und die Engel geschaffen worden. An diesem Tag wurde das Volk aus Ägypten durch das Rote Meer befreit, so wie durch das Wasser der Taufe aus dem Dunkel der Sünde. Am gleichen Tag wurde den Menschen als himmlische Speise das Manna erstmals gegeben. Zu diesem Tag befahl Moses dem Volk: „Den Tag sollt ihr als den ersten und wichtigsten halten." Und der Prophet sagt darüber: „Diesen Tag hat der Herr gemacht; an ihm wollen wir jubeln und fröhlich sein." An diesem Tag ist auch Christus von den Toten auferstanden; an ihm ist der Heilige Geist vom Himmel auf die Apostel herabgekommen. Deswegen heißt er Herrentag, damit wir an ihm nur dem göttlichen Kult dienen und uns irdischer Arbeiten und weltlicher Vergnügen enthalten. So bitten wir euch also, diesen Tag nach so großen und heiligen Zeugnissen, wie oben geschrieben ist, in aller Ehrfurcht und aller Hingabe, wie es sich für Christen ziemt, zur ewigen Vergeltung zu halten.

(U. Engelmann, Der heilige Pirmin und sein Pastoralbüchlein, S. 53, 55, 57)

Walahfrid Strabo, der bedeutendste Abt und genialste Kopf des Inselklosters, wurde um 809 in Schwaben geboren. Er stammte wahrscheinlich aus einfachen Verhältnissen, denn er sagte von sich selbst: „In Armut habe ich meine Jugend verbracht." Schon als Kind mit 10 oder 12 Jahren kam er in die Klosterschule der Reichenau, mit 15 Jahren trat er als Mönch in das Kloster ein. Den Beinamen Strabo, der Schielende, erhielt er wegen eines Augenfehlers. Der hochbegabte und phantasievolle junge Mönch begann früh zu schreiben und kam wohl auch deswegen in Konflikt mit seinem strengen, asketischen Abt. Mit 19 Jahren wurde er zur weiteren Ausbildung an die damals berühmteste Schule des Abendlandes, zu Hrabanus Maurus ins Kloster Fulda geschickt. Dort schrieb er voller Heimweh nach der Insel im Bodensee sehnsuchtsvolle Verse:

Schwester Muse, hilf mir klagen,
Melde, wie vom Heimatlande
Ich geschieden, trüb und traurig,
Tief gebeugt von bitterer Armut.

Weisheit sucht' ich armer Knabe;
Ließ darum das Land der Väter,
Muß darum im Elend schmachten,
Keiner sieht den Fremden gerne.
(...)
Meine Tränen fließen, denk' ich,
Wie mir einst so wohl gewesen,
Da die Reichenau dem Knaben
Noch die sel'ge Obdach gönnte.

Heilig mir allzeit und teuer,
Mutter du, geweiht den Heil'gen,
Ehrenwürdig, hochgepriesen,
Frommer Brüder sel'ge Insel.

Heilig du zum andern Male,
Wo die hehre Gottesmutter
Wird vor allem Volk verehrt,
Nochmals tön' es: sel'ge Insel.

Rings von Wassern wild umbrandet
Stehst du fest, ein Fels der Liebe,
Streuest weit und breit der Lehre
Samenkörner, sel'ge Insel.

Immer steht nach dir mein Sehnen,
Dein gedenk' ich tags und nächtens,
Die du uns versorgst mit allem,
Das wir brauchen, sel'ge Insel.
(zitiert nach Peter Faessler, Bodensee und Alpen, S. 52/53)

Von Fulda ging er zunächst an den Kaiserhof in Aachen, als Prinzen-
erzieher, aber auch als enger Berater der Kaiserin Judith. Als er nach elf
Jahren wieder auf die Reichenau zurückkehrte, wurde er auf Betreiben
des Kaisers, noch nicht 30 Jahre alt, Abt dieses mächtigen Klosters.
Unter der Leitung dieses genialen Mannes kamen Wissenschaft und
Künste zur höchsten Blüte, und das Inselkloster erlebte während seiner
Regierung einen ungeheuren Aufschwung. Auf einer Reise in diplomati-
schen Diensten des Kaisers Ludwig des Deutschen, bei der er den

Westfrankenkönig Karl den Kahlen aufsuchen sollte, ertrank Walahfrid Strabo am 18. August 849, nur 40 Jahre alt, beim Übergang über die Loire. Mit seinem frühen Tod endete das „Goldene Zeitalter" der Reichenau.

Walahfrid Strabo hat ein umfangreiches dichterisches Werk in lateinischer Sprache hinterlassen. Zwei größere Dichtungen, die „Visio Wettini" und „Das Buch vom Kräutergarten", liegen in neuen Ausgaben und Übersetzungen vor. Vom „Hortulus" oder dem Buch vom Kräutergarten wird beim Rundgang an Ort und Stelle ausführlich die Rede sein.

Die „Visio Wettini" ist Strabos erstes größeres Werk. Im Widmungsbrief, der diese Dichtung einleitet, schrieb der gerade 18jährige an den Freund ein Vergilzitat, das er auf sich selbst bezog: „Ein Funke ist da und braucht seinen Zunder." Er erkannte klar und selbstbewußt sein poetisches Talent und ergriff die Gelegenheit, die sich ihm bot, den „Funken" anzufachen. Der „Zunder" ist der Auftrag, die Prosa-Aufzeichnung einer Traumvision seines Lehrers Wetti, am Tag vor dessen Tod, in Verse zu setzen. Bei diesem fast 1000 Verse umfassenden Werk, einer Jenseitsvision, in der Wetti, geleitet von einem Engel, das Purgatorium und das himmlische Reich erwandert, handelt es sich um eine grandiose Vorwegnahme der „Göttlichen Komödie", fast 500 Jahre vor Dante.

Es lohnt sich, diesen großen Dichter des 9. Jahrhunderts zu entdekken, der uns auch nach 1000 Jahren mit großer Unmittelbarkeit anspricht, z. B. auch in seinen in Versform geschriebenen Briefen.

Rundfahrt Reichenau:

Am Ende des pappelgesäumten Dammes, der seit 1938 die Insel mit dem Festland verbindet, steht rechts von der Straße die moderne Plastik des Hlg. Pirmin und empfängt den Besucher mit dem Segensgestus. Von dort aus ist die romanische Georgskirche in Oberzell schon zu sehen. Zwar ist die eigentlich literarische Station auf der Reichenau Mittelzell, es empfiehlt sich aber unbedingt, auch die Kirchen Ober- und Niederzell wegen ihrer Kunstschätze und den Hohwart wegen der umfassenden Rundsicht auf die Insel und ihre Umgebung zu besuchen.

1. St. Georg, Oberzell

Berühmt ist die kleine Kirche durch die Malereien im Innern. Der um das Jahr 1000 entstandene Bilderzyklus an den Langhauswänden ist in seiner Art einmalig, er ist, wie schon gesagt, das bedeutendste Zeugnis von Monumentalmalerei aus ottonischer Zeit nördlich der Alpen.

Es handelt sich um einen fortlaufenden Zyklus von 8 Bildern (die Bilder im Chor und in der Westapsis sind verlorengegangen), auf denen verschiedene Heils- oder Wundertaten Christi (Krankenheilungen, Totenerweckungen) dargestellt sind. Die Farben sind stark verblaßt und die Malereien durch unsachgemäße Restaurierungen beschädigt, auch sind die Goldblättchen und farbigen Steine abgeblättert und herausgefallen. Trotzdem eröffnet sich dem aufgeschlossenen Betrachter eine zunächst fremde Bilderwelt von großer Eindringlichkeit, die sich vor allem in der Gebärdensprache der Figuren manifestiert. Die Malerei wird von der für die ottonische Zeit typischen immateriellen Haltung bestimmt. Nicht eine reale Architektur oder eine klar bestimmbare Örtlichkeit werden abgebildet, wichtig ist vor allem die Gestalt Christi, durch die für die leidende Menschheit Rettung kommt.

Der heilige Pirmin und die St. Georgskirche in Oberzell.

Diese großartigen Fresken wurden wahrscheinlich von Reichenauer Malermönchen geschaffen; bereits im 9. Jahrhundert bestand auf der Reichenau eine anerkannte Malerschule, deren Künstler unter anderem auch in St. Gallen tätig waren.

2. St. Peter und Paul, Niederzell

Ganz im Westen der Insel, der Georgskirche entgegengesetzt, steht die Kirche St. Peter und Paul in Niederzell. Die Kirche, die sich heute in einem reizvollen Stilpluralismus präsentiert, wurde um 800 begonnen. Egino, Bischof von Verona, zum Kreis um Karl den Großen gehörend, kehrte im Alter auf die Reichenau, wo er einst Mönch gewesen, zurück und erhielt von Abt Waldo die Erlaubnis, zu Ehren der Apostelfürsten eine Zelle zu bauen und dort zurückgezogen zu leben. Reste dieser Kirche sind im Chor erhalten. Drei Jahre später starb Egino und wurde in seiner Kirche bestattet.

Die Malereien im Chor der Kirche sind der bedeutendste Teil der Ausstattung. Auch diese, im frühen 12. Jahrhundert entstandenen Fresken geben Zeugnis vom hohen Stand der Reichenauer Malschule und einen Anhaltspunkt, wie die Ausmalung des Chores in St. Georg ausgesehen haben könnte.

Mittelzell-Reichenau

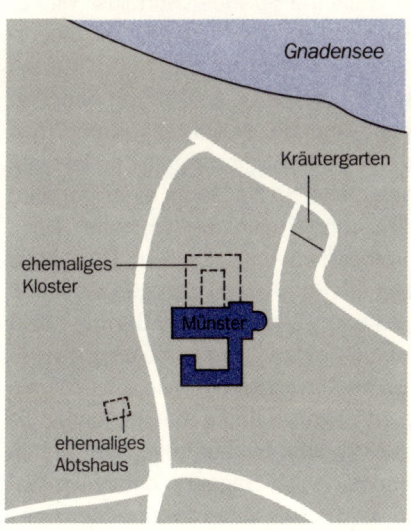

3. Mittelzell – Münster und Kräutergarten

Von der einst mächtigen Abtei, in welcher der Abt und Dichter Walahfrid Strabo lebte, steht nur noch die ehemalige Klosterkirche. Diese Kirche ist seit dem 9. Jahrhundert häufig umgebaut und erweitert worden. Der älteste original erhaltene Bauteil ist das Ostquerhaus. Besonders eindrucksvoll für den Besucher ist das unter Abt Berno um 1000 erbaute Westquerhaus. In seiner Weite und Klarheit läßt es am ehesten die Größe und Strenge der mittelalterlichen Klosterkirche erkennen. Im rechten Seitenschiff hängt das Bild, auf dem die Gründungssage dargestellt ist (der Hlg. Pirmin vertreibt durch seinen Segen die giftigen Schlangen von der Insel). Die Schatzkammer ist vom Chor aus zugänglich.

An der Nordseite der Kirche, wo sich die mittelalterlichen Klausurgebäude und der Kreuzgang befanden, wachsen heute Lauch, Petersilie und Salat. Hier hat stattgefunden, was der Barockdichter Andreas Gryphius in seinem Sonett über die Vergänglichkeit schreibt:

„Was dieser heute baut, reißt jener morgen ein;
Wo itzund Städte stehn, wird eine Wiese sein,
Auf der ein Schäferskind wird spielen mit den Herden."

Es werden also an die Phantasie des Besuchers einige Ansprüche gestellt, um sich die Örtlichkeiten vorzustellen, in denen Strabo gelebt hat.

Zwar wurde zur Erinnerung an Walahfrid Strabos „Hortulus" wieder ein Kräutergarten angelegt, aber Strabos Garten befand sich mit Sicherheit an anderer Stelle. Aus seinem Text geht hervor, daß dieser Garten sich bei einem Haus, ziemlich sicher dem heute nicht mehr vorhandenen Abtshaus, befand: „Ein quadratischer Innenhof schloß sich, wenn man dem Text des Hortulus folgt, östlich an die Abtswohnung an und war von dort aus betretbar. Gegen Süden begrenzte ihn die Mauer eines höheren Gebäudes. Ein Teil des Gartens blieb ohne Regen, weil ein hohes Dach ihn bedeckte. Man könnte an ein Vordach im Atrium denken. Der Kürbis wurde in der Nähe einer Säulenhalle mit Rundbögen gezogen. Es handelte sich um ein ziemlich anspruchsvolles Steinhaus. Im Garten selbst lagen wohl unter Einschluß des Costus-Beetes, dem keine eigene Strophe gewidmet ist, 24 Beete, zum Teil an den Mauern entlang, in schönen Reihen. Die Beete waren von Hölzern begrenzt und gehäufelt, damit die Erde nicht auf die Wege wegrutschen konnte. Ein Zentrum, wie etwa im Kreuzgang des St. Galler Klosterplanes, fehlte. Dagegen entspricht Walahfrids Garten in der Anlage und in der Bepflanzung ganz dem des

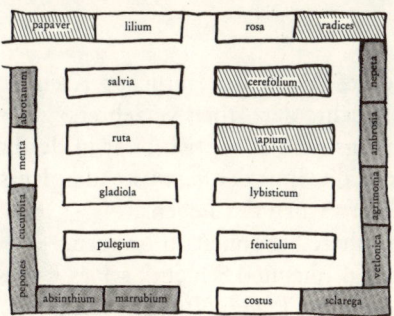

Heilkräutergarten des Walahfrid Strabo

Arztes, dem Herbularius, im Reichenauer Klosterplan in St. Gallen."
(Stoffler, Der Hortulus des Walahfrid Strabo, S. 15)

Im neu angelegten Kräutergarten, schön an der alten Klostermauer aus dem 15. Jahrhundert gelegen, finden Sie fast alle im „Hortulus" beschriebenen Pflanzen, und diese haben sich nicht verändert.

Strabos „Hortulus" läßt sich auf ganz verschiedenen Ebenen lesen und verstehen. Die botanische Genauigkeit und Lebendigkeit der Pflanzenschilderungen ist verblüffend. Neben dem Erscheinungsbild wird auf Duft und Schönheit der Pflanzen hingewiesen. Der Besucher des Kräutergartens wird sich in diesem Zusammenhang den reizvollen Vergleich zwischen Text und Wirklichkeit sicher nicht entgehen lassen.

Daneben wird die Nützlichkeit der Pflanzen, ihre Wirkung als Heilkräuter beschrieben, denn sie waren vor allem für die Hausapotheke des Abtes bestimmt. Damit stellt der „Hortulus" ein wichtiges kulturgeschichtliches Dokument dar, denn er gibt uns Einblicke nicht nur in die damalige Kunst des Gartenbaus, sondern auch in mittelalterliche Arznei- und Heilkunde.

Der Text enthält darüber hinaus eine symbolisch-theologische Bedeutungsebene. Das von Strabo sehr bewußt gegliederte und gebaute Werk findet seinen Höhepunkt in der Schlußstrophe, wo Rose und Lilie einander gegenübergestellt werden. Ganz in der Tradition frühmittelalterlicher Theologie werden diese beiden Blumen als „Sinnbild der höchsten Ehren der Kirche", nämlich von Kampf und Leiden des Martyriums einerseits (Rose) sowie von Frieden und Reinheit des Glaubens andererseits (Lilie) gesehen und gepriesen:

2. Schwierigkeit des Gartenbaus

Wenn der Winter, dies Abbild des Alters, des jährlichen Kreislaufs
Magen, der gierig die reichen Früchte der Arbeit verzehrt,
Durch das Kommen des Frühlings vertrieben, sich birgt in der Erde
Tiefstem Versteck, und der Lenz die Spur der verwüstenden Jahrszeit
Auszutilgen beginnt im Wiedererwachen des Lebens,
Und der ermatteten Flur ihre frühere Schönheit zu bringen, –
Frühling, du Anfang des kreisenden Jahrs und Schmuck seines Laufes! –
Wenn dann reinere Lüfte die heiteren Tage eröffnen,
Kräuter und Blumen, vom Zephyr geweckt, ihre schüchternen Triebe
Aus den Wurzeln senden zum Licht, die im finsteren Schoße
Lang sich verbargen, scheuend und hassend die eisigen Fröste,
Wenn die Wälder mit Laub und die Berge mit üppigen Kräutern,
Lachende Wiesen schon grünen mit Gras, eine Weide der Augen,
Dann haben Nesseln den Raum überwuchert, der vor meiner Türe
Östlich zur Sonne sich wendet als Garten auf offenem Vorplatz,
Und auf den Flächen des Feldchens ist übles Unkraut gewachsen,
Pfeilen vergleichbar, verderblich bestrichen mit ätzendem Gifte.
Wie dem zu wehren? So dicht war durch unten verkettete Wurzeln
Alles verwachsen, gleich wie im Stalle der Wärter ein grünes
Flechtwerk verfertigt, kunstvoll gewirket aus biegsamen Ruten,
Wenn die Hufe des Pferds in gestauter Feuchtigkeit leiden,
Weich und morsch wird der Hornschuh, den schwammigen Pilzen
                                             vergleichbar.
Ungesäumt greife ich an mit dem Karst, dem Zahn des Saturnus,
Ruhende Schollen, breche das leblos starrende Erdreich
Auf und zerreisse die Schlingen der regellos wuchernden Nesseln,
Und ich vernichte die Gänge, bewohnt von dem lichtscheuen
                                            Maulwurf,
Regenwürmer dabei ans Licht des Tages befördernd.
Dann im Südwind, bestrahlt von der Sonne, erwärmt sich das
                                            Beetchen,
Und ich umfasse mit Holz es im Viereck, damit es beharre,
Über dem ebenen Boden ein wenig höher gehoben.
Allerwärts wird dann die Erde mit krummer Hacke zerkleinert,
Nährstoff des kräftigen Mistes darauf gestreut in den Boden.
Manche Kräuter sucht man aus Samen zu ziehen, durch alte
Stecklinge andre zu frischem Keimen und Wachsen zu bringen.

3. Eifer des Gärtners und Frucht seiner Arbeit

Schließlich besprengt bisweilen ein Frühlingsregen die junge
Saat, und wechselnd erquickt der schmeichelnde Mondschein der
                                                    Blätter
Zartes Gefieder. Andererseits, wenn trockene Zeiten
Weigerten etwa den Segen des Taus, dann trieben mich eifrig
Liebe zum Garten und Sorge, daß nicht die fasrigen, kleinen
Wurzeln erschlafften vor Durst, in geräumigen Krügen zu schleppen
Ströme erfrischenden Wassers und tropfenweise zu gießen
Aus den eigenen Händen, damit nicht in heftigem Schwalle
Allzu reichliche Fluten verschwemmten die keimenden Saaten.
Alsbald kleidet sich nun mit den zartesten Keimen das ganze
Gärtchen, und wenn auch ein Teil seiner Beete unter dem hohen
Dache, Regen und Tau entbehrend, verstaubt und verschmachtet,
Und wenn ein anderer Teil in dauerndem Schatten die Sonne
Flieht und vermißt, weil hindernd zur Seite hoch eine Wand den
Zugang des feurigen Himmelsgestirnes ihm neidisch verweigert, –
Gleichwohl hat doch mein Garten von dem, was man einst ihm
                                                    vertraute,
Nichts ohne Hoffnung auf Wachstum untätig im Boden verschlossen.
Nein, er hat, was er beinah vertrocknet empfing, in gehöhlte
Gruben versetzt, mir erstattet voll wiedererwachender Grüne,
Vielfach vermehrt in zahlreicher Frucht die Aussaat belohnend.
Nun braucht es Dichtertalent, Erkenntnis und Schönheit der Rede,
Um zu verkünden die Namen und Kräfte so reichlicher Ernte,
Daß auch das Kleine dadurch mit hoher Ehre sich schmücke.

4. Salbei

Leuchtend blühet Salbei ganz vorn am Eingang des Gartens,
Süß von Geruch, voll wirkender Kräfte und heilsam zu trinken.
Manche Gebresten der Menschen zu heilen, erwies sie sich nützlich,
Ewig in grünender Jugend zu stehn, hat sie dadurch verdienet.
Aber sie trägt verderblichen Zwist in sich selbst: denn der Blumen
Nachwuchs, hemmt man ihn nicht, vernichtet grausam den
                                                    Stammtrieb,
Läßt in gierigem Neid die alten Zweige ersterben.

9. *Wermut*

Dicht daneben der Platz trägt die Stauden des bitteren Wermuts,
Der mit zähem Gezweig der Mutter der Kräuter verwandt ist.
Anders jedoch ist die Farbe des Laubs, der entwickelten Zweige
Duft ist ein anderer, und bittrer bei weitem schmeckt er zu trinken.
Brennenden Durst zu bezwingen und Fieberglut zu vertreiben,
Diese Wirkung durch rühmliche Kraft kennt man lang aus Erfahrung.
Auch wenn plötzlich vielleicht der Kopf dir hämmert in scharfem
Stechendem Schmerz oder quälender Schwindel erschöpfend dich
                                   heimsucht,
Wende an ihn dich um Hilfe und koche des laubigen Wermuts
Bitteres Grün; dann gieße den Saft aus geräumigem Becken
Und überspüle damit den höchsten Scheitel des Hauptes.
Hast du mit dieser Brühe die feinen Haare gewaschen,
Lege dir auf, daran denke, zusammengebundene Blätter,
Und eine mollige Binde umschlinge das Haar nach dem Bade.
Ehe noch zahlreiche Stunden im Laufe der Zeiten verrinnen,
Wirst du dies Mittel bewundern nebst all seinen anderen Kräften.

26. *Rose*

Wäre ich nicht zu müde, den Weg noch weiter zu wandern,
Schreckte mich nicht der beschwerliche Bau eines neuen Gedichtes,
Müßte die köstlichen Sträucher der Rose ich mit des Pactolus
Gold und der Araber schimmerndem Edelgestein nun umkleiden.
Weil Germanien tyrischen Purpurs entbehrt und das weite
Gallien nicht der leuchtenden Purpurschnecke sich rühmet,
Schenkt zum Ersatz die Rose alljährlich üppig goldgelben
Flor ihrer purpurnen Blüte, die allen Schmuck der Gewächse
Alsbald an Kraft und Duft, wie man sagt, so weit überstrahlte,
Daß man mit Recht als die Blume der Blumen sie hält und erkläret.
Sie erzeugt ein Öl, das nach ihrem Namen genannt wird,
Wie oft dieses zum Segen der Sterblichen nützlich sich zeigt, –
Keiner der Menschen vermag es zu wissen oder zu sagen.
Ihr zur Seite, bekannt und geehrt, stehn der Lilie Blüten,
Deren wehender Duft noch weiter die Lüfte durchtränket.
Wenn aber einer zerquetscht das glänzende Fleisch ihrer weißen
Frucht, so wird er verwundert bemerken, daß wie verflogen

Alsbald entschwindet jeder Gedanke an lieblichen Nektar.
Reinheit der Jungfrau, selig gepriesen, strahlt aus der Blume;
Dann nur leuchtet sie duftend, wenn Not der Sünde ihr fernbleibt,
Wenn unheiliger Liebe Begier ihre Blüte nicht knicket.
Gehet jedoch ihrer Unberührtheit Kleinod verloren,
Werden in üblen Gestank sich die holden Düfte verwandeln.
Denn diese beiden Blumen, berühmt und gepriesen, sind Sinnbild
Seit Jahrhunderten schon der höchsten Ehren der Kirche,
Die im Blut des Martyriums pflückt die Geschenke der Rose
Und die Lilien trägt im Glanze des strahlenden Glaubens.
Jungfrau Maria, Mutter, die du den Sohn hast geboren,
Jungfrau, im Glauben ohn' Makel, du Braut nach des Bräutigams
Namen,
Braut und Taube, des Hauses Herrin, verläßliche Freundin,
Pflücke Rosen im Streite und brich frohe Lilien im Frieden.
Aus dem Königsstamm Jesse ist dir die Blüte entsprossen,
Retter und Bürge allein des erneuerten alten Geschlechtes.
Er hat die lieblichen Lilien geweiht durch sein Wort und sein Leben,
Färbend im Tode die Rosen, hat Frieden und Kampf seinen Jüngern
Auf dieser Erde gelassen, die Tugenden beider verbindend,
Beiden Siegen verheißend die Krone des ewigen Lohnes.

(zitiert nach Stoffler, Der Hortulus des Walahfrid Strabo, S. 75, 77, 79, 85, 99, 101)

Mittelalter, aber jetzt im Gewand des 19. Jahrhunderts, bringt ein weiterer Text zur Reichenau aus Scheffels Roman „Ekkehard" (Kapitel 5 und 6). Es gelingt Scheffel mit seinem romantisierenden Geschichtsbild auch heute noch, den Leser auf amüsante und geistreiche Art zu unterhalten. (Siehe 2. Station der *„Ekkehard"-Rundfahrt*)

Exkurs: Auf den Spuren „Ekkehards"

Bereits in den ersten Rezensionen des Scheffel-Romans von 1855 wird die Lektüre besonders den Bodensee-Reisenden ans Herz gelegt:

> Das vorliegende Werk dürfte unter anderen Lesern besonders auch solchen zu empfehlen seyn, die sich den Sommer über in den schönen Badeorten oder Landhäusern am Bodensee aufzuhalten pflegen. Diese können manche müßige Stunde auf sehr angenehme Weise mit der Lectüre eines Buches zubringen, das von der Vergangenheit der herrlichen Landschaft handelt, die sie von Säntis bis Hohentwiel hier täglich vor Augen haben.
> (Menzels Literaturblatt, S. 283)

Der Reisende unserer Tage wird sich vielleicht nicht mit der Lektüre begnügen, sondern sich aufmachen und einzelne Stationen des Romans selbst aufsuchen. Er wird unschwer feststellen, daß die Romanorte ausgesucht schöne, lohnenswerte Reiseziele sind, die alle miteinander Höhepunkte der Landschaft rund um den Bodensee repräsentieren.

In unserer Darstellung der Ekkehard-Rundfahrt folgen wir dem Ablauf der Romanhandlung. Ob der Leser eine Extra-Ekkehard-Fahrt unternehmen will oder ob er die Ekkehard-Stätten dann bei Gelegenheit mit der Thurgau- bzw. der Untersee-Route verknüpfen will, mag er nach Gusto entscheiden.

Bevor wir die einzelnen Stationen vorstellen, empfiehlt es sich, kurz den Inhalt des Romans zu vergegenwärtigen:

> Hadwig von Schwaben, die Witwe des 973 verstorbenen Herzog Burckhard II., eine noch junge, schöne Frau von scharfem Geist und umfassender Bildung, langweilt sich auf ihrem Wohnsitz in der Burg Hohentwiel. Ihre anmutige Kammerfrau Praxedis, die sie einst von dem byzantinischen Thronerben zum Geschenk erhielt, rät ihr, eine Reise zu machen, und Hadwig beschließt, das ihrer Herrschaft unterstehende Kloster in Sankt Gallen zu besuchen.
>
> Dort gerät man über die unangemeldete Ankunft der hohen Gebieterin in große Aufregung. Da das Betreten der Klosterschule St. Benedikts einem Weibe verboten ist, befiehlt Abt Cralo dem Pförtner, die Herzogin durch das Tor zu tragen. Der 23jährige Bruder

Ekkehard, ein schöner, gelehrter und gottesfürchtiger Jüngling, entledigt sich dieses Auftrags mit mehr Kraft als innerer Ruhe. Hadwig besichtigt Schule und Klosterschatz. Bei dem Mahl im Refektorium, wo sich die Corona der weitberühmten Mönche versammelt hat, liest Ekkehard das Evangelium. Als die Herzogin Abschied nimmt, erbittet sie sich ihn vom Abt nach dem Hohentwiel als Lehrer der lateinischen Sprache.

Schon anderen Tages verläßt Ekkehard Sankt Gallen. Bei einer Rast im Kloster Reichenau zeigt er sich gegenüber dem Kellermeister Rudimann als strenger Sittenrichter. Er besucht jenseits des Rheins den weidmännischen Leutepriester Moengal, wird schließlich von Reisigen überfallen und als Gefangener nach dem Hohentwiel gebracht, wo ihn Hadwig huldvoll begrüßt.

In den folgenden Monaten stillen Beisammenseins mit der Herzogin und Praxedis entwickelt sich ein für den Mönch Ekkehard nicht ganz ungefährliches Spiel mit dem Feuer. Hadwig hat den temperamentvollen und natürlichen Menschen liebgewonnen. Er selbst ist sich dieser Neigung zunächst nicht bewußt, widersteht dann der sündigen Versuchung, wird allmählich schwächer und innerlich zerrissen, versäumt den richtigen Augenblick, kränkt damit die Geliebte, verliert ihre Gunst.

Und schon nahen die Ungarn, die „Hunnen", vor denen die Äbte Cralo von Sankt Gallen und Wazmann von Reichenau ihre Klosterschätze und Brüder hinter die Mauern des Hohentwiel retten, wo sie zum Kampfe geschult werden. Am Karfreitag kommt es unweit in der Ebene zur großen Hunnenschlacht gegen Ellak und Hornberg. Es gibt starke Verluste auf beiden Seiten. Die Tötung Ellaks durch den „Uralten" treibt die Hunnen schließlich zur Flucht.

Ekkehard hat sich tapfer geschlagen, verliert aber immer mehr an Vertrauen bei der Herzogin. Ihr unruhiger Geist beginnt des Vergils überdrüssig zu werden. Nachts im Burggärtlein wünscht sie, alte Sagen zu hören. Praxedis erzählt den Liebesroman vom König Rother, nur Ekkehard bleibt seine Geschichte schuldig. Sein Sinn ist verwirrt. Die Liebe zur Herzogin hat ihn überwältigt. Als er sie schließlich in der Burgkapelle in sinnloser Leidenschaft an sich reißt und küßt, da ist es zu spät – Hadwig stößt ihn zurück. Ein unseliges Geschick läßt gerade in diesem Moment seine Feinde von der Reichenau dazukommen. Der sündige Mönch wird gefangengesetzt, und schwere Strafe hätte ihn getroffen, wenn nicht Praxedis ihm zur Flucht verholfen hätte.

Mit Moengals Hilfe kommt er nach dem Wildkirchlein, einer einsamen Felsenklause im Säntismassiv. Die Sennen der nahen Ebenalpe sind seine einzigen Gefährten; ihnen predigt er und spielt die Harfe zum Tanz. In dieser Bergeinsamkeit gesundet er an Leib und Seele. Er beschließt zu dichten. So entsteht in vielen Monaten das Lied von Walter und Hildegunt, das Waltharilied mit seinen 1500 lateinischen Hexametern.

Als der Winter naht, verläßt Ekkehard seine Zuflucht. Während Herzogin Hadwig eines Abends vom Burggärtlein ins Tal schaut, kommt ein Pfeil geflogen, um dessen Schaft die Pergamentblätter mit dem Text des Liedes gewunden sind. Sein Schreiber aber zieht in die Weite.

(Reclams Romanführer, Bd. I, S. 405–407)

Rundfahrt „Ekkehard":

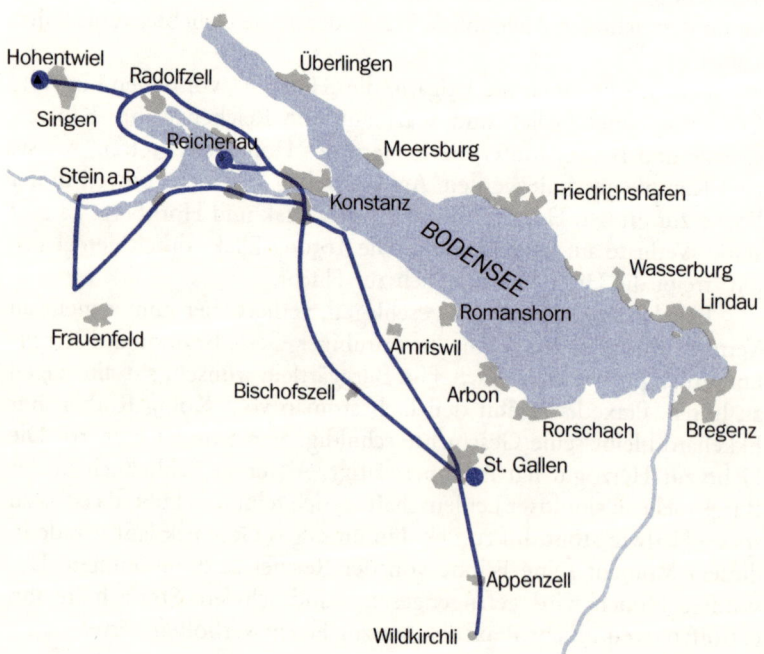

St. Gallen

Obwohl von dem eigentlichen Schauplatz der Romanhandlung, der Klosteranlage des 10. Jahrhunderts, im heutigen St. Gallen kaum mehr etwas erhalten ist (außer der West-Krypta, die im Rahmen einer Führung besucht werden kann), beginnt unsere Ekkehard-Rundfahrt mit dieser ersten Station, denn hier in der Stiftsbibliothek stieß Scheffel Ende März 1854 auf die Handschrift, die zur Quelle seines Romans wurde.

Wie Scheffel die mittelalterlichen Vorlagen verarbeitet und ausgestaltet hat, zeigt ein Vergleich seiner Quellen mit dem Romantext. Scheffel versteht es, in die etwas spröden Quellentexte das Lebensgefühl seiner Zeit hineinzutragen und die handelnden Personen psychologisch zu durchdringen. Fontane stellt in seiner Rezension fest: „Diese Gestalten aus dem 10. Jahrhundert sind auch Menschen, Menschen von Fleisch und Bein, ausgerüstet mit denselben Zügen, gut und schlecht wie wir selber."

In der folgenden Gegenüberstellung von mittelalterlicher Quelle und Scheffels Text wird die Arbeitsweise Scheffels deutlich; Sie können selbst einen Vergleich anstellen. In den „St. Galler Klostergeschichten" wird im 26. Kapitel von einer Visitation des Klosters durch den Bischof Salomo von Konstanz und seinem Erlebnis in der Klosterschule berichtet:

26. Und an den vier einzelnen Tagen weidete er das Volk mit des Herrn Wort, von dem er allezeit erfüllt war, noch reichlicher als an allen Tagen seines Lebens. Am Morgen dann nach dem Tage der Unschuldigen Kindlein gedachte er nach Konstanz aufzubrechen, und da er von den Brüdern Abschied genommen hatte, ging er an der Schule vorüber. Es war dies aber der Tag der Schüler. Er öffnete auch die Tür, um zu prüfen, wie sie sich aufführten, und trat ein. An kein Gesetz gebunden, hatten sie, wie es ja heute noch gilt, unbedingt das Recht, eintretende Gäste gefangenzunehmen und die Gefangenen festzuhalten, bis sie sich loskauften. Wie nun jener als Herr des Klosters unbekümmert vorschritt und in ihrer Mitte stehenblieb, sagten sie untereinander: „Wir wollen den Bischof, nicht den Herrn Abt ergreifen!" Salomo aber ging mit dem größten Vergnügen darauf ein und ließ es sich gern gefallen, wie immer sie mit ihm umgehen wollten. Sie aber packten ihn und setzten ihn, ob er wollte oder nicht, auf den Sitz des Lehrers. Da sprach er: „Wenn ich schon den Sitz des Lehrers innehabe, muß ich auch sein Recht üben. Zieht euch alle aus!" Sie taten es ungesäumt, baten dann

aber, daß sie sich, so wie sie es vom Lehrer gewohnt seien, von ihm loskaufen dürften. Und als er dagegen fragte: „Wie das?", redeten ihn die ganz Kleinen nach ihrem Wissen lateinisch an, die Mittleren rhythmisch, die übrigen aber metrisch, ja gar rhetorisch wie für die Rednerbühne. Von zweien haben wir die Worte von den Vätern überliefert bekommen; so sagte der eine:

„Was haben wir dir getan, daß du uns Böses tust an? Wir werden zum König gehen, da wir auf unserem Recht bestehen." Und der andere Verseschmied sprach:

„Bischof, du neuer Gast, wir waren doch gar nicht gefaßt drauf, Daß du das alte Recht verkehren möchtest in Unrecht."

Und voller Freude, daß die in St. Gallen stets heimischen Studien auch noch zu seiner Zeit gediehen, erhob sich Salomo, umarmte sie alle, so wie sie in ihren Leinenhemden dastanden, küßte sie und sprach: „Zieht euch an! Ja, bei meinem Leben", fuhr er fort, „ich werde mich loskaufen und so tüchtige Jugend belohnen." Und in aller Eile versammelte er vor dem Tor der Schule die Oberen der Brüder und verfügte letztwillig zugunsten jener Knaben und all ihrer Nachfolger dies: Jahr für Jahr sollten sie an den drei vom Herrscher festgesetzten Spieltagen dort in ihren Schulräumen Fleischkost bekommen, und jeder einzelne sollte dreimal täglich Speise und Trank vom Abtshof erhalten. Und während er diese Spende alljährlich in persönlichem Beisein ausrichten ließ, ist sie hernach in dieser Form weiter ausgerichtet worden bis zu den Einfällen der Ungarn, über die wir an ihrer Stelle erzählen werden. Endlich ging Salomo hinweg, wohin er plante, nachdem er die Unsrigen gesegnet und ihnen, o Schmerz, zum letzten Mal Lebewohl gesagt hatte.

(Ekkehard IV, St. Galler Klostergeschichten, S. 41/43)

An die Stelle des Bischofs tritt bei Scheffel die Herzogin Hadwig. Die in der Quelle überlieferte Episode mit den Klosterschülern wird von Scheffel aufgenommen und ausgestaltet:

Frau Hadwig war gerührt. Sind alle Eure Schüler so gut gezogen? frug sie.

So Ihr Euch überzeugen wollt, sprach der Abt, die großen in der äußern Schule wissen nicht minder, was Zucht und Gehorsam ist.

Die Herzogin nickte. Da führte sie der Abt zur äußern Klosterschule, wo zumeist vornehmer Laien Söhne und diejenigen erzogen wurden, die sich weltgeistlichem Stand widmen wollten.

Sie traten in die Klasse der Ältesten ein. Auf der Lehrkanzel stand Ratpert, der Vielgelehrte, und unterwies seine Jugend im Verständnis von Aristoteles' Logica. Geduckt saßen die Schüler über ihren Pergamenten, kaum wandten sich die Häupter nach den Eingetretenen. Der Lehrmeister gedachte Ehre einzulegen: Notker Labeo! rief er. Der war die Perle seiner Schüler, die Hoffnung der Wissenschaft; auf schmächtigem Körper ein mächtiges Haupt, dran eine gewaltige Unterlippe kritisch in die Welt hervorragte, das Wahrzeichen strenger Ausdauer auf den steinigen Pfaden des Forschens und Ursache seines Übernamens.

Der wird brav, flüsterte der Abt, die ganze Welt sei ein Buch, hat er schon im zwölften Jahre gesagt, und die Klöster die klassischen Stellen drin.

Der Aufgerufene ließ seine klugen Äuglein über den griechischen Text hingleiten und übersetzte mit gewichtigem Ernst den stagiritischen Tiefsinn:

...„Findest du an einem Holze oder Steine einen als Linie laufenden Strich, der ist der eben liegenden Teile gemeine March. Spaltet sich an dem Striche der Stein oder das Holz entzwei, so sehen wir strichweise zwei Durchschnitte an dem sichtbaren Spalte, die vorher nur ein Strich und Linie waren. Und überdies sehen wir zwo neue Oberflächen, die also breit sind, als dick der Körper war, da man vor die neue Oberfläche nicht sah. Darum erhellet, daß dieser Körper vorhin zusammenhängend war."

Aber wie dieser Begriff des Zusammenhängenden glücklich herausgeklaubt war, steckten etliche der jungen Logiker die Köpfe zusammen und flüsterten, und flüsterten lauter, – selbst der Klosterschüler Hepidan, der unbeirrt von Notker's trefflicher Verdeutschung, seine ganze Mühe aufwandte, einen Teufel mit doppeltem Flügelpaar und Ringelschwanz in die Bank einzuschneiden, stellte seine Arbeit ein... jetzt wandte der Lehrmeister sich an den Folgenden: Wie wird aber die Oberfläche eine gemeine March? Da las der seinen griechischen Text, aber die Bewegung in den Schulbänken ward stärker, es summte und brummte wie ferne Sturmglocken, zur Übersetzung kam's nicht mehr, plötzlich stürmten die Zöglinge Ratperts lärmend vor, sie stürmten auf die Herzogin ein, rissen sie von des Abts und des Kämmerers Seite: gefangen! gefangen! schrie die holde Jugend und begann sie mit den Schulbänken zu verschanzen: gefangen! wir haben die Herzogin in Schwaben gefangen. Was soll ihr Lösegeld sein?

Frau Hadwig hatte sich schon in mancherlei Lebenslagen befunden. Daß sie als Gefangene unter Schulknaben fallen könne, war ihr noch nicht in den Sinn gekommen. Weil die Sache neu war, hatte sie Reiz für sie; sie fügte sich.

Ratpert, der Lehrmeister, holte aus seinem Holzverschlag eine mächtige Rute hervor, schwang sie dräuend zur Umkehr und rief, ein zweiter Neptunus, die virgilischen Verse ins Getümmel:

„So weit hat das Vertrauen auf euer Geschlecht euch verleitet?
Himmel und Erde sogar, ohn' alles Geheiß von mir selber,
Wagt ihr zu mischen, ihr Winde, und solchen Tumult zu erheben?!
Quos ego!!

Erneuter Halloruf war die Antwort. Schon war der Saal durch Schulbänke und Schemel abgesperrt. Herr Spazzo überlegte den Gedanken eines Sturms und kräftiger Faustschläge an die Hauptträdelsführer. Der Abt war sprachlos, die Keckheit war ihm lähmend in die Glieder gefahren.

Die hohe Gefangene stand am andern Ende des Hörsaals in einer Fensternische, umringt von ihren fünfzehnjährigen Entführern.

Was soll das alles, ihr schlimmen Knaben? frug sie lächelnd.

Da trat einer der Anführer vor, beugte sein Knie und sprach demütig: Wer als Fremder kommt, ist sonder Schutz und Friede, und friedlose Leute hält man gefangen, bis sie sich der Unfreiheit lösen.

Lernt ihr das auch aus euren griechischen Büchern?

Nein, Herrin, das ist deutscher Brauch.

So will ich mich denn auslösen, lachte Frau Hadwig, erfaßte den rotwangigen Logiker und zog ihn zu sich heran, ihn zu küssen; der aber riß sich von ihr los, sprang in den Kreis der lärmenden Genossen und rief:

Die Münze kennen wir nicht!

Was heischet ihr denn für ein Lösegeld? fragte die Herzogin. Sie war der Ungeduld nahe.

Der Bischof Salomo von Konstanz war auch unser Gefangener, sprach der Schüler, der hat uns drei weitere Vakanztage erwirkt im Jahre und eine Rekreation an Fleisch und Brot, und hat's in seinem Testament gebrieft und angewiesen.

O nimmersatte Jugend! sprach Frau Hadwig, so muß ich's zum mindesten dem Bischof gleich tun. Habt ihr schon Felchen aus dem Bodensee verspeist?

Nein! riefen die Jungen.

So sollt ihr jährlich sechs Felchen zum Angedenken an mich erhalten. Der Fisch ist gut für junge Schnäbel.

Gebt Ihr's mit Brief und Siegel?
Wenn's sein muß!
Langes Leben der Frau Herzogin in Schwaben! Heil ihr! rief's von
allen Seiten, Heil, sie ist frei! Die Schulbänke wurden in Ordnung
gestellt, der Ausgang gelichtet, springend und jubelnd geleiteten sie die
Gefangene zurück. Im Hintergrund flogen die Pergamentblätter der
Logica als Freudenzeichen in die Höhe, selbst Notker Labeo's Mundwinkel neigten sich zu einem gröblichen Lachen und Frau Hadwig
sprach: Sie waren recht huldvoll, die jungen Herren; wollet die Rute
wieder in Verschlag tun, Herr Professor!
(J. V. v. Scheffel, Ekkehard, S. 37–40)

Für eine andere Episode des Romans, nämlich wie Ekkehard die
Herzogin Hadwig über die Schwelle des Klosters trägt, da nach der
Benediktinerregel eine Frau diese Schwelle nicht übertreten durfte,
benutzte Scheffel einen damals bekannt gewordenen tatsächlichen
Vorgang als Vorlage: die Künstlerin Amalie Bensinger wurde in Rom über
die Pforte des Klosters Ara
Coeli getragen. Diese Szene
des Romans erfreute sich bei
den damaligen Lesern besonderer Beliebtheit und wurde
immer wieder von Malern und
Illustratoren dargestellt.

Am Vorabend seiner
Reise zum Hohentwiel wandert
Ekkehard hinauf auf den Freudenberg beim Kloster St. Gallen. In den dort wahrgenomme-
nen Landschaftsbildern spiegeln sich, für ihn und den Leser
zunächst unbewußt, die ent-
scheidenden Stationen der
Handlung. Mit dieser Erzähl-
technik der verdeckten Voraus-
deutung ist diese kleine Szene
ein Beispiel dafür, wie Scheffel
versucht, seine Erzählung zu
strukturieren:

Ekkehard trägt die Herzogin Hadwig über die
Klosterschwelle.

Am Abend desselben Tages ging Ekkehard auf den Berg, an den sich das Kloster anlehnt. Seit langer Zeit war das sein Lieblingsgang. In den Fischweihern, die dort zur Spendung klösterlicher Fastenspeise künstlich angelegt sind, spiegelten sich die Tannen; ein leiser Luftzug kräuselte die Wellen, die Fische tummelten sich. Lächelnd ging er vorüber: Wann werd' ich wohl wieder einen von euch verzehren? Im Tannwald oben auf dem Freudenberg war's feierlich still. Da hielt er an. Ein weites Rundbild tat sich auf.

Zu Füßen lag das Kloster mit all seinen Gebäuden und Ring-mauern; hier sprang der wohlbekannte Springquell im Hofe, dort blühten die Herbstblumen im Garten – dort in langer Reihe die Fenster der Klosterzellen, er kannte jedwede und sah auch die seinige: „Behüt dich Gott, stilles Gelaß!"

Ekkehard hob sein Auge. Hoch aus der Ferne, wie reiche Zukunft, glänzte des Bodensees Spiegel herüber, in verschwommenen Duft war die Linie des anderseitigen Ufers und seiner Höhenzüge gehüllt, nur da und dort haftete ein heller Schein und ein Widerschein im Wasser, die Niederlassungen der Menschen andeutend.

„Aber was will das Dunkel in meinem Rücken?" Er schaute sich um, rückwärts hinter den tannigen Vorbergen reckte der Säntis seine Zacken und Hörner empor, auf den verwitterten Felswänden hüpfte warmer Sonnenstrahl unstät im Kampf mit dem Gewölke und strahlte vorüberfliehend auf die Massen alten Schnees, die in den Schluchten neuem Winter entgegenharrten... Über dem Kamor stand eine dunkle Wolke, sie dehnte und streckte sich, bald ward die Sonne verdeckt, grau und matt wurden die Bergspitzen gefärbt, es schickte sich an, zu wetterleuchten...

Soll mir das ein Zeichen sein? sprach Ekkehard, ich verstehe es nicht. Mein Weg geht nicht zum Säntis.

Nachdenkend schritt er den Berg hinunter.

In der Nacht betete er am Grabe des heiligen Gallus. Frühmorgens nahm er Abschied.

(J. V. v. Scheffel, Ekkehard, S. 54 f.)

Kloster Reichenau

Als Ekkehard auf seiner Reise von St. Gallen zum Hohentwiel vom Schweizer Ufer bei Ermatingen aus die Klosterinsel Reichenau liegen sieht, beschließt er spontan, „dieser Nebenbuhlerin seines Klosters einen Besuch abzustatten" – ein für die weitere Handlung des Romans folgenreicher Besuch:

Münster in Mittelzell.

Wie sie das Schifflein angelegt, ging Ekkehard dem Kloster zu, das zwischen Obstbäumen und Rebhügeln versteckt inmitten des Eilandes aufgebaut steht. Es war die Zeit des Spätherbstes, Alt und Jung auf der Insel mit der Weinlese beschäftigt, da und dort hob sich die Kapuze eines dienenden Bruders dunkel vom rotgelben Reblaub ab. Auf der Hochwarte standen die Väter der Insel truppweise beisammen und ergötzten sich am Getrieb der traubensammelnden Leute; sie hatten unter Umtragung eines mächtigen Marmorgefäßes, das für einen Krug von der kananäischen Hochzeit galt, die Einsegnung des neuen Weines abgehalten. Fröhlicher Zuruf und fernes Jauchzen klang aus den Rebbergen.

Unbemerkt kam Ekkehard zum Kloster, auf wenig Schritte war er ihm genaht, da erst ragte der schwerfällige Turm mit seinen Vorhallen, deren Rundbogen abwechselnd mit grauen und roten Sandsteinquadern geschmückt sind, vor ihm auf.

Im Klosterhof war alles stumm und still. Ein großer Hund wedelte am fremdem Gast hinauf ohne Laut zu geben, er bellte keine Kutte an; die Einwohner allesamt hatte der linde Herbsttag hinausgelockt.

Da trat Ekkehard in die gewölbte Fremdenstube am Eingang. Auch des Pförtners Gelaß nebenan war leer. Offene Fässer standen aufgepflanzt, manche schon mit süßem Moste gefüllt. Hinter ihnen war ein steinern Bänklein an der Wand; Ekkehard war frisch ausgeschritten und die Seeluft hatte ihm zehrend um's Haupt geweht, da kam ein Zug des Schlummers mächtig über ihn, er lehnte den Wanderstab an den Arm, streckte sich ein weniges und nickte ein.

Derweil zog sich's mit langsamem Schritt in die kühle Stube, das war der ehrenwerte Bruder Rudimann, des Klosters Kellermeister. Er trug ein steinern Krüglein in der Rechten und ging seines Amtes nach, Mostprobe zu halten. Das Lächeln eines mit der Welt und sich versöhnten Mannes lag auf seinen Lippen und sein Bauch war fröhlich gediehen wie das Hauswesen des Fleißigen, einen weißen Schurz hatte er drüber geschlungen, gewichtiger Schlüsselbund klapperte an seiner linken Seite.

„Zum Kellermeister soll erwählt werden ein weiser Mann von reifen Sitten, nüchtern und nicht vieler Speise gierig, kein Zänker und kein Schelter, kein Träger und kein Vergeuder, sondern ein Gottesfürchtiger, der der gesamten Bruderschaft sei als wie ein Vater" – und soweit es des Fleisches Schwäche hienieden möglich macht, war Rudimann bemüht, sotane Kellermeisterseigenschaften in sich zu vereinen. Dabei aber trug er das herbe Amt eines Strafvollziehers, und wenn einer der Brüder der Geißelung sich schuldig gemacht, band er ihn an die Säule und konnte sich keiner über die Milde seines Armes beklagen. Daß er außerdem mit boshafter Zunge dann und wann boshafte Gedanken aussprach und den Abt mit Verdächtigungen der Mitbrüder zu unterhalten wußte, wie das Eichhörnlein Ratatöskr der Edda, das auf- und abrennt an der Esche Yggdrasil und des Adlers zürnende Worte im Wipfel herniederträgt zu Nidhöggr, dem Drachen in der Tiefe: das war nicht seines Amtes, das tat er aus freien Stücken.

Heute aber schaute er gar vergnüglich drein, deß trug die Güte der Weinlese schuld. Und er tauchte sein Krüglein in ein offenes Faß, hielt's gegen das Fenster und schlürfte bedächtig den unklaren Stoff. Des schlafenden Gastes nahm er nicht wahr.

Auch dieser ist süß, sprach er, und kommt doch vom mitternächtigen Abhang der Hügel. Gelobt sei der Herr, der vom Notstand seiner Knechte auf dieser Au eine billige Einsicht nahm und nach soviel magern Jahren ein fettes schuf, und frei von Säure.

Inzwischen ging draußen Kerhildis die Obermagd vorüber, sie trug eine traubengefüllte Butte zur Kelter. Kerhildis, sprach der Kellermeister leise, getreueste aller Mägde, nimm mein Krüglein und füll' es mit dem Neuen vom Wartberg, der drüben an der Kelter steht, auf daß ich ihn mit diesem vergleiche.

Kerhildis, die Obermagd, stellte ihre Last ab und ging und kam und stand vor Rudimann, reichte ihm das Krüglein, schaute schalkhaft an ihm hinauf, denn er überragte sie um eines Kopfes Länge, und sprach: Wohl bekomm's!

Rudimann tat einen langen frommen vergleichenden Zug, so daß ihm der Neue auf den Lippen schmelzen mochte wie Schnee in der Morgensonne; alle miteinander werden süß und gut, sprach er, und seine Augen hoben sich gerührt, und daß sie an der Obermagd strahlendem Antlitz haften blieben, daran trug der Kellermeister kaum Schuld, denn diese hätte sich inzwischen auch zurückziehen können.

Da fuhr er mit Salbung fort: So ich aber Euch anschaue, Kerhildis, so wird mein Herz doppelt froh, denn auch Ihr gedeiht wie der Klosterwein in diesem Herbst und Eure Bäcklein sind rot wie Granatäpfel, die des Pflückenden harren. Preiset mit mir des Jahrgangs Güte, getreueste aller Mägde!

Und der Kellermeister schlang seinen Arm um der schwarzbraunen Obermagd Hüfte, die wehrte sich dessen nicht groß – was liegt an einem Kuß im Herbste? – und sie wußte, daß Rudimann ein Mann von reifen Sitten war und alles mäßig tat, wie es einem Kellermeister geziemt.

Da fuhr der Schläfer auf der Steinbank aus seinem Schlummer. Ein eigentümlich Geräusch, das von nichts anderem herrühren kann als von einem wohlaufgesetzten verständigen Kuß, schlug an sein Ohr, er schaute zwischen den Fässern durch, da sah er des Kellermeisters Gewandung und ein Paar fliegende Zöpfe, die nicht zu diesem Habit gehörten... er richtete sich auf, ein ungestümer Zorn kam über ihn, denn Ekkehard war jung und eifrig und in Sankt Gallen war strenge Sitte, und es hatte ihm noch nie als möglich vorgeschwebt, daß ein Mann im Ordenskleid ein Weib küssen möge.

Sein wuchtiger Haselstock ruhte ihm noch im Arm; jetzt sprang er vor und schlug dem Kellermeister einen wohlgefügen Streich, der zog sich von der rechten Schulter nach der linken Hüfte und saß fest und gut wie ein auf Bestellung gelieferter Rock – und bevor sich jener der ersten Überraschung erholt, folgte ein zweiter und dritter von gleichem Schrot... er ließ sein steinern Geschirr fallen, daß es am Pflaster zerschellte; Kerhildis entfloh.

Beim Krug von der Hochzeit zu Kana! rief Rudimann, was ist das? und wandte sich gegen den Angreifer. Jetzt erst schauten sich die beiden von Angesicht zu Angesicht.

Ein Gastgeschenk ist's, sprach Ekkehard ingrimmig, das der heilige Gall dem heiligen Pirmin sendet! und er erhub seinen Stab von neuem.

Dacht' ich's doch, schalt der Kellermeister, sankt gallische Holzäpfel! Man kennt euch an den Früchten: Boden hart, Glaube roh, Leute grob! Wartet des Gegengeschenks.

Er sah nach etwas Greifbarem um, ein namhafter Besen stand in der Ecke, mit dem waffnete er sich und gedachte auf den Störer seines Friedens einzudringen...

Da rief's gebietend von der Pforte her: Halt: Friede mit euch! und eine zweite Stimme frug mit fremder Betonung: Was ist hier für ein Holofernes aus dem Boden gewachsen?

Es war der Abt Wazmann, der mit seinem Freund Simon Bardo, dem ehemaligen Protospathar des griechischen Kaisers von der Einsegnung der Weinlese zurückkehrte. Das Geräusch des Streits unterbrach eine gelehrte Auseinandersetzung des Griechen über die Belagerung der Stadt Hai durch Josua und die strategischen Fehler des Königs von Hai, da er mit seinem Heer auszog wider die Wüste. Der alte Griechenfeldherr, der die Heimat verlassen, um im byzantinischen Ruhestand nicht an Mattigkeit der Seele zu ersterben, lag in seinen Mußestunden im deutschen Kloster eifrig dem Studium der Taktik ob; sie hießen ihn scherzweise den Hauptmann von Kapernaum, wiewohl er das Ordenskleid genommen.

Gebt dem Streite Raum, sprach Simon Bardo, der mit Bedauern den Zweikampf unterbrochen sah, zum Abte: ich hab' heut' im Traume ein Sprühen von Feuerfunken erschaut, das deutet Schläge...

Der Abt aber, in dessen Augen die Eigenmacht jüngerer ein Greuel war, gebot Ruhe und ließ den Streitfall zur Schlichtung vortragen.

Da hub Rudimann an zu erzählen, was geschehen und verschwieg nichts.

Leichtes Vergehen, murmelte der Abt; Hauptstück sechsundvierzig: von dem was bei der Arbeit, beim Gärtnen oder Fischfang, in Küche oder Keller gesündigt wird – alemannisches Gesetz: von dem was mit Mägden geschieht... der Gegner spreche!

Da trug Ekkehard vor, wie er die Sache angeschaut und in gerechtem Zorn dreingefahren.

Verwickelt! murmelte der Abt, Hauptstück siebenzig; kein Bruder nehme sich heraus, den Mitbruder sonder Ermächtigung des Abts zu schlagen, Hauptstück zweiundsiebenzig: von demjenigen Eifer, der einem Mönch wohl ansteht und zum ewigen Leben führt... Wieviel Jahre zählt Ihr?

Dreiundzwanzig!

Da sprach der Abt ernsthaft: Der Streit ist aus. Ihr, Bruder Kellermeister, habt Eure Streiche als wohlverdient Entgelt Eurer Zerstreutheit aufzunehmen; – Euch, Fremdling des heiligen Gallus, vermöchte ich füglich anzuweisen, Eures Weges weiter zu ziehen, denn es stehet geschrieben: Wenn ein fremder Mönch aus anderweiten Provinzen ankommt, soll er zufrieden sein mit dem, was er im Kloster vorfindet, sich nur einen demütigen Tadel erlauben und sich in keiner Weise überflüssig machen. In Erwägung Eurer Jugend und untadeligen Beweggrundes aber mögt Ihr zur Sühnung am Hauptaltar unserer Kirche eine einstündige Abendandacht verrichten: dann seid als Gastfreund willkommen!

Dem Abte erging es mit seinem Schiedsspruch wie manchem gerechten Richter. Keiner der Beteiligten war zufrieden; sie gehorchten, aber unversöhnt. Wie Ekkehard in der Kirche sein Sühngebet tat, mochten ihm allerlei Gedanken durch die Sinne ziehen vom guten Herzen, vom rechtzeitigen Eifer und von anderer Leute Urteil drüber. Es war eine der ersten Lehren, die er im Zusammenstoß mit Menschen erlitt. Durch eine Seitenpforte ging er in's Kloster zurück.

Was Kerhildis, die Obermagd, an jenem Abend den dienstbaren Frauen im Nähsaal zu Oberzell erzählte, allwo sie beim flackernden Scheine des Kienspahns ein Dutzend neue Mönchsgewänder zu fertigen hatten, war mit so beleidigenden Ausfällen gegen die Jünger des heiligen Gallus untermischt, daß es besser verschwiegen bleibt...

(J. V. v. Scheffel, Ekkehard, S. 59-63)

Am nächsten Morgen verläßt Ekkehard die Insel Reichenau:

Am frühen Morgen des andern Tages stund Ekkehard gerüstet zu weiterer Fahrt an der Schwelle des Klosters. Der Abt war auch schon wach und machte einen Frühgang im Gärtlein. Der Richterernst des gestrigen Tages lag nicht mehr auf seiner Stirne. Ekkehard sagte ihm Valet. Da raunte ihm der Abt lächelnd in's Ohr: Seliger, der du eine solche Schülerin die Grammatik lehren darfst! Das schnitt in Ekkehards Herz. Eine alte Geschichte stieg in seiner Erinnerung auf, – auch in den Klostermauern gab's böse Zungen und überlieferte Stücklein, die von einem zum andern die Runde machten.

Ihr gedenket wohl der Zeit, heiliger Herr, sprach er höhnisch, da Ihr die Nonne Clotildis in der Dialektik unterrichtet.

Damit ging er hinab zu seinem Schiffe. Der Abt hätte lieber ein Büchslein mit Pfeffer zum Frühmahl eingenommen als diese Erinnerung. Glückliche Reise! rief er dem Scheidenden nach.

Von dieser Zeit hatte Ekkehard es mit den Reichenauer Klosterleuten verdorben. Er ließ sich's nicht kümmern, und fuhr mit seinem Ermatinger Fergen den Untersee hinab.

Träumerisch schaute er aus seinem Schifflein hinaus in's Weite. Im durchsichtigen Duft des Morgens wogte der See, zur Linken hoben sich die schlanken Türmchen von Eginos Klause Niederzell, – dort streckt das Eiland seine letzten Spitzen in's Gewässer hinaus, eine steinerne Pfalz schaute aus den Weidenbüschen vor – aber Ekkehards Blick haftete auf der Ferne, der er zusteuerte; groß, stolz, in steiler kecker Linie trat ein felsiger Bergrücken aus dem Gehügel des Ufers vor, gleich dem Gedanken eines Geistesgewaltigen, der wuchtig und tatenschwer flache Umgebung überragt, die Frühsonne warf helle Streiflichter auf Felskanten und Gemäuer. Fern zur Rechten hoben sich etliche niedere Kuppen von gleicher Form, bescheiden, als wären sie Feldwachen, die der Große ausgesendet.

Der Hohentwiel! sprach der Fährmann zu Ekkehard.

(J. V. v. Scheffel, Ekkehard, S. 63 f.)

Den hier geschilderten Landschaftseindruck kann der heutige Reisende noch wie zu Scheffels Zeiten haben; am besten natürlich vom Schiff aus zwischen Reichenau und Allensbach, aber auch, weniger umfassend, von den Bootsstegen am Jachthafen.

Hohentwiel

Der Rundgang Hohentwiel beginnt am Berggasthaus, in dem Scheffel im April und Mai 1854 am Manuskript des Romans arbeitete:

Nach einer Fußwanderung von Radolfzell nach Singen, durch ein Gelände, das für die Hunnenschlacht des Romans den Schauplatz abgeben sollte, traf Scheffel am Montag, den 10. April 1854 auf dem Hofgut des Schultheißen Christian Friedrich Pfizer ein. Dieses Gut, zu dem auch ein Gasthaus gehörte, lag auf halber Höhe des Berges...

Noch am gleichen Tage heißt es in einem Brief an die Eltern: „Das Wirtshaus scheint einfach und ordentlich. Von meinem Fenster beherrsche ich eine weite treffliche Aussicht, links der hohe Krähen, vor mir Feld, Wald und Berge, rechts der Bodensee und bei hellem Wetter die Alpen. Ich hoffe, hier heimisch zu werden und will morgen die Schreiberei beginnen. Im Hofe vor dem Wirtshaus steht eine Linde, die mich in ihrem Schatten wohl manchmal beherbergen wird."...

Am 16. Mai trug der Gast von Zimmer Nr. 3 sich ins Fremdenbuch des „trefflichen schwäbischen Schultheißen" ein, dessen Gasthof ihm fünfundeinhalb Wochen lang freundliches Asyl geboten hatte. Das Gedicht ironisiert Sinn und Zweck des Aufenthalts und schmeckt stark nach Heinrich Heine.

(W. Zentner; Scheffel, Ekkehard und der Hohentwiel)

In des Schultheißen Pfizer Fremdenbuch

Was tönet in nächtiger Stunde
Gespenstig vom Hohentwiel?
– Es sitzen zwei auf dem Turme
Im Mondschein und lesen Virgil.

„Den unsäglichen Schmerz zu erneuen,
O Fürstin, gebietest du mir..."
So flüstert's in klagenden Lauten,
Der Wind verweht's im Revier.

Herr Ekkehard ist's von St. Gallen,
Hell glänzt sein mönchisch Gewand;
Genüber Frau Hadwig, die stolze
Herzogin in Schwabenland.

Die nahm einst vor tausend Jahren
Lateinischen Unterricht,
Da deucht' ihr des Lehrers rot Mündlein
Viel schöner als alles Gedicht.

Sie lasen nicht weit in dem Buche,
Es hat sich so wonnig geträumt,
Jetzt müssen die Geister vollenden,
Was die Lebenden fröhlich versäumt.

Drum, wen der Herr im Grimme
Zum Mönch und Professor gemacht,
Der führe sich das zu Gemüte
Und nehme sich besser in acht!
(Scheffel, Sämtl. Werke, Bd. 9, S. 102 f.)

Vom Berggasthaus erreicht man in etwa 20 Minuten zu Fuß die Ruinen auf dem Gipfel des Hohentwiel.

In der „Herzogsburg" befinden wir uns am zentralen Schauplatz der Romanhandlung des „Ekkehard". Allerdings ist von der eigentlichen Burg der Herzogin Hadwig aus dem 10. Jahrhundert nichts erhalten, nicht einmal ihre genaue Lage ist rekonstruierbar. Die Ruinen der sogenannten „Herzogsburg", die Scheffel vorgefunden hat und die wir heute noch im gleichen Zustand besichtigen, gehören zu dem Renaissancebau Herzog Christophs aus dem 16. Jahrhundert. Diese Ruinen hat Scheffel gesehen und als Kulisse seiner Romanhandlung ausgestaltet. Insofern ist die Frage nach der originalen Hadwigsburg für den Leser unwesentlich, für ihn spielt „Ekkehard" in den Gebäuden, deren Ruinen er vor Augen hat. Phantasievolle Bezeichnungen, wie „Hadwigswohnung", „Hadwigsgemächer" und „Ekkehardturm", versuchen, die Vorstellungskraft der Besucher anzuregen. Der Leser des Romans wird beim Gang durch die Ruinen weitere Plätze finden, denen er entsprechende Romanszenen zuordnen kann; so hat man etwa in der sogenannten „Wilhelmswacht" mit dem weiten Blick zum Bodensee und – bei guten Sichtverhältnissen – zu den Schweizer Bergen (Säntis, Wildkirchli) durchaus den Eindruck, auf hohem Söller zu stehen, und wenn man will, kann man sich gegenüber dem Zeughaus beim „Rondell Augusta" gut das Burggärtlein vorstellen.

Bei seiner Ankunft auf dem Hohentwiel wird Ekkehard zunächst von Moengal, dem Leutpriester von Radolfzell, begleitet:

Ruinen der einstigen Herzogsburg.

Da gingen sie zusammen, und der Leutpriester nahm seine Leimruten mit, im Rückweg den Vögeln des Waldes Nachstellung zu bereiten. Es war ein langer Weg durch den Tannenwald, lang und still.

Wie sich das Gehölz lichtete, da stand in dunkler Masse der hohe Twiel und warf ihnen seinen Schatten entgegen. Moengal aber schaute mit scharfem Aug' den Waldpfad entlang durch die Lichtung der Tannen. Es streicht was durch's Revier, sprach er.

Sie waren wieder etliche Schritte gegangen, da griff Moengal seinen Gefährten am Arm, stellte ihn, deutete vorwärts und sprach: Das sind keine Wildenten noch Tiere des Waldes!

Es kam ein Ton herüber, als wenn fernab ein Roß gewiehert... Moengal sprang seitwärts, schlich sich ein gut Stück im jungen Gehölz vorwärts, legte sich auf den Boden und spähte.

Waidmanns Torheit, sprach Ekkehard und wartete seiner. Jetzt kam er zurück. Bruder sprach er, liegt der heilige Gall in Fehde mit einem der Gewaltigen dieses Landes?

Nein.

Habt Ihr Einen beleidigt?

Nein.

Sonderbar, sprach der Alte, es kommen drei Gewaffnete geritten.

Es werden Boten der Herzogin sein, mich zu empfangen, sprach Ekkehard mit stolzem Lächeln.

Hoiho! brummte Moengal, fehlgeschossen! Das ist nicht herzoglicher Dienstmannen Kleid, der Helm ist sonder Abzeichen. Und im grauen Mantel reitet kein Twieler!

Er hemmte seinen Schritt.

Vorwärts! sprach Ekkehard. Weß Herz ohne Schuld, den geleiten die Engel des Herrn.

Im Hegau nicht immer! war des Alten Antwort. Es war keine Gelegenheit zu weiterem Zwiegespräch, Hufschlag tönte, der Boden klirrte, drei Reitersmänner kamen gesprengt, den Helm geschlossen, das Schwert gezogen...

Folgt mir, rief der Leutpriester, maturate fugam! Er warf seine Leimruten zu Boden und wollte Ekkehard mit zur Seite ziehen. Der aber wandte sich nicht. Da sprang Moengal allein in's Buschwerk hinüber, die Dornen zogen ihm zu den alten Rissen in's morsche Gewand etliche neue, er wand sich los, mit den Sprüngen eines Eichhorns setzte er in's Dickicht. Er kannte die Schliche.

Er ist's! rief der vorderste der Reiter, da sprangen die andern von den Rossen, stolz sah ihnen Ekkehard entgegen: Was wollt Ihr? – keine Antwort; er griff zum Kruzifix, das ihm im Gürtel hing: im Namen des Gekreuzigten!... wollte er anheben, aber schon war er zu Boden geworfen, unsanfte Fäuste hielten ihn, ein Strick ward um seine Hände geschlungen, bald lagen sie geknebelt auf dem Rücken – eine weiße Binde umschloß seine Augen knapp und fest, daß es dunkel um ihn ward – „Vorwärts!" die Überraschung des Augenblicks beugte ihm die Knie, unsicher schritt er, da hoben sie ihn und trugen ihn ein Stück weit. Am Beginn des Waldes standen vier Männer mit einer Sänfte, in die warfen sie den Betroffenen und weiter gings durch die Ebene, am steten Hufschlag zur Seite merkte Ekkehard, daß die Reiter ihren Fang geleiteten.

Derweil Moengal durch den Wald floh, hüpften die Meisen so zutraulich auf den Zweigen und heller Drosselschlag umtönte ihn, da vergaß er der Gefahr und sein Herz kränkte sich, daß er die Leimruten fahren gelassen.

Wie er aber auch noch die Wachtel ihr: Quakkara! Quakkara rufen hörte, klang ihm das geradezu herausfordernd und er wandte seinen Schritt zum Platze des Überfalls. Es war still dort, als wäre nichts geschehen. In der Ferne sah er die Kriegsleute abziehen. Die Helme glänzten.

Es werden aber viele, so die ersten waren, die letzten sein, sprach er kopfschüttelnd und las seine Leimruten zusammen. Zu einer Fürstin

Saal gedachte er zu gehen und das Gefängnis nimmt ihn auf. Heiliger Gallus, bitt' für uns!

Weiter zerbrach sich Moengal den Kopf nicht. Derlei Vergewaltigung war häufig wie Schlüsselblumen im Frühling.

Es schwamm einmal ein Fisch klaftertief unten im Bodensee, der konnt' sich's gar nicht erklären, was den Cormoran zu ihm hinabführte, der schwarze Tauchervogel hatte ihn schon im Schnabel und flog mit ihm hoch durch die Lüfte weg: noch war's ihm unbegreiflich. So lag Ekkehard in der Sänfte, ein gebundener Mann; je mehr er über seines Geschickes Wendung nachsann, desto weniger mocht' er's fassen.

Dräuend stieg der Gedanke in ihm auf, es möchte wohl einer im Hegau sitzen, ein Freund oder Blutsverwandter der Kammerboten, und jetzt am unschuldigen Jünger des heiligen Gallus Rache nehmen, denn Salomo, der Ursächer ihres schmählichen Todes, war zugleich Abt jenes Klosters gewesen. Für den Fall mochte sich Ekkehard auf das Schlimmste bereit halten, er wußte, wie manchen priesterlichen Standes nicht die Tonsur, nicht geistlich Gewand vor dem Ausstechen der Augen oder Abhauen der Hände geschützt, wenn's um Rache ging.

Er gedachte an's Sterben. Mit seinem Gewissen war er versöhnt, der Tod trug ihm kein Schrecknis zu, aber tief im Herzen klang doch eine leise Frage: Warum nicht in Jahresfrist, nachdem mein Fuß den Twiel betrat? –

Jetzt gingen die Träger der Sänfte langsamen Schrittes, es mochte einen Berg hinangehen. Auf welches der Felsennester dieses Landes schleppen sie mich? Ein halb Stündlein mochten sie aufwärts gestiegen sein, da schlug der Huftritt der Reiter rasselnd und hohl auf, wie wenn sie über eine hölzerne Brücke ritten. Noch blieb's still, kein Wächterruf, – die Entscheidung konnte nimmer fern sein. Da kam ein starkes Vertrauen über Ekkehard, die Worte des Psalms traten vor ihn: „Gott ist unsere Zuflucht und Stärke, als Hilfe in Nöten mächtig erfunden. Darum fürchten wir nichts, ob auch die Erde wechselte und die Berge wankten im Herzen des Meeres. Mögen brausen die Gewässer, die Berge beben bei seinem Ungestüm. Jehovah ist mit uns, unsere Zuflucht der Gott Jakobs, Sela..."

Über eine zweite Brücke ging's. Ein Tor ward aufgetan, die Sänfte stand. Da huben sie ihren Gefangenen herfür, sein Fuß berührte den Boden, es war Gras – ein Flüstern schlug an sein Ohr als wär' viel Volk in der Nähe versammelt, der Strick um seine Hände ward gelöst. Nehmt Euch die Binde von den Augen! sprach einer seiner Begleiter, er tat's – Herz jauchze nicht! er stand im Schloßhof von Hohentwiel...

Fröhlich rauschte es im Geäst der alten Linde, ein zeltartig Getüch war darein gespannt, Kränze von Eppich und Weinlaub hingen hernieder, der Burg Insassen standen gedrängt herum, auf steinerner Bank saß die Herzogin, der purpurdunkle Fürstenmantel wallte von den Schultern, mildes Lächeln umspielte die herben Züge – jetzt erhob sich die herrliche Gestalt, sie schritt Ekkehard entgegen: Willkommen in Hadwigs Burgfrieden! Er wußte kaum, wie ihm geschah und wollte ins Knie sinken, huldreich hob sie ihn empor und winkte dem Kämmerer Spazzo, der warf seinen grauen Reitermantel ab, ging auf Ekkehard zu und umarmte ihn wie einen alten Freund: Im Namen unserer Gebieterin, empfahet den Friedenskuß!

Flüchtig zuckte in Ekkehard der Gedanke: soll hier ein Spiel mit mir gespielt werden? aber die Herzogin rief scherzend:

Ihr seid mit gleicher Münze bezahlt. Habt Ihr vor drei Tagen die Herzogin in Schwaben nicht anders als getragen über des heiligen Gallus Schwelle kommen lassen, so war's billig, daß auch sie den Mann von Sankt Gallen in ihr Schloß tragen ließ.

Und Herr Spazzo schüttelte ihm nochmals die Hand und sprach: Nichts für ungut, es war strenger Befehl so! – Er hatte erst den Überfall befehligt und wirkte jetzt zum herzlichen Empfang, beides mit gleich unveränderter gewichtiger Miene, denn ein Kämmerer muß gewandt sein und auch das Widersprechende in Form zu bringen wissen.

Ekkehard lächelte: Für einen Scherz, sagte er, habt Ihr's recht ernsthaft ausgeführt. Er gedachte dabei insbesondere, wie ihm einer der Reitersmänner, da sie ihn in die Sänfte warfen, mit erzbeschlagenem Lanzenschaft einen schweren Stoß in die Seite versetzt. Das stand freilich nicht in der Herzogin Befehl, aber der Reitknecht war schon unter Luitfried des Kammerboten Neffen dabei gewesen, wie sie den Bischof Salomo einstmals niederwarfen, und hatte sich von dazumal die irrige Meinung eingeprägt, bei Niederwerfung geistlicher Herren gehöre ein fester Faustschlag, Stoß oder Fußtritt unumgänglich zum Landbrauch.

Jetzt führte Frau Hadwig ihren Gast an der Hand durch den Schloßhof, und wies ihm ihre luftige Behausung und die stolze Fernsicht nach Bodensee und Alpenkuppen, und der Burg Leute baten um seinen Segen – auch die Reitknechte kamen und die Träger der Sänfte, und er segnete sie alle. Dann geleitete ihn die Herzogin bis an den Eingang. Ein Bad ward ihm zurecht gemacht und frische Gewandung bereitet; sie hieß ihn sich pflegen und ausruhen, und Ekkehard war fröhlich und guter Dinge nach leicht erstandener Gefahr...

(J. V. v. Scheffel, Ekkehard, S. 70–76)

Wildkirchli – Ebenalp

Jetzund, vielteurer Leser, umgürte deine Lenden, greif' zum Wan-
derstab und fahr' mit uns in die Berge. Aus den Niederungen des
Bodensees zieht unsere Geschichte ins helvetische Alpenland hinüber.
(J. V. v. Scheffel, Ekkehard, S. 300)

Die letzte Station der Ekkehard-Rundfahrt ist es auch wegen ihrer
großen landschaftlichen Schönheit, trotz des kleinen Umwegs, wert,
besucht zu werden, zumal die heutigen Reisenden im allgemeinen nicht
zu Fuß unterwegs sind. Gerade am Wildkirchli ist noch viel von der
Situation, wie Scheffel sie angetroffen und beschrieben hat, erhalten.

Vom Parkplatz am Bahnhof Wasserauen aus gibt es zwei Möglichkeiten: entweder man steigt auf Ekkehards Spuren in zweistündiger
Wanderung den bezeichneten Weg hinauf zum Wildkirchli und zur Ebenalp, oder man fährt mit der Luftseilbahn zur Ebenalp und erreicht von dort
in wenigen Minuten das Wildkirchli. Gutes Schuhwerk ist notwendig,
ebenso wird Trittsicherheit vorausgesetzt.

Anfang September 1854 schrieb Scheffel im Gasthaus Aescher am
Wildkirchli die letzten Kapitel seines Romans „Ekkehard". Wie für seinen
Helden brachten auch für den Autor der Aufenthalt im Gebirge und die
dichterische Arbeit eine seelische Befreiung, die sich in den Versen
spiegelt, die er zum Abschied ins Gästebuch des Gasthauses schrieb:

Abschied vom Wildkirchli.

B'hüt Gott, mein lieber Äscherwirt,
B'hüt Gott, du brave Frau!
Wie war bei euch die Luft so lind,
Der Himmel prächtig blau.

Ist auch das Haus nicht riesengroß,
Es war mir eben recht!
Am wohlsten ist's im kleinen Nest
Dem biedern Mauerspecht.

(...)

Wildkirchli um 1835.

Und käm' ich wieder auf die Welt,
Ich ließ' den ganzen Qualm
Und zög' als Appenzeller Senn
Zum Äscher auf die Alm. –
Dies Liedel sang als Abschiedsgruß
Ein fahrender Scholar,
Der sieben Tag' und sieben Nächt'
Allhier zu Gaste war.
Er schleppte auf den Berg herauf
Viel alte Sorg' und Qual –
Als wie ein Geißbub' jodelnd fährt
Er fröhlich jetzt zu Tal.
(J. V. v. Scheffel, Sämtl. Werke, Bd. 9, S. 103 f.)

Im 22. Kapitel seines Romans schildert Scheffel den Aufenthalt Ekkehards auf der Ebenalp:

Jetzund, vielteurer Leser, umgürte deine Lenden, greif' zum Wanderstab und fahr' mit uns in die Berge. Aus den Niederungen des Bodensees zieht unsere Geschichte ins helvetische Alpenland hinüber: dort ragt der hohe Säntis vergnüglich in die Himmelsbläue, wenn er just nicht vorzieht, die Nebelkappe ums Haupt zu hüllen, und schaut lächelnd in die Tiefen, wo der Menschen Städte zu eines Ameisenhaufens Größe zusammenschrumpfen; und um ihn steht eine Landsgemeinde stolzer Gesellen versammelt, von gleichem Schrot und Korn, die recken ihre kahlen Scheitel einander entgegen und blasen sich Nebelwolken zu, ein Rauschen und Sausen zieht durch ihre Schlüfte und was sie über menschliches Dichten und Treiben sich zuflüstern, klang vor tausend Jahren schon ziemlich verächtlich und hat sich seither nicht um vieles gebessert.

Ohngefähr zehn Tage, nachdem die Mönche der Reichenau im Hohentwieler Burgturm an Stelle eines Gefangenen ein Häufchen Asche vorgefunden und viel Verhandlung gepflogen hatten, ob ihn in böser Mitternacht der Teufel bewältigt und zu Asche verbrannt, oder ob er entwichen sei, schritt ein Mann längs dem weißgrünschäumenden Sitterbach über sprießende Matten und Felsgestein bergaufwärts.

Er trug einen Mantel aus Wolfsfell über ein mönchisch Gewand, eine lederne Tasche umgeschlagen, in der Rechten einen Speer. Oftmals stieß er die eherne Spitze in's Erdreich und stemmte sich am Schaft, die Waffe als Bergstock nutzend.

Rings um ihn stille tiefe Einsamkeit. Langgestreckte Nebelstreifen lagen über dem wilden Tal, wo die Sitter dem Seealpsee entspringt, aber hoch drüber weg schauten grimmige Steinwände, von spärlichem Grün umsäumt, himmelan. Die Berghalden, wo jetzt in schindelumhüllten Hütten ein fröhlich Hirtenvolk zahlreich nistet, waren damals zumeist öde und spärlich bewohnt; nur fern in der Niederung des Tals stund die Zelle des Abts von Sankt Gallen und wenig Behausungen dabei. Nach der blutigen Feldschlacht bei Zülpich war eine kleine Schar freiheitsliebender alemannischer Männer, die dem Franken ihren Nacken zu beugen nimmer erlernen mochten, in diese Einöde gezogen; in zerstreuten Ansiedelungen saßen ihre Nachkommen und trieben in der Sommerszeit ihre Herden zur Alp, kräftig verständige Bergbewohner, die unangetastet vom Lärm der Welt ein einfach freies Leben genossen und den folgenden Geschlechtern vererbten.

Steiler und rauher ward der Pfad, den der Mann einschlug. Jetzt stund er unter senkrecht aufstarrender Felswand; ein schwerer Wassertropfen war aus dem Kalkgestein auf sein Haupt niedergetrauft, da schaute er prüfend empor ob der grauenhafte Überhang noch anhalte mit dem Einsturz, bis er vorüber. Aber Felswände vermögen länger im schiefen Zustand zu verharren als das was Menschenhände bauen; es stürzte nichts herab als ein zweiter Tropfen.

Mit der Linken am Gestein sich anlehnend, schritt der Mann vorwärts. Immer schmäler ward der Steig, der schwarze Abgrund zur Seite rückte näher, schwindelnde Tiefe gähnte herauf... jetzt schwand auch die letzte Spur eines Pfades. Zwei mächtige Fichtenstämme waren als Brücke über den Abgrund gelegt. Es muß sein! sprach der Mann und schritt unverzagt drüber. Er atmete hoch auf, wie er drüben wieder Boden unter den Füßen verspürte, und machte Halt, um sich den grausigen Platz zu betrachten. Es war ein schmaler Felsvorsprung, über und unter ihm senkrechte gelbgraue Steinwand, in der Tiefe kaum sichtbar, ein Silberstreif im Grün des Tales, der Waldbach Sitter, und scheu versteckt im Tannendunkel der meerfarbige Spiegel des Seealpsee. Gegenüber, gepanzert und gewappnet die Schar der Bergesriesen – die Feder will zu fröhlichem Sang aufjodeln, da sie ihre Namen schreiben soll: der langgestreckte rätselvolle Kamor, die gewaltigen Mauern der Boghartenfirst und Sigels Alp und Maarwiese, auf deren Zinnen wie Moos auf den Dächern würziger Graswuchs grünt, dann der Hüter des Seegeheimnisses, der „alte Mann" mit runzelgefurchter Steinstirn und weißumschneitem Haupt: des hohen Säntis Kanzler und Busenfreund.

Ihr Berge des Herrn, benedeiet den Herrn! sprach der Wandersmann, ergriffen von der Wucht des Eindrucks. Viel hundert Berg-
schwalben flatterten aus den Spalten des Gesteins. Ihr Flug soll gute
Vorbedeutung sein.

Er tat etliche Schritte vorwärts. Da war die Felswand mächtig
zerklüftet, eine doppelte Höhle tat sich auf, aus rohem Schaft zusam-
mengefügt stand ein schmuckloses Kreuz dabei, Tannenstämme an der
einen Höhlenwand zum Blockhaus geschichtet und nach Art der
damals üblichen Kriegsgerüste oder Belagerungstürme mit zusammen-
gefügtem Flechtwerk überdacht, deuteten auf menschliches Anwesen.
Kein Laut unterbrach die Stille.

Der Fremde kniete vor dem Kreuz nieder und betete lang.

Es war Ekkehard, – der Ort, wo er betete, das Wildkirchlein. (...)

...Jetzt war sein Gebet beendigt. Er schaute erwartungsvoll nach
dem Höhleneingang, ob Gottschalk, der Einsiedel, nicht heraustrete
und den neuen Ankömmling begrüße. Es regte sich nichts, die Höhle
stund leer. (...)

Es war spät geworden. Wohin? ...Ein starker Hunger zerstreute
seine Gedanken. Er trug noch für drei Tage Speise bei sich. Da setzte er
sich vor die Höhle und verzehrte unter Tränen seinen Abendimbiß.
Sein Berg warf lange blaue Schatten auf die Wände gegenüber, nur die
steinernen Gipfel glühten noch im Sonnenlicht.

So lang das Kreuz am Felsen steht, werd' ich nie ganz verlassen
sein! sprach er. Er trug etliches Gras vom Abhang zusammen, und
richtete sich ein Lager auf die Stelle des vermoderten. Kühle Nachtluft
zog herauf. Da hüllte er sich in Moengals geschenkten Mantel und legte
sich nieder. Der Schlaf ist ein gutes Heilmittel für die Leiden der
Jugend. Er kam auch über Ekkehard, trotz Herzeleid und einsamer
Felswildnis.

Die erste Dämmerung des Morgens zog über dem Haupte des
Kamor auf, nur der Tagstern schien noch in schöner Farbe, da fuhr
Ekkehard aus dem Schlummer. Es war ihm als hab' er ein lustig scharfes
Hirtenjauchzen gehört. Dann glänzte im tiefen dunkeln Grund der
Höhle ein Licht auf. Er glaubte zu träumen, als läg' er noch im Kerker,
und Praxedis nahe befreiend. Aber das Licht kam näher, Fackelglanz
brennenden Kienspans; eine hochgeschürzte Maid trug die einfache
Leuchte. Er sprang auf. Unerschrocken stand sie vor ihm und sprach:
Gott willkommen!

Es war ein keck halbwildes Wesen von gelblicher Hautfarbe und sprühenden Augen, aus den Flechten des dunkelschwarzen Haares glänzte eine schwere silberne Nadel in Form eines Löffels, der geflochtene Korb auf dem Rücken und der Alpstock in der Rechten bezeichnete die Bewohnerin der Berge.

Heiliger Gallus, beschirme mich vor neuer Versuchung! dachte Ekkehard, aber sie rief vergnügt: Gott willkommen noch einmal! Der Vater wird recht froh sein, daß wir einen neuen Bergbruder haben. Man merkt's an der wenigen Milch der Kühe, sagt er immer, daß der alte Gottschalk tot ist.

Es klang nicht wie die Stimme eines weiblichen Dämon.

Ekkehard war noch schlaftrunken. Er gähnte. Vergelt's Gott! sprach die Maid. Warum vergelt's Gott? fragte er.

Weil Ihr mich soeben nicht verschluckt habt! lachte sie, und eh' er weiter fragen konnte, woher und wohin, sprang sie mit dem Kienspan zurück und verschwand in der Höhle.

Bald kam sie wieder. Ein graubärtiger Senn, in eine Decke von Lämmerfell gehüllt, folgte ihr.

Der Vater will's nicht glauben! rief sie Ekkehard entgegen.

Bedächtig schaute der Hirt auf den fremden Gast. Er war ein rauher Mann, der einst in grüner Jugendzeit beim altherkömmlichen Kraftspiel des Steinstoßens den hundertpfündigen Feldstein wohl über zwanzig Schritte weit von sich geschleudert, ohne einen Fuß zu verrücken; sein gebräuntes Antlitz und seine sehnigen nackten Arme waren jetzt noch Denkzeichen alter ungeschwächter Kraft.

Ihr wollt unser Bergbruder sein? sprach er gutmütig zu Ekkehard, und reichte ihm die Hand, recht so!

Ekkehard war verlegen ob der wilden Erscheinung.

Ich gedachte den Bruder Gottschalk zu besuchen, erwiderte er.

Beim Strahl! da kommt Ihr zu spät, sprach der Senn. Der hat sich verfallen im vorigen Herbst, es war eine böse Geschichte. (...)

Mach' ihm keine Angst! sprach die Maid und stieß den Sennen an.

Deswegen mögt Ihr Euch doch bei uns festsetzen, sprach der Senn. Ihr bekommt, was wir dem Gottschalk gaben, Milch und Käs und drei Ziegen in den Stall, die mögen grasen, wo sie wollen. Im Notfall mögt Ihr auch mehr heischen, wir hier oben sind keine Geizkrägen und Mußmehlspalter. Ihr predigt uns dafür an den Sonntagen und sprecht den Segen über Alm und Weiden, daß Wetter und Bergsturz kein Verderb bringen, und läutet die Tagszeit.

Ekkehard sah zweifelhaft in den starren Höhlenraum. Es tat ihm wunderwohl, Menschen in der Nähe zu wissen, aber rätselhaft war's, woher sie kamen. Sind Eure Almen in des Berges Tiefe? fragte er lächelnd.

Er weiß nicht, wo die Ebenalp steht! sprach das Hirtenkind mitleidig. Ich will's Euch zeigen!

Ihr Kienspan brannte noch.

Sie wandte sich dem Innern der Höhle zu, die Männer folgten ihr. Da ging's durch enge dunkle Wölbung in's Innere des Berges, niedergestürztes Gestein sperrte den Pfad, oft mußten sie gebückt weiterkriechen. Scharfe rötliche Streiflichter zuckten auf den Kanten der Wände, – dann fiel fahler Schimmer des Tages herein. Es ging in die Höhe, dort öffnete sich ein Ausgang. Die Hirtin stieß ihren Span an die seltsam geformten Tropfsteingebilde, die von der Decke niederhingen, daß er erlosch... noch etliche Schritte, und sie stunden auf weiter herrlicher Alp.

Würziger Duft von Alpenpflanzen umströmte sie, da blühte Mannstreu und Knabenkraut und blauer Eisenhut, der prächtige Alpenschmetterling Apollo mit dem rotleuchtenden Auge auf den Flügeln wiegte sich über den Blumenkelchen – nach enger Höhlennacht erquickte ein weites unendliches Rundbild den Blick.

Noch lag der Frühnebel in den Tälern, schwer, unbeweglich, zusammengeballt, als hätte überall ein gewaltiges Meer geströmt und wäre im Augenblick, da es zu sprühendem Schaum aufwogte, versteinert worden; aber klar und scharf schnitten die Häupter der Berge ihren Umriß in das tiefe Blau der Himmelsdecke, wie riesige Inseln dem Schoß des Nebelmeers entsteigend. Auch der Bodensee war umnebelt, in leisem Duft türmten sich die Reihen der fernen Gebirge an rhätischer Landmark mit ihren zackigen Felshörnern übereinand. Friedlich tönte weidender Herden Geläut von den Halden herauf. In Ekkehards Gemüt klang es wie ein stolz demütiges Morgengebet.

Ihr bleibt bei uns, sprach der alte Senn, ich seh's Euch an den Augen an.

Ich bin ein landfremder Mann, erwiderte Ekkehard traurig, mich hat der Abt nicht gesendet.

Das gilt gleich, rief der Alte. Wenn's uns recht ist und dem Säntis dort droben, so hat niemand was drein zu reden. Des Abts Twing und Bann reicht nicht in unsere Höhen, wir zahlen ihm den Herdenzins, wenn seine Vögte am Milchprüfungstag zur Schau unserer Senntümer heraufkommen, weil's alter Brauch ist, aber sonst: Sein' Grund und

Boden pflanz' ich nicht, nach seiner Pfeife tanz ich nicht, heißt's hierzulande.

Schaut her! – er wies Ekkehard eine graue Bergspitze, die aus langgestreckten Eisfeldern einsam aufragte – das ist der hohe Säntis, der ist Herr in den Bergen, vor dem schwenken wir den Hut, sonst vor niemand. Dort zur Rechten ist der blaue Schnee; da war früher Alm und Weide und saß ein übermütiger Mann drauf, der war ein Riese und ihm wuchsen die Herden und der Stolz, daß er sprach: ich will König sein über alles, was mein Auge umfaßt! Aber in des Säntis Tiefen hub sich ein Donnern und Beben und der Felsgrund regte sich und Eisströme rannen hervor und deckten den Riesen samt Hütte und Stall und Vieh und Alm, und vom blauen Schnee weht's jetzt noch frierend herunter, – ein Denkzeichen, daß neben dem Alten der Berge keiner zur Herrschaft berufen!

Der Hirt schuf Ekkehard Vertrauen. Trotzige Kraft und gutes Herz strömte in seinen Worten. Sein Kind hatte einen Strauß Alpenrosen gepflückt und reichte sie Ekkehard dar.

Wie heißt du? fragte er.

Benedikta, sprach sie.

Das ist ein guter Name, sagte Ekkehard und steckte die Alpenrosen in den Gürtel seiner Kutte; ich bleibe bei euch!

Da schüttelte ihm der alte Senn die Rechte, daß sie in ihren Grundfesten erbebte, dann griff er das Alphorn, das er an rohhäutigem Riemen auf der Schulter trug, und blies ein seltsam klingendes Zeichen. Aus Höhen und Tiefen klang's antwortend herüber, die benachbarten Sennen kamen herbei, starke, wilde Hirten, und standen zu dem Alten, den sie in der Frühlingszeit, seiner Tüchtigkeit halber, zum Alpmeister und Aufseher über die Bergweiden der Ebenalp erwählt.

Wir haben einen Bergbruder überkommen, sprach er, es wird keiner von euch dawider schelten und tosen?

Und sie erhoben alle die Hände als Zeichen der Zustimmung und gingen auf Ekkehard zu und hießen ihn willkommen, und er ward gerührt und machte das Zeichen des Kreuzes über sie.

So ward Ekkehard Einsiedel auf dem Waldkirchlein und wußte eigentlich selber nicht wie.

(J. V. v. Scheffel, Ekkehard, S. 300–308)

Literaturverzeichnis

Bader, Karl. S.: Josef v. Lassberg, Mittler und Sammler. Stuttgart 1955.

Beck, Adolf/*Raabe,* Paul: Hölderlin. Eine Chronik in Text und Bild. Frankfurt 1970.

Bergengruen, Werner: Deutsche Reise. Aus: Deutschland im Spiegel der Dichtung. Südwest Verlag München. Copyright Arche Verlag Zürich 1959.

Berglar, Peter: Annette von Droste-Hülshoff. Rowohlts Bildmonographien. Reinbek 1967.

Berner, Herbert (Hrsg.): Hohentwiel. Bilder aus der Geschichte des Berges. Konstanz 1957.

Bodman, Emanuel von: Gesammelte Werke. Der tiefe Brunnen. Gedichte. Zitiert nach P. Faessler, Bodensee u. Alpen. Konstanz 1924.

Brackert, Helmut (Hrsg.): Minnesang. Mittelhochdeutsche Texte und Übertragungen. Fischer Taschenbuch Verlag GmbH. Frankfurt 1983.

Codex Manesse – Die Miniaturen der Großen Heidelberger Liederhandschrift. Herausgegeben und erläutert von Ingo F. Walther unter Mitarbeit von Gisela Siebert. Insel Verlag. Frankfurt 1988.

Dobras, Werner: Wenn der ganze Bodensee zugefroren ist... Die Seegfrörnen von 875-1963. Konstanz 1983.

Droste-Hülshoff, A. v.: Sämtliche Werke, hrsg. von G. Weydt und W. Woesler. Winkler Verlag München 1978.

Droste-Hülshoff, A. v.: Sämtliche Gedichte. Insel Taschenbuch. Frankfurt 1988.

Droste-Hülshoff, A. v.: Die Briefe der Annette von Droste-Hülshoff, hrsg. von Hans Amelungk, Langewiesche-Brandt, Ebenhausen 1940.

Droste-Hülshoff, A. v.: Die Briefe der Annette von Droste-Hülshoff. Gesamtausgabe in 2 Bänden, hrsg. von Karl Schulte-Kemminghausen, Eugen Diederichs Verlag. Jena 1944.

Droste-Hülshoff, A. v.: Hist.-krit. Ausgabe, Bd. 8,1: Briefe. Tübingen 1987.

Dürrson, Werner: Das Kattenhorner Schweigen. Edition Drumlin. Weingarten 1984.

Duft, Johannes/*Ziegler,* Ernst: St. Gallen. Kloster und Stadt. Bern 1984.

Duft, Johannes: St. Otmar. Die Quellen zu seinem Leben. Band 4 der Schriftenreihe „Bibliotheca Sangallensis". Veröffentlichungen der Stiftsbibliothek St. Gallen. Ostschweiz Druck + Verlag St. Gallen und Jan Thorbecke Verlag Sigmaringen.

Duft, Johannes: Stiftsbibliothek St. Gallen. St. Gallen 1987.

Ekkehard IV.: St. Galler Klostergeschichten. Übersetzt von Hans F. Haefele. Wiss. Buchgesellschaft. Darmstadt 1980.

Engelmann, Ursmar: Der heilige Pirmin und sein Pastoralbüchlein. Jan Thorbecke Verlag. Sigmaringen 1976.

Faessler, Peter: Bodensee und Alpen. Die Entdeckung einer Landschaft in der Literatur. Thorbecke. Sigmaringen 1985.

Feger, Otto: Geschichte des Bodenseeraumes. Teil 1: Anfänge und frühe Größe. 1975. Teil 2: Weltweites Mittelalter. 1983. Thorbecke. Sigmaringen.

Feger, Otto: Konstanz im Spiegel der Zeiten. Konstanz 1952.

Fenner, Achim/*Wolf,* Ursula (Hrsg.): Scheffel – Herr der Mettnau. Radolfzell 1986.

Ficus, André/*Walser,* Martin: Heimatlob. Ein Bodensee-Buch. Verlag Robert Gessler. Friedrichshafen 1978.

Finckh, Ludwig: Gaienhofener Idylle. Erinnerungen an Hermann Hesse. Reutlingen 1981.

Finckh, Ludwig: Der Rosendoktor. Verlag Karl Knödler. Reutlingen.

Fontane, Theodor: Sämtliche Werke. Aufsätze, Kritiken, Erinnerungen, Bd. 1. München 1969.

Geißler, Horst Wolfram: Der liebe Augustin. Sanssouci-Verlag. Zürich 1948.

Goethes Werke (Hamburger Ausgabe), Christian Wegner Verlag. Hamburg 1950.

Härtling, Peter: Hölderlin. Ein Roman. Luchterhand Literaturverlag. Frankfurt/ Main 1976.

Hansjakob, Heinrich: Schneeballen. Dritte Reihe, Erzählungen vom Bodensee. Freiburg 1969.

Hesse, Hermann: Bodensee. Suhrkamp Verlag. Frankfurt/Main 1970.

Hesse, Hermann: Gesammelte Werke. Die Gedichte. „Landschaft", „Im Nebel" u. „Faksimile". Suhrkamp Verlag Frankfurt/Main.

Hesse, Hermann: Gesammelte Schriften. Suhrkamp Verlag Frankfurt/Main 1970.

Hesse, Hermann: Sein Leben in Bildern und Texten. Herausgegeben von Volker Michels. Insel Taschenbuch. Frankfurt 1987.

Hölderlin, Friedrich: Werke und Briefe (in 2 Bänden). Herausgegeben von Friedrich Beißner und Jochen Schmidt. Frankfurt 1969.

Jünger, Ernst: Sämtliche Werke. Erste Abteilung. Tagebücher. Bd. 2. Tagebücher II. Dritte Abteilung. Erzählende Schriften. Bd. 15. Erzählende Schriften I. Klett-Cotta. Stuttgart 1978.

Jünger, Friedrich Georg: Ring der Jahre. Vittorio Klostermann. Frankfurt/Main 1954.

Kempter, Lothar: Hölderlin in Hauptwil. Tübingen 1975.

Kirsch, Sarah: Zaubersprüche. Langewiesche-Brandt. Ebenhausen bei München 1974.

Mahal, Günther: Joseph Viktor von Scheffel. Versuch einer Revision. Karlsruhe 1986.

Mann, Golo: Nachtphantasien. Erzählte Geschichte. Fischer Bibliothek. Frankfurt 1982.

Meyer, Conrad Ferdinand: Briefe Conrad Ferdinand Meyers, herausgegeben von Adolf Frey. Zwei Bände. Leipzig 1908.

Meyer, Conrad Ferdinand: Werke in zwei Bänden. Herausgegeben von Hermann Engelhard. Cotta Verlag. Stuttgart 1960.

Mörike, Eduard: Sämtliche Werke in zwei Bänden. Wiss. Buchgesellschaft. Darmstadt 1985.

Mörike, Eduard: Sämtliche Werke. Briefe. Ausg. in 3 Bd. Hrsg. von G. Baumann/S. Grosse. Phaidon Verlag.

Mohr, Wolfgang: Goethes Gedicht „Wiederfinden" und der Frühlingsreien Burkhardts von Hohenvels. In: Festschrift für Friedrich Beißner, hrsg. von U. Gaier und W. Volke. Bebenhausen 1974.

Paul, Fritz: August Strindberg. Sammlung Metzler. Stuttgart 1979.

Raabe, Wilhelm: Gesammelte Werke in drei Bänden. Herausgegeben von Hans Jürgen Meinerts. Sigb. Mohn Verlag 1964.

(Raabe): Wilhelm Raabe. Unter Demokraten, Hoflieferanten und Philistern. Eine Chronik seiner Stuttgarter Jahre von Jochen Meyer. Edition Marbacher Magazin. Stuttgart 1981.

Reclams Romanführer. Band 1. Stuttgart 1962.

Rilke, Rainer Maria: Sämtliche Werke. Insel Verlag. Frankfurt 1970.

Scheffel, Joseph Victor von: Sämtliche Werke, Bd. 3 u. 9. Herausgegeben von Johannes Franke. Leipzig 1917.

Scheffel, Joseph Victor von: Ekkehard, Vorwort. Verlag von Th. Knaur Nachf. Berlin.

Schefold, Max (Hrsg.): Die Bodenseelandschaft. Alte Ansichten und Schilderungen. Jan Thorbecke Verlag. Sigmaringen 1970.

Schlandt, Maria (Hrsg.): Der Bodensee in alten Reisebildern. Innsbruck 1977.

Schücking, Levin: Annette von Droste. Ein Lebensbild. Neu herausgegeben mit ausführlichem Nachwort von Levin L. Schücking. Leipzig 1942.

Schwab, Gustav: Der Bodensee nebst dem Rheintale von St. Luciensteig bis Rheinegg. Stuttgart und Tübingen 1827. Unveränderter Nachdruck Konstanz 1969.

Schwab, Gustav: Wanderungen durch Schwaben. Nachdruck der Ausgabe Leipzig 1840. Hildesheim/New York 1973.

Schwilke, Heimo (Hsg.): Ernst Jünger. Leben und Werk in Bildern und Texten. Klett-Cotta. Stuttgart 1988.

(Seuse): Heinrich Seuse – Der Mystiker vom Bodensee. Bearbeitet von Werner Fiscal. Heidenheim 1971.

Seuse, Heinrich: Deutsche mystische Schriften. Aus dem Mittelhochdeutschen übertragen und herausgegeben von Georg Hofmann. Düsseldorf 1966.

Simon, Hans-Ulrich: Mörike Chronik. Stuttgart 1981.

Stoffler, Hans-Dieter: Der Hortulus des Walahfrid Strabo. Aus dem Kräutergarten des Klosters Reichenau. Mit einem Beitrag von Theodor Fehrenbach. Jan Thorbecke Verlag. Sigmaringen 1989.

Strabo, Wahalfrid: Visio Wettini. Die Vision Wettis. Lat.-Dt. Übersetzung, Einführung und Erläuterungen von Hermann Knittel. Jan Thorbecke Verlag. Sigmaringen 1986.

Strindberg, August: Schwedische Schicksale und Abenteuer. Aus dem Schwedischen übertragen von Emil Schering. Georg Müller Verlag. München 1921.

Taubitz, Monika (Hrsg.): Schön wie der Mond. Ein Meersburger Lesebuch. Sigmaringendorf 1988.

Walser, Martin: Ein fliehendes Pferd. Suhrkamp Verlag. Frankfurt/Main 1978.

Walser, Martin: Heilige Brocken. Suhrkamp Verlag. Frankfurt/Main 1988.

Walser, Martin: Liebeserklärungen. Suhrkamp Verlag. Frankfurt/Main 1986.

Walser, Martin: Heimatlob. it 645. Insel Verlag. Frankfurt/Main 1982.

Walser, Martin: Versuch, ein Gefühl zu verstehen, und andere Versuche. Reclam. Stuttgart 1982.

Wentzlaff-Eggebert, F. W.: Die Dichtung des Bodenseegebiets. Lindau 1949.

Wetter, Josua: zitiert nach: Max Schefold, Die Bodenseelandschaft. Alte Ansichten und Schilderungen. Jan Thorbecke Verlag. Sigmaringen 1970.

Zäch, Alfred: Conrad Ferdinand Meyer. Dichtkunst als Befreiung aus Lebenshemmnissen. Frauenfeld u. Stuttgart 1973.

Zeller, Bernhard/*Scheffler,* Walter: Literatur im deutschen Südwesten. Stuttgart 1987.

Abbildungsverzeichnis

S. 173: Hauptwil um 1800. Kolorierter Stich von Johann Jakob Aschmann, Hauptwil. Privatbesitz. Aus: Hölderlin, Eine Chronik in Text und Bild. Herausgegeben von Adolf Beck und Paul Raabe. Insel-Verlag Frankfurt, 1970, S. 267.

S. 178: Schloß Berg. Foto: Jürgen Wolff 1989.

S. 184: Schloß und Dorf Gottlieben um 1800. Aus: Prospekt der Hüppenbäkkerei Gottlieben.

S. 193: Thurtal und Kartause Ittingen. Foto: Jürgen Wolff 1989.

S. 195: Kartause Ittingen 1845. Bleistiftzeichnung, aquarelliert von Lehrer Haag 1845. Historisches Museum des Kantons Thurgau. Frauenfeld.

S. 198: Der Rosengarten in der Kartause Ittingen. Foto: Jürgen Wolff 1989.

S. 210: Titelbilder von Erstausgaben, von E. R. Weiss. Aus: H. Hesse, Bodensee. Thorbecke Verlag Sigmaringen 1977, S. 176.

S. 221: Erstes Wohnhaus Hesses. Foto: Jürgen Wolff 1989.

S. 224: Ludwig Finckhs Wohnhaus. Holzschnitt von Hugo Boeschenstein. Aus: L. Finckh, Gaienhofener Idylle. Verlag Karl Knödler, Reutlingen 1981, S. 97.

S. 226: Zweites Wohnhaus Hesses. Bildarchiv des Herausgebers Volker Michels. Aus: Hesse – Sein Leben in Bildern und Texten. Insel Taschenbuch 1111, S. 94. Copyright Suhrkamp 1979.

S. 228: Hesse auf der Terrasse seines zweiten Hauses. Scherenschnitt von Otto Blümel. Schiller-Nationalmuseum Marbach. (Nach: H. Hesse – Eine Chronik in Bildern. Bearbeitet von Bernh. Zeller. Suhrkamp Verlag 1960/1977. S. 57. Zentralbibliothek Zürich.)

S. 233: Scheffel als Wanderer 1882. Zeichnung von Anton v. Werner. Stadtmuseum Radolfzell.

S. 238: Scheffels Villa „Seehalde". Aus dem Arch. Skizzenbuch Jahrgang 1879, Heft IV. Foto: Clemens Schäfle, Radolfzell. Aus: Scheffel – Herr der Mettnau. Herausgegeben von Achim Fenner, Ursula Wolf. Radolfzell 1986.

S. 239: Scheffelschlößchen. Foto: Jürgen Wolff 1989.

S. 252: Der heilige Pirmin und die St. Georgskirche in Oberzell. Foto: Jürgen Wolff 1989.

S. 255: Kräutergarten des Walahfrid Strabo. Aus: Stoffler, Der Hortulus des Walahfrid Strabo. Jan Thorbecke Verlag Sigmaringen 1978.

S. 267: Ekkehard trägt die Herzogin Hadwig über die Klosterschwelle. Nach einem Gemälde von A. Liezen-Mayer. Foto: J. Bruckmann AG, München. Aus: Scheffels sämtl. Werke, herausgegeben von Johannes Franke, 4. Band. Hesse und Becker Verlag, Leipzig 1917.

S. 269: Mittelzell. Aufnahme und Verlag: Theo Keller, Reichenau.

S. 277: Ruinen der einstigen Herzogsburg auf dem Hohentwiel. Verlag F. Breuer, Hohentwiel.

S. 281: Wildkirchli. Ansichten aus dem Appenzeller Gebirge. Aquatinta von I. B. Isenring, 1835. Landesarchiv Appenzell.